François Mitterrand
»Freiheit ist wie die Luft zum Atmen.«
Erinnerungen

Gespräche mit
Georges-Marc Benamou

Aus dem Französischen
von Bernd Schwibs

Insel Verlag

Titel der Originalausgabe:
Mémoires interrompus

Erste Auflage 1997

Druck: Friedrich Pustet, Regensburg
Printed in Germany

Inhalt

»Freiheit ist
wie die Luft zum Atmen.«
Erinnerungen

Die Zeit des Stalag, die Zeit der Fluchten

GEORGES-MARC BENAMOU – *Wenn man Sie liest und hört, gewinnt man den Eindruck, Sie wären gleichsam erst mit der »drôle de guerre« und der Niederlage ins gesellschaftliche Leben getreten. Unter welchen Umständen wurden Sie verwundet und dann deutscher Kriegsgefangener?*

FRANÇOIS MITTERRAND – Tag und Nacht lösten sich Fremdenlegion und Kolonialinfanterie (der ich angehörte) ab, um die deutschen Truppen aufzuhalten, die nach ihrem erfolgreichen Durchbruch bei Sedan Richtung Lothringen schwenkten. Wir waren von Stenay in den Ardennen aufgebrochen und erreichten die berühmte Höhe 304 in der Nähe von Mort-Homme vor Verdun am 3. Juni. Von den Höhen der Meuse aus sahen wir, wie die deutschen Angriffsgruppen, in kurzen Hosen und leichten Hemden, in der riesigen, nach Montfaucon hin wieder ansteigenden Ebene aufmarschierten, während wir unser Marschgepäck, zwanzig bis dreißig Kilo, schleppten, um die Waden Wickelgamaschen.

Als die Nacht hereinbrach, wurde es still. Édouard Morot-Sir, im Zivilberuf Philosophielehrer, unser Zugführer, hielt Wache auf den Resten der Brustwehr eines Schützengrabens von 1917. Ich schlief zehn Meter dahinter in einem Granateneinschußloch. Plötzlich, um fünf Uhr früh, setzten Maschinengewehre und Kanonen ein und belegten uns mit Dauerbeschuß.

Ich robbte vor zu Morot-Sir. Die Deutschen marschierten singend auf uns zu. Um zehn Uhr begannen die Kämpfe. Wir wurden zum Mort-Homme verlegt. Es war ein prächtiges Wetter. Wie um diesen Junimonat in all seiner Pracht zu begrüßen, als könne die Schönheit das

Unheil negieren, den Krieg und das Blut auslöschen, hielten die Angriffstruppen für eine kurze Weile inne und ließen die Waffen ruhen. Morot-Sir und ich standen da, brauchten nur die Hand auszustrecken, um die Walderdbeeren zu pflücken, die den Boden wie einen Teppich bedeckten – da explodierte ein Schrapnell über uns. Ein Splitter traf mich in der rechten Seite. Er ist noch immer da, am Schultergelenk. Ich wurde durch die Explosion zu Boden gerissen. Morot-Sir wurde am Knie verwundet. Ein Sanitäter – ich glaube, er hieß Merlino – brachte mich zum Gefechtsstand der Kompanie, drängte mich auf eine Tragbahre, und dann ging's auf die Suche nach einem Feldlazarett.

Eine grelle Szene ist mir noch in Erinnerung. Ich lag auf meinem Karren, um mich herum die Menge der Flüchtenden, die die ganze Straße verstopft hatten; wir kamen nur im Schneckentempo voran; die Zivilbevölkerung floh in kompletten Familien, kopflos, ohne zu wissen, wohin sie sich wenden sollte. Unter einem strahlenden Himmel schaukelte mein Behelfstransport dahin. Ich überließ mich meinen Gedanken. Plötzlich tauchten italienische Flugzeuge auf und beschossen mit MGs die Menschenkolonne. Alle warfen sich neben den Straßenrand und flüchteten dann in die Felder, auch mein Gefährte, der, da er mich nicht mitnehmen konnte, mich mit den tröstlichen Worten zurückließ: »Keine Angst, ich komm' wieder.« Ich blieb da liegen, bewegungslos, das Gesicht zum Himmel gewandt, und sah die Flugzeuge im Sturzflug auf die Straße niedersausen und ihren Kugelhagel streuen. Nachdem der Fliegeralarm vorüber war, nahmen wir unsere Irrfahrt wieder auf. Verwundete, wo immer wir hinkamen. Ich wurde zunächst nach Esnes-en-Argonne gebracht. In einem Keller operierten Chirurgen, schnitten Arme und Beine ab. Mir war nicht nach einem längeren Aufenthalt. Wir machten uns wieder auf den

Weg und setzten unsere Wanderschaft fort. In Vittel, einem sogenannten Kurort, waren nur noch Frontärzte, die ihre Verwundeten begleitet hatten. Alle anderen waren auf und davon. Nur Stöhnen, Schmerzensschreie, der Geruch von Blut und Eiter. Am Bahnhof wurde ein Verwundetenzug zusammengestellt. Dort brachte man mich unter. Der Zug fuhr spät ab und kam nur langsam voran. Die Deutschen hatten bereits Lothringen umzingelt. Wir fuhren im Kreis. Schließlich kam ich in Bruyères in den Vogesen in ein Lazarett. Seit dem 14. war ich nicht mehr medizinisch behandelt worden.

Am 18. Juni sind die Deutschen in Bruyères einmarschiert. Von dort wurde ich in das Lazarett von Lunéville gebracht, danach ins benachbarte Gefangenenlager. Während meines Lazarettaufenthalts wurde ich von freiwilligen Krankenschwestern betreut, jungen Mädchen aus der Gegend. Sie gaben mir die ersten Spritzen gegen Tetanus. Ich erinnere mich an eine von ihnen, Jeanne Duret, ich habe sie später wiedergetroffen, da war sie in Lothringen verheiratet. Ihr hatte ich meinen Fotoapparat anvertraut samt der Negative, die ich vor meiner Verwundung gemacht hatte, Fotografien meiner Kameraden und von Gegenständen aller Art, darunter Teile menschlicher Körper, die in Bäume geschleudert worden waren. Dank Jeanne Duret hatte ich Kontakt mit der Außenwelt. Ich erinnere mich, ich habe ihr sofort gesagt: »Ich will weg, das Lager verlassen, fliehen.« Ein weiterer Gefangener namens Bossuz, der aus Lille stammte, war bereit, sich mir anzuschließen. Doch wir waren gerade in den Vorbereitungen für die Flucht, als der Befehl zum Abtransport nach Deutschland kam.

So wurde ich im September 1940 gemeinsam mit meinen Gefährten in Viehwaggons – für acht Pferde, vierzig Menschen – nach Ziegenhain in der Nähe von Kassel ins Stammlager bzw. Stalag IX A abtransportiert.

Als Gefangener nach Deutschland gebracht zu werden: Kam das tatsächlich völlig überraschend?

Die Gefangenen glaubten, daß man sie bald freilassen, ihre Gefangenschaft nicht länger als drei Monate dauern würde. Als gute Psychologen spielten die Deutschen auch auf dieser Saite, um Fluchtgedanken zu hintertreiben. Sie beließen uns in dieser Vorstellung, nährten unseren Glauben, daß bald Frieden geschlossen und man uns in Kürze nach Hause zurückschicken würde. Kein Gefängnis ist so sicher wie die Hoffnung auf ein Morgen. Für die meisten hat dieses Gefängnis fünf Jahre gedauert.

Die Lebensumstände im Stalag IX A waren hart. Stellen Sie sich 35 000 auf diesen hessischen Hügel verstreute Männer vor. Das Lager glich einer Stadt von Flüchtlingen. Am Anfang regierte das Banditentum. Zu essen gab es wenig. Die Deutschen waren nicht brutal, setzten aber die äußere Lagerordnung gnadenlos durch und scherten sich nicht darum, was im Innern passierte. Hier hatten Banden das Sagen. Es war ein Bravourstück, auch nur einen Gegenstand von Wert zu behalten: seine Uhr oder seinen Füller. Bei der einzigen täglichen Essensausgabe, aus großen Kübeln mit Gersten- und Kohlrabisuppe, nahmen sich zuerst die Bandenchefs, den Rest bekamen wir. Protest war angesichts skrupellos eingesetzter Messer zwecklos. Frühmorgens lag so manche Leiche unter den großen Zelten, in denen wir schliefen. Allmählich setzte sich aber doch eine gerechtere Ordnung durch. Einige Mutige lösten sich aus der Masse, erhoben sich gegen das Gesetz des Stärkeren und stellten, getragen von der allgemeinen Zustimmung, erste Ansätze einer Organisation auf die Beine. Die Gewalt hörte auf. Jene, die sie vorher praktiziert hatten, waren jetzt armselige Typen, die verachtet, isoliert in ihrer Ecke hockten und um ihren Anteil bettelten. An die Stelle des Gesetzes des Messers war kurioserweise ein neues Gesetz getreten, begründet auf der Genauigkeit des Teilens. Ich habe mich häufig nach dieser einzigartigen sozialen Alchimie gefragt, die uns im Stalag dazu gebracht hat, in weniger als drei Monaten aus dem Stand des Dschungels in den der Zivilisation zu treten.

Mit diesem Dschungel konfrontiert zu werden muß für Sie, einen Sohn aus gutem Hause, doch ein Schock gewesen sein ...

Vor dem Krieg war ich Student und lebte unter Studenten. Das Lagerleben war meine erste wirkliche Erfahrung mit der kruden gesellschaftlichen Wirklichkeit. Ich konnte völlig unbekannte Menschentypen kennenlernen; habe Klassenreflexe entdeckt, die mir vorher fremd waren; ich nahm wahr, wie sich die Welt meiner Jugend auflöste. Zur gleichen Zeit entwickelte sich vor meinen Augen eine neue Form von Gesellschaft. Im Stalag erwiesen sich die in Friedenszeiten gängigen Hierarchien bald als unpassend, anmaßend. Konnte es denn anders sein, angesichts von Firmenchefs, berühmten Professoren, Großbürgern, die in den Abfällen nach Eßbarem wühlten, nach Papier, an dem noch winzige Reste von Marmelade oder Käse klebten?

Die gesellschaftliche Ordnung der Vorkriegszeit war urplötzlich obsolet geworden, und es etablierte sich eine neue Hierarchie, die auf moralischen Qualitäten beruhte, deren Realität wir selbst bestätigen konnten, da sie unser tägliches Leben bestimmten. Das gesamte überkommene Gefüge war in sich zusammengebrochen, wir trugen jetzt alle die gleiche Uniform, gehorchten dem gleichen Zeitplan, nichts unterschied uns mehr. Abends, wenn wir vom Arbeitsdienst heimgekehrt waren, und bis zur Sperrstunde, diskutierten wir, wir saßen auf unseren Pritschen und filzten die Falten unserer Kleidung nach Ungeziefer. Der erste Anblick dieses Gewimmels war niederschmetternd für mich. Ich empfand es als letzte Stufe des Verfalls. Dann gewöhnte ich mich daran, genauso wie an die Freiluftlatrinen, riesige, mit Graupeln bedeckte Gräben, in denen manchmal ein Toter lag. Wir philosophierten mit nacktem Oberkörper, unter unseren Fingernägeln knackten die Läuse, unser Geist verlor sich in einer Zukunft, in der wir träumend unser gemeinsames Elend kompensierten. Wir redeten über unser tagtägliches Leben, über die Stimmung unserer Wächter, über die Beschaffenheit der jeweiligen Zwangsarbeit, übers Essen (viel), über Frauen (wenig). Wir warteten gespannt auf den Gulasch oder den Kartoffelbrei sonntags, gastronomische Ereignisse, auf Neuigkeiten von draußen, die gewöhnlich durch die Phantasie der Erzähler verfälscht waren, auf das politische oder militärische Ereignis, das uns der Befreiung näher bringen würde. Wir sprachen über das in seinem Desaster alleingelassene Frankreich, über den Zusammenbruch seiner Werte und Institutionen. Wir machten dafür nicht die Republik verantwortlich, wohl aber ihre Männer und deren Praktiken. Vichy ließ uns kalt; London kannten wir nicht.[1] Unsere Hoffnung flüchtete sich in die Utopie. Es wurde normal, daß wir uns fragten, warum dieser unser Zustand, in dem jeder dem anderen gleich war, sich nach dem Krieg nicht fortsetzen und, wenn es uns gelingen würde, die Lehren aus der gewonnenen Erfahrung durchzusetzen, er nicht ewig dauern sollte.

Diese utopische Haltung, diese spezifische Geistesart von Gefangenen: stellte sie angesichts der damit verbundenen Heilserwartungen nicht auch eine Gefahr dar?

1 D.h. jenen Teil der französischen Exilregierung, der sich unter Führung Charles de Gaulles in London niedergelassen hatte. [A. d. Ü.]

Unsere Gesellschaft war egalitär, aber arbiträr. Wir trugen alle die gleichen geflickten oder zerrissenen Kleidungsstücke. Aßen die gleiche Suppe. Da war es eine natürliche Versuchung, über Armut, Gleichheit, Würde zu theoretisieren. Sie ließ uns eine Welt à la Fourier phantasieren, in der Phalanstères[2] gebaut würden. Alles in allem waren wir gar nicht so unglücklich. Hier lag eine Falle, in die auch einige meiner Kameraden getappt und hängengeblieben sind: Sie haben sich hinter dem Stacheldraht eine ideale Welt ausgemalt, in der es keine Interessenkonflikte mehr gab. Von dieser Utopie sind einige nicht mehr zurückgekommen. Ich habe später während meiner politischen Laufbahn unter meinen sozialistischen Genossen welche davon getroffen. Wunderbar unbelehrbar, imaginierten sie sich die künftige Gesellschaft frei von deren Mängeln, Machtkämpfen, gleichsam immunisiert gegen die Laster, Perversionen, Ambitionen der Menschen, aus denen sie besteht. Ich ging nicht so weit, aber auch ich träumte davon. Und in etwa mit dieser Geistesverfassung ging ich nach meiner Flucht dann auch das Jahr 1942 an ...

Lagergeist, die Brüderlichkeit der Lager, die Spiritualität der Lager: das gab es, aber man sollte auch nichts idealisieren. Der Lagergeist, das war nicht nur Solidarität und Hingabe, das konnte auch das »Jeder für sich« sein, ja sogar das Stehlen der Brotration durch den besten Kameraden. Die Gefangenen hatten sich nicht wundersamerweise in »vollkommene« Albigenser verwandelt, die im Kontakt mit einer rauhen Wirklichkeit ihre vergangenen Sünden büßten. Die Gefangenschaft war ein

2 Phalanstère: Im Sinne Charles Fouriers Gemeinschaften, Assoziationen von Arbeitenden bzw. die Wohn- und Arbeitsstätten derartiger Gemeinschaften; vgl. die Einleitung Elisabeth Lenks zu Charles Fourier, *Theorie der vier Bewegungen und der allgemeinen Bestimmungen*, Frankfurt am Main: Europäische Verlagsanstalt, 1966. [A. d. Ü.]

tagtäglicher Kampf, und Gegner war nicht immer der Deutsche.

Im übrigen lebten wir keineswegs in dem Gefühl, einem Kollektiv von mehreren tausend Personen anzugehören. Was zählte, das war die jeweilige kleine Kerngruppe von sieben oder acht Leuten, die alles teilten – die Päckchen, die Stubendienste, die Arbeitsorganisation – und so die Kräfte eines jeden einzelnen schonten. Es war eher ein Gruppen- denn ein Gemeinschaftsphänomen.

Auch wenn Sie selbst der utopistischen Neigung bestimmter Gefangener nicht nachgegeben haben, so hat diese Erfahrung Sie doch sicher dauerhaft geprägt …

Ja. Sie hat mich gelehrt, daß die Hierarchie der Werte in dieser besonders schwierigen oder elenden Situation in nichts mit der zu vergleichen war, die ich vorher gekannt hatte und die mir als anerkennenswert oder doch wenigstens hinnehmbar erschienen war. Mit dieser Entdeckung war der Zweifel geboren. In der Gefangenschaft habe ich begonnen, die Kriterien grundlegend in Frage zu stellen, auf denen bis dahin meine Lebensauffassung beruhte.

Sie haben die abendlichen Gespräche während der Jagd nach Läusen erwähnt. Unter den Themen, die dabei erörtert wurden, haben Sie die religiöse Frage nicht genannt, also: Gott, die Unsterblichkeit der Seele, Kirche oder Kirchen. Und dabei waren Sie doch alle oder fast alle christlich erzogen …

Aus Scham oder Respekt für den Andersdenkenden waren diese Unterhaltungen anderen Zeiten des Tages vorbehalten. Das Zimmer, in dem ich schlief, zählte nicht weniger als sechs Priester. Ein Dutzend sehr gläubiger

Polen teilte unser Dasein. Es gab eine Vielzahl praktizierender Katholiken. Aber alle verhielten sich höchst diskret und vermieden jedes aufdringliche Werben für den eigenen Glauben. Eine Art Konvention, ein ungeschriebener Pakt ließ uns über alles Schweigen bewahren, was das uns schützende Klima hätte trüben können. So war auch die politische Kontroverse aus unseren Gesprächen verbannt. Unser Kommando war von Natur aus höchst heteroklit: Juden, Protestanten, Freidenker erlebten, was wir erlebten. Sie waren unsere Kameraden. Wer hier versucht hätte, sinnlosen Streit zu schüren, wäre desavouiert worden. Ungeachtet dessen war der Katholizismus zu erstaunlichem spirituellen Leben erwacht. Die Messen versammelten Hunderte von Gläubigen; Priester, die die Beichte abnahmen oder denen man sich einfach anvertrauen konnte, waren heißbegehrt. Ihre entschiedene Haltung gegenüber den Deutschen flößte den Verlorenen, denen die Bezugspunkte abhanden gekommen waren und die sich nun instinktiv der Tradition zuwandten, Vertrauen ein. Musiker und Dichter aus dem Lager komponierten, verfaßten, rezitierten mit wirklicher Begabung Werke, die häufig mystisch inspiriert waren. Ich habe heute noch Verse, Rhythmen aus jener Zeit im Kopf. Sie lösen bei mir noch die gleichen Regungen wie einst aus. Ich selbst war gespalten, war auf der einen Seite an meine Erziehung gebunden, an die Verhexungen meiner Kindheit, und suchte auf der anderen Seite Antwort auf die Frage nach dem Widersinn des Lebens, des Todes, nach dem Gemisch von Grauen und Schönheit, das jede Botschaft trübte. In dem Augenbick, da um mich herum wieder Glaube und religiöse Praxis überhandnahmen, wandte ich mich davon ab. Ich mußte noch lange schauen und suchen, bis es mir vergönnt war, die Augen auf die verrückte Welt hin zu öffnen, in der zu leben für uns der Schöpfer für gut befunden hatte.

In welche Stammlager wurden Sie gebracht?

Zunächst ins Stalag IX A, südwestlich von Kassel. Dann im Oktober 1940 ins Stalag IX C in Thüringen, unweit von Rudolstadt. Danach wurde ich einem Arbeitskommando zugeteilt, einer kleiner Einheit von etwa 250 Männern. Ich gehörte zum Kommando 1515 in Schaala. Eine sehr gemischte Gruppe. Da waren jene zusammengefaßt, die bizarrerweise »Intellektuelle« genannt wurden, republikanische Flüchtlinge aus Spanien, Freiwillige in der französischen Armee, Juden, Pfarrer, Lehrer usw.

Ich habe dieses Kommando in Schaala noch in sehr guter Erinnerung. Da herrschte ein Geist der Brüderlichkeit. Vor allem in meiner Stubengemeinschaft. Zwischen uns lief alles sehr gut. Dort ging mir die französische Begabung für Küche und Recht auf. Ach, die Zeit, die wir beim Zubereiten von frisch auf dem Acker gestohlenen Kartoffeln zubrachten – und wie sie, vorher in Schuhwichse gewälzt, auf dem Herd brutzelten, der uns wärmte …

Ein Jesuit, Alphonse Delobre, ein mir lebenslanger teurer Freund, war auch darin ein Meister. Manchmal wurde das Mahl angereichert durch eine Ente, die sich auf einem Bauernhof plötzlich verdünnisiert hatte, oder durch ein Stück Speck, das vordem mal an der Decke hing. Delobre brauchte nicht auf theologische Spitzfindigkeiten zurückgreifen, um unsere Mundraube kunstvoll zuzubereiten und mit größter Eßlust aufzuteilen. Er war Bauerssohn aus der Haute-Loire und nicht weit vom Dorf Jules Romains geboren. Seine Erzählungen klangen wie ein Echo auf *Les Hommes de bonne volonté* in der Version Jerphanions.[3] Bis zum Priesterseminar, der

3 Romanzyklus von Jules Romain in 27 Bänden (1932-1947); Jerphanion ist eine der beiden Vordergrundgestalten des Romans. [A. d. Ü.]

gleichsam natürlichen Bestimmung dieses Sprößlings aus armer, kinderreicher Familie, hatte er im Stall geschlafen, gemeinsam mit schönen, buntscheckigen Kühen, die ihm Wärme spendeten. Er war ein Ausbund an Güte, Selbsthingabe und von rauhem gesundem Menschenverstand. Man spürte, daß er der selbstgefälligen, ihre Ansprüche aufgebenden Kirche fernstand. Er weihte sich Christus und der Lehre des Neuen Testaments. Ein schlichter Glaube, eine schlichte Liebe. Er fragte sich, warum die Väter der Kirche derart sinnfällige Dinge wie das Leben, den Tod, das Böse, die Krankheit so verkompliziert hatten. Man muß nur lieben, so seine Worte, und er liebte. Als der Lyoner Kirchenprovinz angehörender Jesuit verhielt er sich als loyaler Priester, wich aber von der Daseinsweise der etablierten Kirche ab, die ihm das Christentum zu leugnen schien. Sein tiefer und unwandelbarer Glaube brauchte kein Alibi. Er predigte ihn nicht, er lebte ihn. Am Ende seines Lebens raubte ihm ein Gehirnschlag das Sprechvermögen. Doch sein Blick barg alles Licht dieser Erde. Noch am Vorabend seines Todes lächelte er mir zu.

Auf seiten der Juristen gab es Jean Beunas, einen Anwalt aus Clermont-Ferrand, feinsinnig und fintenreich: Bereits Oktober 1940 ließ er uns die Statuten einer Vereinigung der ehemaligen Kriegsgefangenen von Schaala annehmen! Und was für scharfe Diskussionen bei der Abfassung der Artikel! Sie hielten uns gute vier Monate in Atem, unter Aufwendung ganzer Schätze an Kasuistik. Aber zumindest ersparten wir uns die Wahl eines Vorstandes.

War das ein Pétain-Zirkel?

Nicht doch! Das hatte nichts damit zu tun. Sie hängen da einer Wahnidee an! Keiner von uns dachte im Traum daran, derartige Zirkel zu gründen; ich für meinen Teil wäre jedenfalls vehement dagegen gewesen.

Man wirft Ihnen vor, von ihnen angezogen gewesen zu sein …

Wer »man«? Eine weitere Verleumdung! Die Pétain-Zirkel hatten kaum Bedeutung, keinen Einfluß. Sie organisierten in den Lagern kleine Konferenzen, zu denen sie Nichtmitglieder einluden. Ich hielt das für schädlich und lächerlich. Als Gefangener gibt man sich für derartige, von den eigenen Kerkermeistern ermunterte Kundgebungen nicht her. Es gab etwa anderthalb Millionen Kriegsgefangene in den Lagern, und sie betrachteten instinktiv diejenigen, die sie in Gefangenschaft hielten, als Feinde. Die meisten waren also gegenüber Versuchen der Vereinnahmung sehr negativ eingestellt. Ich war einer davon.

Und dennoch gehörte Ihr Freund Jean Védrine einem dieser Pétain-Zirkel an …

Das weiß ich nicht. Wir waren nicht im selben Stalag. Ich lernte ihn erst danach kennen.

Wozu war Ihr Arbeitskommando abgestellt?

Zu recht harten Arbeiten. Wir standen unter ständiger Bewachung bewaffneter Soldaten. Wir wurden mit Vorliebe zu Reinigungsarbeiten herangezogen. Ich habe vor allem in einer Fabrik gearbeitet, die Heu und Stroh bündelte. Es war eine kleine Fabrik – einige Kilometer entfernt von der Steingutfabrik, in der wir untergebracht waren. Sie ließ sich leicht bewachen. Vergitterte Fenster, überall waren Zäune. Wir waren eingesperrt, aber das gemeinsame Leben hatte auch seine angenehmen Seiten. Die Freundschaften, die ich dort geschlossen habe, sind die wichtigsten, die dauerhaftesten geblieben. Namen wie Delobre, Munier, Vermeil, Finifter, Leclerc, Charvet, Monnier, Varenne, Beunas haben mir lebenslanges Vertrauen in die Menschen eingeflößt, die dein Schicksal teilen, wenn die Prüfungen des Lebens nicht die schlichte Würde wechselseitigen Respekts, ohne geschriebenen Pakt, ohne verbales Versprechen, zersetzen, weil man einfach so leben muß. An die anderen zu glauben war also möglich.

Sie waren Gefangener in Schaala. Waren 24 Jahre alt. Woran dachten Sie?

An Flucht – vom ersten Tag an. Einen ersten Anlauf hatte ich in Lunéville gemacht, aufgrund der unerwarteten Abfahrt nach Deutschland aber den Plan nicht ausführen können. Es war wie eine Obsession. Der Grund war ein sehr persönlicher: Der Krieg hatte mich von einer jungen Frau getrennt, die mir sehr am Herzen lag. Doch diese Erklärung wäre noch etwas unbefriedigend. Ich ertrug es einfach nicht, dem Zwang blinder Mächte unterworfen zu sein. Mein Schicksal an die Zufälle eines Krieges zu binden, dessen Dauer nicht im geringsten von mir abhing, ging wider eine meiner tiefsten Regungen: Eine Tür mußte immer zum Unvorhersehbaren offen sein. Ich kultivierte einen gewissen romantischen Hang zum individuellen Abenteuer. Ich litt am Verlust meiner Freiheit wie an einem physischen Leiden. Ja, es war ein gleichermaßen körperliches wie seelisches Leiden. An anderer Stelle habe ich bereits geschrieben, daß es sich dabei keineswegs um Mut handelte. Ich kannte ausgesprochen furchtlose Kameraden, die nie an Flucht dachten. Man hat es entweder im Blut, oder man hat es nicht. Ich hatte es. War es der Wille, wieder zu den Waffen zu greifen? Der Drang, an der Vergeltung für Frankreichs Niederlage mitzuwirken? Sicher, meine Generation, die dafür nicht verantwortlich war, brauchte sich mit einer der schlimmsten Katastrophen dieser durch Jahrhunderte zusammengeschweißten Nation nicht zu identifizieren. Man konnte dabei nicht stehenbleiben. Doch wo, wie, mit wem? Ich hätte es nicht zu sagen gewußt.

Ich fühlte mich zum Dasein eines Bürgers eines gedemütigten Volkes nicht geboren. Ich war gepackt von der Geschichte Frankreichs, ich liebte ihre Helden, ihre Pracht, war hingerissen von den großen Ideen, die, aus ihr hervorgegangen, die Welt dazu gebracht hatten, sich zu erheben. Seit meiner Kindheit war ich überzeugt, sie fortsetzen zu müssen. Die Besetzung meines Landes empfand ich als eine Vergewaltigung. Ich mußte mich nicht an die einschneidenden Momente seiner Geschichte klammern: Richelieu, Mazarin, Vauban, den Konvent oder Bonaparte. Ich litt persönlich daran, daß ein vom Genius der Menschen und den Gesetzmäßigkeiten des Bodens so wohlausgewogener, bewundernswerter Bau derart zerstört, verwüstet, besetzt worden war. An anderer Stelle habe ich angemerkt, daß für mich der repräsentativste Genius Frankreichs Vauban[4] war. Er hatte nichts anderes im Sinn, als die Grundfeste zu verstärken, die Ausgänge zu schließen, den Besitz zu schützen, der in wundersamer Voraussicht im Geist eines Philippe Augusts oder Karls V. vorgezeichnet worden war.

War es nicht auch Langeweile, die sie zum Fluchtversuch verleitete?

Nein. Ich habe mich nie irgendwo gelangweilt. Dieses Geständnis mag Ihnen seltsam erscheinen, aber ich fand

4 Sébastien le Prestre de Vauban (1633-1707), französischer Marschall und Festungsbaumeister (Sperrfestungen u. a. in Metz, Straßburg und Neubreisach). [A. d. Ü.]

mich recht gut mit meinem Schicksal ab. Das ging nicht nur mir so. Die Gewohnheiten, die man annahm, haben manchen Fluchtversuch verhindert. Ich wollte nicht von meinen Kameraden getrennt werden. Ich gewöhnte mich rasch an die Stellen, an die man mich zwangsweise versetzte. Ich hatte keine Lust, sie zu wechseln. Der Fluchtgedanke, das Fluchtbedürfnis gehorcht anderen Impulsen. Welche genau das sind, könnte ich Ihnen selbst heute noch nicht sagen. Ich glaube, Freiheit ist wie die Luft, die man atmet. Ich mußte atmen. Frankreich fehlte mir. Fern von ihm erstickte ich.

De Gaulles berühmte Formulierung: »Ich hatte immer eine bestimmte Vorstellung von Frankreich«, ist seither immer wieder erörtert worden. Sie bleibt mir fremd. Von Frankreich habe ich keine Vorstellung, sondern eine Empfindung; eine Empfindung, die ein lebendes Wesen, seine äußere Erscheinung, seine Gestalt, sein Blick uns vermitteln. Sie schwebt nicht irgendwo zwischen Himmel und Erde. Sie ist eine dreidimensionale Person. Ich sehe nicht, womit ich sie vergleichen könnte. Jedenfalls nicht mit einer Vorstellung. Sie hat sich um vier Flüsse und einige Gebirge herum aufgebaut, die noch nicht einmal wirkliche Grenzen darstellten. Sie entsprang dem Boden, dem Wasser, der Geometrie, bevor sie den Menschen das Bild von Harmonie vermittelte. Frankreich ist das einzige Land Europas, das von sich sagen kann, es sei eher Werk der Natur als Frucht des Strebens und der Einbildungskraft der Menschen. Dieses Wunder an Gleichgewicht, an Ausgewogenheit anzutasten verletzte, erschütterte mich. Nicht daß meine Liebe zu Frankreich zunächst ästhetischer Natur gewesen wäre. Aber daß ein form-, ein gestaltloses Volk wie das deutsche sich seiner bemächtigen und wie eine Blase gleichsam schlucken konnte, erschien mir wie ein Blasphem: Was hatten all diese Leute bei mir zu suchen? Ihre Aussprache verwirrte mich mehr als ihre Panzer. Diese Art, der ältesten Nation der Erde zu befehlen, zu gebieten, von ihnen, die nicht einmal zwei Jahrhunderte hinter sich hatten ...! Daß meine Generation diese Prüfung zu erleiden hatte, fand ich unerträglich. Dafür waren wir nicht gemacht, wir, die wir in der Liebe zur Freiheit aufgewachsen waren und jetzt nur noch Laute des Hasses, den Ausdruck einer erfundenen, aus dem obskuren Abenteuer des Blutes gezogenen Höherwertigkeit und Überlegenheit zu hören bekamen.

Beim Lesen dieser Zeilen wird man begriffen haben, daß die Geographie in meinem Bewußtsein nicht weniger wog als die Geschichte. An diesem Bezugspunkt halte ich noch immer fest. Mein Patriotismus nährte sich von den Quellen der Dronne, der Charente und der Vienne nicht minder wie von den Glanztaten Du Guesclins.[5] Mein Land, das sind zunächst einmal Landschaften, wie meine Lieben, meine Freunde zunächst einmal Gesichter sind. Vielleicht hatte ich einen Hang zu übertriebener Aneignung. Die einer glücklichen Kindheit, wo jedes Ding auf meine Seele abgestimmt war, jeder Baum einen Namen hatte: die Weiden, die Eschen, die Eichen, die Linden, wo der Lauf meiner Flüsse aus dem Boden, dem meinen, hervorkam. Sie waren mein Boden. Uneinnehmbar, es sei denn durch Unachtsamkeit oder Verrat. Das Gras und seine bescheidensten Blüten: Dolden, Skabiosen, Kleeblätter, schienen mir weder verhandelbar noch übertragbar. Der Geruch des frisch geernteten Heus gehörte meiner Nase, meinen Lungen; der Staub der Felder und Straßen erhob sich von unseren Wegen. Die Windungen des Flusses badeten nur ein Land, das meine. Die Anrainer der Weser hatten hier nichts zu suchen. Sie täuschten

5 Bertrand Du Guesclin (1320-1380), als Konnetabel von Frankreich maßgeblich an der Vertreibung der Engländer von französischem Boden beteiligt. [A. d. Ü.]

sich in der Uferböschung: die Erde neigt sich nur auf eine Seite. Es gab, ebenfalls sehr nah, fast mit den Händen zu greifen, das Gedächtnis an zwei Kriege, gegen denselben Feind, die meines Lebens, die meines Jahrhunderts, wahnsinnig, zügellos, unsühnbar der eine wie der andere und jeweils ein unterschiedliches Modell des anderen. Welchem Weg folgen? Dem der himmelblau gekleideten französischen Frontsoldaten nach Berlin, wie im August 1914? Oder auf der Suche nach unseren Mythen die Welt durcheinanderwirbeln, wie 1940? Eine bestimmte Vorstellung von Frankreich führte mich zurück zu jenem fast nicht mehr spürbaren Vaterland, das vertrocknet war wie Blätter eines Herbariums. Ich hatte mehr auf die Zaubermittel der *Colline inspirée* zurückgegriffen, deren wunderbare Rhythmen ich mir immer wieder vorgesagt hatte, um so in mir die dumpfen Geräusche der Vergangenheit zum Schwingen zu bringen. Wie Barrès wiederholte ich mir: »Woher stammt die Kraft der Orte? Verdanken sie sie der Erinnerung an eine große geschichtliche Tat, der Schönheit eines außergewöhnlichen Platzes, dem Gefühlsschwang der Massen, die, aus der Tiefe der Jahrhunderte erwachsen, in Erregung geraten? Ihre Urkraft ist rätselhafter, sie ging ihrem Ruhm voraus und wird ihn überleben. Und zweifeln wir nicht, auf Erden gibt es unendlich viele dieser spirituellen Punkte, die, gleich jenen verborgenen Seelen, deren Größe niemand erkannt hat, noch nicht enthüllt wurden. Nur abgelenkte oder zu schwache Augen nehmen die Flammen dieser ewigen brennenden Büsche nicht wahr.«

Meine brennenden Büsche: es brachte nichts, sie sich in der Ferne auszumalen. Sie waren da, ich war da, zurückgekehrt in mein Land, an einen Ort, von dem ich nichts oder fast nichts wußte, dessen Formen sich mir zum erstenmal offenbarten. Der Fluß, den ich überquerte, hieß Loue, die Hügel in der Umgebung Arlay,

Château-Chalon, Toulouse-le-Château, vielleicht waren das einige jener Tausende noch nicht enthüllter geistiger Punkte, auf die die Seele wartet. Meine damalige geistige Verfassung finde ich in einem Text wieder, der kurz nach diesen Stunden der Gnade geschrieben wurde. Sinnlos, ihn noch einmal zu verfassen. Ich mag mehr das Unmittelbare. Jene Eindrücke lassen sich nicht neu erfinden. Ohne daß ich es wollte, würde ich sie ein halbes Jahrhundert älter machen. Sie würden das Zeichen der vergangenen Zeit und der Ermüdung meiner Sinne tragen. Hier also, wie sie damals niedergeschrieben wurden:[6]

»Frankreich war an diesem Morgen klar. Die Sonne hatte die Nebelschleier verjagt. Das Tal war noch nicht durch das grelle Licht des Mittags mit Blindheit geschlagen. Die Erschöpfungen der vorangegangenen Tage schienen mir gelindert durch diesen letzten Marsch, durch diese acht Kilometer gerader Landstraße, die mich zum Herbergszentrum führen sollte. Vögel flogen hin und her, sausten knapp über dem Boden, ließen sich nieder, den Kopf erhoben; ein Hund, mit hängender Zunge, verfolgte von einer Seite der Landstraße zur anderen ungewisse Spuren. Die Felder, fruchtbar und leer, lagen ausgebreitet da, ließen unter dem winterlichen Windhauch geheime Geburten heranreifen. Weiß- und graugestrichene Dörfer trennten die Wege, und gelassen sägten die Menschen Holz vor ihren Türen, fragten sich gegenseitig nach Neuigkeiten der Nacht, traten sachte in die Pedale ihrer Fahrräder.

Ich war nicht böse, mein fast vergessenes Frankreich in diesem Zustand wiederzufinden. Ich hatte mir wer weiß was für Stürme vorgestellt und selbst die Farbe der Wolken verändert. Doch die Rauchschwaden, die Dächer

6 Dieser Text mit dem Titel »Sur la route qui mène en France« wurde im April 1943 in der Zeitschrift *Métier de chef* veröffentlicht. (Anm. der Herausgeber der französischen Originalausgabe.)

und Kreuzungen, die im Geviert gestellten Laternen, die im rechten Winkel angeordneten Hecken und die fleckenlosen Horizonte, die neugierlosen und kalten Menschen: all das hatte ich tatsächlich verlassen. Rückkehr in die Heimat! Ich hatte die Schwäche, die Kniekehlen riß, hatte die tausend Seinsweisen des kleinen Liré[7], ich hatte in meinem Exil Szenen verfaßt, die Schulbüchern und Erzählungen des letzten Krieges entlehnt waren. Und jetzt war ich hier und bemühte mich, nach zwei Jahren Abwesenheit die vorausgesehenen Gefühle, die flüchtig entworfenen Bauten wiederzuerkennen. Ehrlich gesagt, ich tat mir ein wenig Zwang an und stieß mich an jedem Detail: Die Landstraße, Bäume, Dörfer, das durch die parallel verlaufenden Masten zerschnittene Tal, das Schilfrohr, das den Lauf verborgener Gewässer anzeigte – sie erwiesen der feierlichen Begegnung nur eine großartige Gleichgültigkeit. Doch daß die Meinen mich mit diesem sorglosen Ausdruck empfangen: keinen reicheren Beweis der Freundschaft erwartete ich. War dies übertriebene Scheu? Ich hätte die Gesten und Worte, die stets noch, statt dich aufzunehmen, dich zurückweisen, verabscheut: meine Freunde haben nie etwas anderes gebraucht als Schweigen, das ich ihnen gestatte.

Und so war es mir denn lieber, trotz meiner ›literarischen‹ Reflexe, meiner Lust, die schönen Regungen der ausgewählten Passagen nachzuahmen, daß meine Rückkehr so wenig glanzvoll, ich möchte sagen, so wenig rührend ausfiel. Alles fügte sich zu leicht zum verschwenderischen Drama: die Luft des feuchten Morgens, von den aufeinanderfolgenden Stunden aufgesogen; der Himmel, an dem leichte Segel vorüberzogen; der Zusam-

7 Liré: Dorf im Département Maine-et-Loire; Joachim du Bellay (1522-1560), der auf einem Schloß in der Nähe geboren wurde, hat es in einem Gedicht, das während eines längeren Aufenthalts in Italien entstand, besungen *(Regrets)*. [A. d. Ü.]

menklang der Laute, um die Härte des Winters zu mildern. Was hatte ich, der ich mühelos in der Vertrautheit der Dinge aufgenommen worden war, hier mit meinen vulgären Menschengeschichten zu tun? Ich hatte weder meine Verwandten noch meine Freunde kommen lassen; später würde man sehen. Zunächst mußte ich die Luft meines Landes einatmen, meinen Landsleuten beim Sprechen lauschen; durch das bloße Spiel meiner Ohren und meiner Augen, durch das Spiel meiner Sinne hatte ich die Gegenwärtigkeit meines Landes zu erkennen, das übrige würde danach kommen, das übrige kommt immer nach diesen Offenbarungen, diesen unmittelbaren Entdeckungen.

Ich bin festen Schritts acht Kilometer marschiert, nach so vielen anderen, acht Kilometer auf harter Straße; dabei erinnerte ich mich der Wege, die ich zurückgelegt hatte, bevor es mir gelungen war, auf der ersten Straße meiner Freiheit ungebunden entlangzuschreiten. Mit jenem Verlangen des Kindes, das glaubt, die Wahrheit verberge sich auf der anderen Seite des Horizonts, das die bewegungslose Linie des Himmels absucht und sich fragt, welch magische Landschaft sich dort entfalte, mit jener Beharrlichkeit des Erwachsenen, der Abhängigkeit zurückweist und nur in sich selbst die Erklärung für alle Dinge sucht: so hatte ich die Vergangenheit verleugnet, die Tradition, die Gesetze und selbst die Liebe, all diese von Raum und Zeit gezogenen Netze. Ich hatte eine lange Lehrzeit gebraucht, um das verdüsterte Antlitz meines Vaterlandes freizumachen von Träumen, Hoffnungen, Enttäuschungen, von einer durch sonderbare Illusionen herangetragenen Exotik. Der aus meinen Geschichtsbüchern geschöpfte Irrtum, der mich gelehrt hatte, das Vaterland unter die Ideale einzureihen, er hatte mich immer stärker verleitet, mich im Abstrakten zu bewegen. Und rasch hatten einst robuste und würdige

Züge ihre Farbe verloren und sich mumifiziert. Unsere Generation wird hundert Umwege genommen haben, bevor sie begriff, daß Frankreich eine Person ist.

Dann erinnerte ich mich an die in den Lagern verbrachten Tage und die zunächst unbewußte, später erst willentliche Rückgewinnung einfacher Wahrheiten. Dort liebte man es, von Zuhause zu sprechen, und verschmähte das eitle Verlangen, das früher den Geist angetrieben hatte, in die Ferne zu schweifen und die Orte zu verlassen, die doch für uns gemacht und uns so ähnlich sind, daß wir, als wir ihrer beraubt waren, ein heimliches Mißbehagen spürten. Wir dachten über all diese geschichtslosen Dinge nach, die uns von einem Ende des Lebens zum anderen führen, über alle diese klaglosen Dinge, aus denen die tagtägliche Aufgabe bestand. Wie Verrat beichteten wir uns Vergessenes und Sehnsüchte. Wenn wir die Horizonte der fremden Erde absuchten, sahen wir sie kaum; in unseren endlosen Träumereien schwebten leichthin meine Bilder der Gegenwart und lösten sich vor den Bildern der Vergangenheit auf. Und die gedrängten Formen, die sich über unseren Worten erhoben, brachten die immergleichen Konturen zurück. Gierig suchten wir jenseits der Stacheldrahtzäune Hinweise, Anhaltspunkte; uns erfaßte ein plötzliches Wohlsein.

Die Farbe des Himmels, den Anstrich der Dächer, die Art, wie die Furche gezogen wurde, die Stunde der Mahlzeiten, die Stimme der Kinder, den Geruch des Hauses: dies beschworen wir herauf, wir, Exilierte, unbekannten Winden ausgesetzt, unvertraut mit spitzen Dächern aus runden Ziegeln, erstaunt über die hohen und schmalen Pflugscharen, die die Roggenfelder durchpflügen, beschränkt auf die stumm verschlungene Einheitssuppe. Während der ersten Tage hatten wir genug damit zu tun, den unmittelbaren Zwängen zu gehorchen: dem Hunger, der den Magen nach unten zieht, der Kälte, die sich im

Körper breitmacht. Doch rasch waren wir zu den gelernten Gesten zurückgekehrt, den schlecht betäubten Gefühlen, zur Brüderlichkeit gleicher Gewohnheiten, und so hatte sich jeder jenen genähert, die die Namen desselben Dorfes kannten und wußten, welchen Weg man einschlagen muß, um zum Bauernhof zu kommen, die im Auflodern der untergehenden Sonne dieselben Anzeichen des kommenden Sturms lesen konnten, die dieselben Silben dehnten oder zusammenzogen.

Auf diese Weise stellte sich wieder das mystische Band her zwischen den Gruppen von Menschen und der Erde, die in ihrem Besitz war, wie zu jener Urzeit, als sie der Gemeinschaft der Toten und der Lebenden gehörte; die Früchte des Bodens bildeten damals die Seele der Verstorbenen ab, und jeder war sich bewußt, daß er an einer dunklen Welt teilhatte, deren flüchtiger Ausdruck der einzelne war. Wer hätte dieses Ganze zerteilen können? Der Mensch fügte sich dem Tier, der Pflanze, dem Mineral ein und erkannte sich in ihnen wieder: er war noch nicht jener falsche Gott, der auf der Erde tanzt und, wie mitgerissen von seinem Wahnsinn, nicht mehr weiß, wo er seine Füße aufsetzen wird.

Wie eitel erschienen mir die Fieber von einst, da ich jetzt, an diesem Wintermorgen, tief im Herzen friedlich und ruhig, die erste Strecke des wiedergefundenen Wegs zurücklegte. Da war ich also, im Begriff, in meinen winzigen Garten zurückzukehren, in mein Haus aus weißem Stein, unter die einfachen, schwerfälligen Menschen. Aber die Schranken waren nicht mehr da, wo ich sie geglaubt hatte. Die gewellten Hänge meines Geburtslandes begrenzten nicht mehr mein Universum. Fern von ihnen hatte ich gelernt, die Reichtümer zu entdecken, die in ihren genauen Linien umschlossen waren. Jetzt, da ich auf die Gerüche achtete, auf die Farben, die wechselnden Formen des Himmels, die Bewegungen der Tiere, die

Jahreszeiten, auf die Gebräuche der Menschen, unterworfen dem Rhythmus, der dieser Ecke der Erde und dieser Menschenrasse eigen war, jetzt würde ich meinen Atem der Allmacht des ursprünglichen Odems im gleichen Tempo beimischen können. Diese Leichtigkeit, errungen nach so vielen Irrwegen, lieferte mir den letzten Beweis: ich würde zum freien Menschen, sobald meine Freiheit der körperlichen Wirklichkeit meines Bodens zurückgegeben wäre.

Und so war denn die Stunde gekommen, in der sich für mich der endgültige Ritus vollzog. Am Ende meines langen Wegs angelangt, wußte ich, Pilger, der gegen den stillstehenden Zug vorangekommen war, Vorbote von Millionen von Menschen in Khakiuniform, daß ich in den Tälern des Exils die Weiten und Grenzen des Besitzes der Ahnen gefunden hatte.

Es gibt Freundschaften, die an einem Sommertag entstehen, weil die Sonne da ist, die den Dingen Farben verleiht, so daß sich ihre Zerbrechlichkeit ihrer Pracht einfügt; und um diesen Augenblick zu retten, liebt man das Wesen, das ihn mit einem geteilt hat. Alles, was sterben wird, verleitet dazu, es zu teilen, so wie man Angst teilt, indem man sich aneinanderkuschelt. So überkommt den Reisenden am Bahnsteig das Verlangen nach Umarmung; der, der zurückbleibt, ist seltsam verstört im Herzen über die Abreise eines Wesens, mit dem ihn bis dahin nichts verband und das plötzlich alles fremde Gewand verliert, weil das Leben ihnen beiden zur gleichen Zeit gezeigt hat, daß es aus Tod und Vergessen besteht.

Es gibt langwährende Korrespondenzen, die bei einem Spaziergang, vor dem Gemälde eines Malers, in einem Moment gemeinsam geteilter Bewunderung begannen. In diesem einzigartigen Augenblick hatte die Seele gebebt, eine Erregung hatte sich der Sinne bemächtigt, und nie mehr wird sich dieses Erbeben trennen lassen von dem

Gesicht, das dieselben Augenblicke erlebte. Und dann vergeht die Zeit mit ihren parallel verlaufenden Jahren. Und wenn die Wesen einmal versuchen, aus ihrer Lebensbahn herauszuspringen, um einem jener flüchtigen Träger so vieler Träume zu begegnen: wie groß ist da die Enttäuschung, wie unmöglich das Zusammenkommen. Zu unterschiedlich war die jeweilige Speise, Fleisch und Körper waren durch je andere Schläge verletzt und andere Wunder entzückt worden. Und so entzieht sich in Gides *Enger Pforte* die Hand Jérômes, der von seiner Italienreise zurück ist, oben auf dem Hügel der Hand von Alissa, weil es zu heiß ist und ihre Körper schwer sind und weil vom einen zum anderen nichts mehr überspringt.

Man bewahrt diese begeisternden und sanften Freundschaften nur, indem man von der Erinnerung lebt, aus der das frische Wasser sprudelt; doch versuche man nie, den Schlag mit dem Stab an den Felsen zu wiederholen; er wird sich nicht auftun; bleiben wird allein die Trockenheit, und jetzt um so trostloser, als sie fortan zum Ausdruck bringt, daß die Gnade dahin ist.

Meine freundschaftlichen Gefühle für mein Land, das begriff ich jetzt auf einmal, das war nicht jene Freundschaft eines Augenblicks, die eine lange Folge von Tagen nährt, sondern die allmächtige, ignorierte Bindung, die, frei von Angst und Zerrissenheit, nur der Leichtigkeit neuer Begegnungen bedarf, um entdeckt zu werden.

Wenn man sein Land wiederfindet, stößt man keine Freudenschreie aus. Die Freude ist da, sie füllt deine Brust, durchfährt dich bis in die Muskeln deiner Beine, leitet deinen Blick. Diese Freude muß nicht hinausposaunt werden; sie ist eine bestimmte Art zu gehen, zu atmen, zu sehen, wie sich die Dinge um dich herum rasch und harmonisch zu einen Zusammenklang fügen. In dieser Weise begriff ich, auf dieser Landstraße, auf dieser flachen, grünumsäumten Straße, daß meine Freude aus Gewißheit und Leichtigkeit bestand. Wie kompliziert war vorher alles gewesen! Wie hatte ich Geist und Herz gequält! Die Unendlichkeit, der Raum, die Freiheit, das war die Freude des heutigen Tages, ihrer so sicher und jenem Stück Straße so ähnlich, auf der meine Schnürstiefel aufschlugen.

Und so hatte meine Befreiung erst in dem Augenblick begonnen, als ich, alle offiziellen Gesten hinter mir und mit meinem mageren Gepäck versehen, die letzte Etappe hatte antreten können. Das berechtigte Ergriffensein bei den Fanfarenempfängen: es war noch Teil des Zeremoniells der Abwesenheit. Kaum mir selbst überlassen, hatte ich mich zu diesem Marsch entschieden, zu diesem direkten Kontakt mit den Dingen meiner Heimat. Eine große Freude schweigt, um die Erinnerungen zu nähren: ich fühlte mich frisch wie der Schwimmer im Wasser und federleicht wie der Vogel in der Luft; ich bedurfte keines Mittlers, der mich stützte; ein Ausbruch der Stimme, Sprünge des Herzens wären unangebracht gewesen.

Übrigens war mir alle Konvention gnädigst erspart geblieben. Kein Frühling ohne Knospen, kein Sommer ohne Feuer, und genauso war auch dieser Wintertag von heiterer Klarheit, erfüllt von Gemurmel und Ausgelassenheit; die Sonne enthüllte neue Farben und zog Nuancen, immer mehr. Mein Land konnte sich damit zerstreuen, mir ein unerwartetes Antlitz zu zeigen, das ein Fremder pittoresk genannt hätte; ich erkannte darin nur ein vertrautes Spiel.

Mit ausladenden Schritten, ungezwungenen Bewegungen, tief durchatmend, so ging ich voran, frei von allen Fesseln. Wäre mir mein Land weniger lebhaft als mein Hunger erschienen, weniger umfassend als mein Ehrgeiz, weniger reich als meine Begierden, weniger groß als meine Hoffnung, welch lächerliche Erlösung wäre dies gewesen! Doch diese Hänge, dieses Licht, diese mit täuschenden Bestimmungen ausstaffierten Horizonte machten etwas anderes geltend als einen ›durchschnittlichen Schwung‹, als ›Töne in Halbschatten‹, als ›energieloses Raffinement‹. Jedes durch Ackerflächen gebräunte Geviert, jedes Feld, jedes gegen die Winde besonnen geschützte Haus erzählte von einem Sieg. Ein subtiles Abkommen war getroffen worden zwischen dem zuletzt gekommenen triumphierenden Menschen und der Jahrhundert um Jahrhundert ihm ausgelieferten Erde. Stärke erwächst aus der Opposition. Nicht das Mittelmaß, die falsche Weisheit des Juste-milieu, sondern scharfe Gewalt, brutale Eroberung, geforderte Unterwerfung.

Die Erde liebt diese Vergewaltigung und gibt dem Menschen mehr zurück, als er erhofft. Doch indem sie ihn als Herrn anerkennt, erhält sie ihn. Diese Geschichte lief vor meinen Augen ab. Kein Quadratmeter, der nicht vom Bauern heimgesucht worden wäre, kein Kubikmeter, der nicht von seinen Gerätschaften umgepflügt worden wäre; das Werk des Menschen gebot bis in die Färbungen hinein, nötigte die Sonne, dort das Rot des durchfurchten Ackerbodens zu billigen, dort das Grau des zur Erholung brachliegenden Feldes, da das Blau der Straße, dort das Grün der winterharten Blätter. Jeder meiner Schritte näherte mich dem Ruhm der Meinen, dem allein ewigen, dem der in ihrem Stolz der Besiegten gepriesenen Erde. Zu diesem Volk, das den Boden, auf dem es lebt, beherrscht und dafür die Unterstützung der in seinen Hängen enthaltenen geheimen Mächte erhält, zu ihm konnte ich jetzt furchtlos stoßen. Fern von ihm hatte ich das Verlangen nach Größe gelernt, ich ahnte fast bestürzt, daß ich sie in ihm besitzen würde.

Die Sonne war Gott an diesem Dezembertag; und jedes Ding hatte sie ausgewählt, um deren Äußeres zu entfalten. Jede Nuance besaß ihre Wahrheit, die sich kundtat in der geheimen Lust wahren Stolzes: hinzunehmen, daß sie ungewiß aussah, verwischt, eindeutig nur für ihre Auserwählten. So reichten die blätterlosen Pappeln von Hell zu Dunkel, sich abzeichnend vom abwechselnden Grün und Grau der Hügel; setzten sich die Wege fort in der Farbe schmutzigen Sandes; stellten die Dächer ihre braunen Ziegel hoch über die unberührten Dörfer; mischte der Himmel die weichen Goldtöne unter das vielerlei Blau. Dieser Morgen war von jenem Ebenmaß, bei dem der Mensch ebenso auf unebenen Waldwegen gehen kann wie auf breiten Straßen und sich dabei wohlfühlt, leicht und wie getragen von der Gewißheit, angenommen zu sein. Als ich mich umwandte und Mont betrachtete, das seine Parabel oberhalb seiner spitzen Giebel hervorhob, als ich Toulouse erkannte mit seinem Mauerstück, stehengeblieben als Zeugnis dafür, daß die Jahrhunderte nur im Werk des Menschen dahinsterben, als ich das in einer Geländefalte versteckte Baudin suchte, verschämt seiner Fabrikschornsteine wegen, und als ich plötzlich Montchauvier entdeckte, seinen viereckigen Turm und die friedlich dastehenden Häuser unter seinem an ein Gemälde aus florentinischer Schule gemahnenden Himmel, da war ich wie ein Mensch mit Kleidern aus Licht. Rein nichts behinderte die Gesten, und die Blicke schweiften wach umher. In diesem Verhalten der Sonne war durchaus ein wenig Komplizenschaft: gerade genug, um Schweiß, Ärger, Verdruß zu beseitigen und vor allem den Geist von jenem erbarmungslosen Spiel abzulenken, das ihn nötigt, Leben für Tod und Tod für Leben auszugeben. Und darum durfte ich ausnahmsweise einen Schrei ausstoßen und mich zwingen, ungeachtet von Miasmen einzuatmen. Einem natürlichen Hang nachgebend, begann ich sogar, vom Unmöglichen zu träumen und mir ein Leben vorzustellen ähnlich jener Pracht, worin die Conditio humana ohne Anstrengung oder Verwandlung auf einer Stufe steht mit dem verborgenen Gott der Dinge. Nein, weder Wiese noch Hügel, weder Dörfer noch Straße, einzig in ihrer Geradheit, weder die Glocken, die in den Kirchtürmen läuteten, die spitzen Schreie der Vögel und das Summen der Insekten noch der brummige Zuruf des Menschen auf dem Pferd, das strauchelte, schienen etwas anzukündigen. Und doch, wer außer ihnen hatte erraten, daß meine vagabundierende Silhouette ans Ende flüchtiger Abenteuer gekommen war?

Als ich das Herbergszentrum erreichte, empfing mich dort ein Angehöriger der örtlichen Widerstandsgruppe. Er hieß mich in ein niedriges und kühles, frisches Haus eintreten. Im linken Zimmer mit rissigen Wänden stand ein langer Tisch mit Gedecken für das Mittagessen, im rechten ein runder Tisch mit Listen. Man begann mit den Papieren. Einmal mehr füllte ich Spalten aus, gab Namen, Alter usw. an und unterschrieb. Frankreich war schön umfriedet in diesen vier Wänden und ihrem Geruch von Tinte und Brot. Man redete. Der höfliche und (o Wunder!) saubere Resistant war klug genug, mich nicht zu bemitleiden oder aufzumuntern. Er tat seine Arbeit, und diese Arbeit nannte er nicht Pflicht. Er erzählte mir von den Zeitläuften, vom Land und von Alltagsdingen. Er fragte mich, woher ich komme, und nicht, wohin ich ginge; er begriff, daß ich irgendwohin ginge, wo es meinem Hang zu schweigen zusagen würde. Ich lauschte dem Klang seiner Stimme und seinem Akzent, der unauffällig und klar wie seine Rede war, bereit, jede Modulation oder Idee aufzunehmen. Ja, dieser Resistant, dieser erste Franzose meiner Freiheit ist mir sonderbar fertig erschienen. Dann ging ich zu Tisch, und als ich das Brot zu brechen begann, bemerkte ich den Sonnenstrahl, der, durch das offene Fenster eingedrungen, auf dem Fußboden ein reines Rechteck zeichnete. Ich warf einige Brotkrumen hinein. Kurz wirbelte Staub auf und setzte sich wieder. Draußen hatte Frankreich sein friedliches Gesicht.«

Doch woher kam ich denn? Wohin führte mein Weg? Die Formen des Kampfes, der vier Jahre lang, von 1914 bis 1918, geführt worden war, Körper an Körper, Tod um Tod für das Überleben Frankreichs, standen mir noch vor Augen und lebten noch in der Erinnerung der Meinen, auch wie Frankreich sich angesichts seines Gegners in sich selbst gesammelt hatte, Muskel gegen Muskel, im Ohr der Atem des anderen, worin dessen Herzschlag zu hören war, die letzten Widerstandskräfte abwägend. Eine Willens-, Kraft-, Ausdauerprobe wie einst bei den Jahrmarktkämpfern. Diese Kraft faszinierte mich. Die verbissene Weigerung, auch nur einen Zollbreit zu weichen, denn nur dieser Zoll weniger und Rom war offen. Nichts wäre möglich gewesen ohne Verweigerung jeder Ablenkung. In dieser Hinsicht bildeten Joffre und Clemenceau für mich das Vorbild schlechthin für Patrioten, in Granit gehauen, wahre Blöcke der Stärke, der Härte, der Geduld. Sie besaßen keine andere Vorstellung von Frankreich als die aus tausend Jahren Geschichte geerbte, sie verkörperten deren Fortdauer. Sie wußten, daß ein Augenblick der Unaufmerksamkeit genügt hätte, um Jahre der Zähigkeit zunichte zu machen. Keine Minute durfte in der Anstrengung nachgelassen werden, wie bei jenen baskischen Kraftproben, wo alles zusammenbricht, wenn einer fällt. Ich sah im Aufgeben der folgenden Jahre, in den Verwüstungen des Versailler Vertrags eine gewaltige Ablenkung der Geschichte, den Preis für eine zu große Ermüdung.

Wie verschieden dagegen der Krieg, den zwanzig Jahre später wir führten und der uns, die gefangenen Armeen, an der Rand der Straße geworfen hatte! Sein Verlauf war weniger gut auszumachen. Das riesige Verdienst de Gaulles war es, begriffen zu haben, daß es sich dabei um das

Schicksal der Welt handelte und daß es in diesem allgemeinen Kräftemessen, in dem nichts im voraus festgeschrieben war, vom ersten Tag an um alles ging, zuallererst die Zivilisation. Ich frage mich häufig, ob de Gaulles Sieg, und dank seiner der Sieg Frankreichs, nicht eher seiner historischen Intelligenz geschuldet ist als dem Reflex seines Patriotismus. In unseren abendlichen Unterhaltungen in Schaala suchten wir einen symbolträchtigen Helden, und da hatten wir ihn, ohne es zu wissen. Wir spürten, daß Pétain genau dies fehlte: diese unerschütterliche Einheit, dieser Glaube an das Leben eines Volkes, das weniger für Stetigkeit als für Mut empfänglich war. Darin lag die Stärke de Gaulles. Eine bestimmte Vorstellung von Frankreich gestattete keine Arrangements. Vichy aber bedeutete das ständige Arrangieren. Anders gesagt: die Unterwerfung. Joffre, Clemenceau, de Gaulle: drei Arten, zu sein oder zu begreifen, daß um die Geschichte Frankreichs sich nicht feilschen läßt. Im Vergleich zu ihnen war Pétain nicht existent. Seine Vorstellung Frankreichs stammte aus einem anderen Jahrhundert, dem von Thiers oder Bazaine.[8] Wenn man kapitulierte. Ich war wütend, vom richtigen Kampf ferngehalten zu werden. Ich rief die mir vertrauten Gestalten zur Unterstützung. Sie verkörperten in dieser und jener Weise für mich Momente der Nation. Aus der Geschichte dieser meiner Nation berief ich mich auf jene großen Zeugen, ohne die Frankreich sich hätte biegen, verunstalten lassen. Vauban habe ich bereits genannt, er

8 Louis Adolphe Thiers (1797-1877), rechtsrepublikanischer Staatsmann, Publizist und Historiker; war verantwortlich für die blutige Unterdrückung der Pariser Kommune 1871. – François Achille Bazaine (1811-1888), Marschall von Frankreich, leitete während des deutsch-französischen Krieges von 1870/71 die französischen Truppen in Lothringen; versuchte nach dem Sturz des französischen Kaiserreichs mit Bismarck zu verhandeln. Wegen Staatsverrat zunächst zum Tode, dann zu 20 Jahren Haft verurteilt, floh er nach Spanien, wo er starb. [A. d. Ü.]

schien mir der größte: der erbaut, verteidigt, der die Breschen wieder schließt, der die Launen der Völker zügelt, der die Wanderungsbewegungen durch ein vollkommenes und klares Wissen blockiert. Mir gefiel, daß dieser Marschall von Frankreich, der aus dem Kleinadel stammte, unter Ludwig XIV. großgeworden war, um ihm am Ende die Leviten zu lesen, ein Vorbild an Wissen, gewiß, aber auch an Tugend. Ich mochte Karl V., der überall dort war, wo an unseren Pforten geschlagen wurde, die Launen und Phantastereien eines Ludwigs XI. mißfielen mir und regten mich auf, und Weltverbesserer, der ich war, gab ich Karl VII. zurück, was wir ihm schuldeten, die Geburt eines modernen Staates. Ach, das sollte ihn teuer zu stehen kommen, die Vetternschaft mit Jeanne d'Arc. Und weitere noch, Turenne, dennoch ein kleiner Verräter zuzeiten, Moritz von Sachsen, ein naturalisierter Deutscher. Und dann Danton und Carnot, diese beiden Spitzen der Revolution. Danton war vielleicht etwas korrupt, aber sein »Kühnheit, nochmals Kühnheit und immer wieder Kühnheit«[9] wog alle französischen Schwächen wieder auf. Carnot bewunderte ich, weil er sich Bonaparte in der Stunde der Niederlage zur Verfügung gestellt hatte und obwohl dieser ihn verkannte.

Wie entschließt man sich zur Flucht? Ist das eine Idee, die man lange in sich heranreifen läßt, oder ist das eine Art lebensnotwendiger Impuls?

Das hängt davon ab. Ich habe meine erste Flucht fast sechs Monate lang geplant und die zweite acht. Sie scheiterten. Die dritte, die dann erfolgreich war, geschah improvisiert. Ich leite daraus keine Theorie ab.

Meine erste Flucht, ein dem Schein nach bukolisches Unterfangen, begann im Zusammenhang mit Garten-

9 In einer Rede im Nationalkonvent am 2. September 1792. [A. d. Ü.]

arbeit. Stellen Sie sich dabei nicht das Säen von Stiefmütterchen oder Rosen vor. Sie bestand darin, schwere Baumstümpfe zu zersägen und wegzukarren. Kameraden hatten mich auf Deutschlandkarten in recht großem Maßstab hingewiesen, die in einem Flur der Kraftfahrschule der Luftwaffe in Rudolstadt hingen. Durch Arbeitsaustausch war die Sache bald geregelt. Ich richtete es so ein, daß ich so oft wie möglich durch diesen Flur kam, und jedesmal zeichnete ich ein oder zwei Quadratzentimeter dieser Karten auf ein Stück Papier. Ich zog eine Strecke von Schaala bis zur Flußschlaufe von Schaffhausen, dem einzigen Landstück der deutsch-schweizerischen Grenze (den Rhein oder den Bodensee schwimmend zu überqueren hätte mir etwas zu viel abverlangt). Nachdem ich die Papierschnipsel miteinander verbunden hatte, erstellte ich eine Art Michelin-Karte, die mir den Weg wies, den ich auf sechshundertzwanzig Kilometern von Norden nach Süden und auf einem Streifen von zwanzig Kilometern von Osten nach Westen zu folgen hatte.

Nachdem diese Aufgabe erledigt war, gab es keinen Grund mehr, Bäume zu schleppen, und so ging ich zurück zum Garbenbinden. Arbeiten ist dafür ein großes Wort. Da es kalt war, setzten wir uns abwechselnd zum Aufwärmen ins faulende Stroh. Drinnen hatten wir so etwas wie eine Kammer, ähnlich wie in den Pyramiden, eingerichtet. Da wurde sich abgelöst. Ein Viertel der Arbeiter hielt sich da ständig auf. Wir waren sehr gut organisiert ...

Wie gestaltet sich die Nacht vor der Flucht? Hat man Angst?

Man hat andere Sorgen. Ich brauchte festes Schuhwerk, das die Landstraße aushielt, und Zivilkleidung. Natürlich besaß ich nichts davon. Am Vorabend der Flucht, am

4. März 1941, habe ich die Rockschöße meines Militärmantels abgeschnitten und mir dank deutscher Arbeiter aus der Fabrik einen langen Regenmantel aus Kunstseide beschafft. Er ging mir bis an die Knöchel, so daß man nicht sah, was darunter war. Delobre, der Jesuit, konnte nähen und hatte mir einen Rucksack für den Reiseproviant geschneidert. Meine Freunde hatten Nahrungsmittel gesammelt: Zwieback, Zucker, Schokolade. Mein späterer Fluchtgefährte, Abbé Xavier Leclerc, der Pfarrer in Saint-Pourçain-sur-Sioule im Departement Allier, und ich hatten ausgerechnet, daß wir pro Tag zwölf Zwiebäcke, zwei Stück Zucker und einen Riegel Schokolade pro Person brauchen würden, und das für drei Wochen, die wir unterwegs sein würden. Wir hatten einen Teevorrat angelegt und gedachten, uns das Wasser aus Bächen zu holen. Das Ganze wurde ergänzt durch Schuhwichse, da den Deutschen schmutzige Schuhe aufgefallen wären, und Rasiermesser, weil es absolutes Gebot war, akkurat rasiert zu sein.

Hat die Flucht dann am vorgesehenen Tag stattgefunden?

Nein. Wir haben, da die Rucksäcke noch nicht fertig waren, die Flucht um vierundzwanzig Stunden verschoben. Ich erinnere mich, daß ich mich – das erste und das letzte Mal – in der Krankenstube krank gemeldet habe. Damit wollte ich Zeit gewinnen, um letzte Vorbereitungen für die Flucht zu treffen. Der deutsche Arzt hat mich untersucht; seiner Diagnose nach hatte ich nichts. Das hinderte ihn nicht, mich zu fragen: »Wollen Sie, daß ich Ihnen acht Tage Ruhe verschreibe?« Vermutlich hat ihn meine Antwort verblüfft: »Ein Tag würde reichen ...« Währenddessen kümmerte sich Delobre um den Rest. Am fraglichen Abend haben wir das Marschgepäck auf dem Fabrikgelände unter einem Ballen Stroh versteckt.

Am darauffolgenden Morgen, am 5. März, es war noch dunkel, haben wir, sobald wir vom Arbeitskommando kamen, unser Gepäck geschnappt, sind über den Stacheldraht geklettert, der an dieser Stelle sehr locker war, haben Gleise überquert und uns dann in die Büsche verdrückt. Dank der Komplizenschaft des Führers der Arbeitskolonne und des Dolmetschers haben die Deutschen unser Verschwinden nicht sofort bemerkt. Sie – das heißt Jean Munier, der Kolonnenführer, und Bernard Finifter, der Dolmetscher – haben das so gut gemacht, daß unsere Abwesenheit erst am Abend bei der Rückkehr festgestellt wurde. Wir hatten zwölf Stunden gewonnen. Munier und Finifter wurden bestraft. Das war so gang und gäbe.

Fürchteten Sie nicht, daß man Sie denunzierte?

Nein. Dieses Laster war da, wo ich war, unbekannt.

Sie sprachen kein Deutsch?

Nein, und Abbé Leclerc auch nicht ... Aber wir verfuhren nach der Regel: mit niemandem sprechen. Diesen »Rat« hatten wir – pikanterweise – in einem Buch der von den Deutschen eingerichteten und eher mageren Lagerbibliothek entdeckt. Es handelte sich um das Werk eines gewissen d'Harcourt, der in allen Einzelheiten seine Fluchten während des Krieges 14-18 beschrieb. Wir hatten ihm eine Fülle von Hinweisen über verschiedene Arten der Flucht entnommen und elementare Ratschläge, wie daß man es vermeiden sollte, Passanten zu begegnen und ihnen, wenn sie einen ansprechen, zu antworten.

Die ersten Tage ging es über Felder und Hügel. Alles andere als ein Spaziergang: das Gelände war schroff und der Boden aufgeweicht. Unsere fürchterlich verdreckten

Schuhe hätten uns bei einem unerwarteten Zusammentreffen sofort verraten. Unsere Füße bluteten. Wir versorgten sie notdürftig, indem wir Taschentücher zerrissen und sie zwischen Schuh und Fuß steckten, um so jedes Reiben zu verhindern. Uns wurde sehr bald klar, daß wir auf diese Weise unser Ziel nicht erreichen würden. Es war wirkungsvoller, wenig befahrene Landstraßen zu benutzen, wo das Risiko, daß uns deutsche Konvois begegneten, gering war. Wir marschierten nur nachts, tagsüber versteckten wir uns in den Wäldern. Wir haben so drei Wochen lang gelebt.

Hatten Sie während dieser dreiwöchigen Flucht Angst, erwischt zu werden?

Wir hatten vor allem den Willen, durchzukommen. Und um ein Haar wäre es uns auch gelungen. Tatsächlich hatten wir auf der ganzen Strecke nur zwei brisante Situationen zu überstehen. Die erste: Ein Landpolizist, der mit dem Fahrrad seine Runde machte, hielt uns an. Hat er begriffen, daß wir auf der Flucht waren, oder hat er uns für ausländische Arbeiter gehalten? Jedenfalls war in seinen Augen etwas mit uns nicht ganz in Ordnung. Da er recht füllig war und offensichtlich nicht vorhatte, uns zu Fuß zu eskortieren, sagte er, er werde uns am Dorfeingang erwarten. Dann bestieg er wieder sein Rad und fuhr davon. Wir haben die Chance genutzt und uns erst in die Büsche, dann in den Wald verdrückt.

Der zweite Vorfall ereignete sich auf halbem Weg, als Leclerc krank wurde. Ich ging in ein Dorf, um Medikamente zu kaufen. Dem Apotheker habe ich mehr recht als schlecht erklärt, einer meiner Freunde leide an Magenverstimmungen, und bekam die nötigen Mittel. Ich habe mich als italienischer Arbeiter ausgegeben. Das verwunderte niemand. Daraufhin habe ich einen Abstecher zur

Bäckerei gemacht und einen Laib Brot gekauft. Die Leute waren freundlich und wenig neugierig. Nachdem ich meine Einkäufe getätigt hatte, bin ich zurück zu Leclerc auf seinem Hügel. Er hatte sich schon gefragt, ob ich womöglich festgenommen worden sei.

Nach Einbruch der Dunkelheit haben wir uns wieder auf den Weg gemacht. Wir waren müde, durchnäßt, steif vor Kälte. Vierzehn Tage Regen und Schnee von drei Wochen insgesamt, die unser Abenteuer dauerte, zehrten an unseren Kräften. Wegen der Kälte schliefen wir nicht länger als zwei Stunden an einem Stück. Die letzten Tage konnten wir überhaupt nicht mehr schlafen. Wir waren wie in Trance. Doch der Wille führte uns.

Ihre Festnahme erfolgt nur kurz bevor Sie die Schweiz erreichten ...

Wir haben uns an einer Kreuzung verlaufen. Das war an einem Sonntagmorgen, wir kamen an der Kirche von Egesheim, einem Dorf in Südwürttemberg, vorbei, die gerade von einigen Gläubigen besucht wurde. Da haben wir den falschen Weg genommen. Nach zwei Kilometern sind wir umgekehrt und wieder an derselben Kirche vorbeigekommen. Es war bereits hell. Der Gottesdienst war vorüber, und die Kirchgänger wunderten sich über unser Hin und Her. Ihre Neugier wuchs, als sie uns den schneebedeckten und mit kahlen Bäumen bepflanzten Hügel, der das Dorf beherrschte, hinaufklettern sahen. Eine uns durchaus verständliche Erregung packte die Dorfbewohner. Einige, mit Stöcken bewaffnet, sammelten sich und nahmen unsere Verfolgung auf. Es war ein ungleicher Kampf. Wir waren müde, sie nicht. Der Abstand zwischen ihnen und uns schmolz rapide. Dann hatten sie uns eingeholt. Xavier Leclerc begann mit dem ersten der Verfolger, der ihn festhalten wollte, ein Handgemenge.

Er schrie mir zu: »Wart ab, wir versuchen's. Wir werden sehen … Wir sind nahe an der Grenze, noch ist nichts verloren.«

Tatsächlich waren wir verloren. Nachdem sie uns gepackt hatten, brachten uns die Deutschen zum Rathaus von Egesheim, wo wir auf dem Speicher eingeschlossen wurden. Der Bürgermeister, sehr anständig, sah, daß wir erschöpft waren. Seine Schwester, eine freundliche alte Dame, gab uns warme Suppe. War die gut! Im Rathaussaal drängte sich die Bevölkerung, um uns zu sehen. Wir waren das Tagesereignis. Das war Ende März 1941, und in der Gegend hatte man noch nie geflohene Kriegsgefangene zu Gesicht bekommen. Der aufgeregteste unserer Verfolger, noch immer mit einer Pistole in der Hand und mit den Naziabzeichen versehen, bewachte uns mit wildem Blick, Parteimütze auf dem Kopf und von Zeit zu Zeit undefinierbare Laute ausstoßend. Als ein Gendarmerie-Feldwebel, der zu diesem Zweck per Telegraphen vom Nachbarort herbeigerufen worden war, uns in Gewahrsam nahm, warnte er ihn lautstark vor unserer Hinterhältigkeit. Er hatte gesehen, wie Leclerc und ich die Kompasse, die bei unserer Verhaftung mit den anderen Sachen aus den Rucksäcken genommen und auf den Tisch des Rathauses gelegt worden waren, wieder eingesteckt hatten. Der Feldwebel, der wenig fürs Laufen übrig hatte, requirierte einen Lieferwagen und brachte uns ins Gefängnis von Spaichingen, der nächstgelegenen Kreisstadt.

Ich greife jetzt einmal voraus, aber kann einfach nicht widerstehen, hier eine Anekdote zu erzählen. 1947, damals als Minister zuständig für die Ehemaligen Kriegsteilnehmer in der Regierung Ramadier – der ersten Regierung der IV. Republik –, hatte ich anläßlich einer Militärparade in Baden-Baden, zu der mich Koenig eingeladen hatte, die Gelegenheit ergriffen und war nach

Egesheim gefahren. Dort erwartete mich eine kleine Menschenmenge in perfekter Ordnung. Man stellte mich dem Stadtrat vor, der unter dem Stab des neuen Bürgermeisters in Reih und Glied vor dem Rathaus angetreten war. Es bedurfte nicht großer Anstrengung, um in letzterem jenen kleinen Geiferer mit Nazimütze und Naziarmbinde wiederzuerkennen, der uns sechs Jahre zuvor bedroht hatte. Ich erkundigte mich, was aus dem wohlbeleibten und barmherzigen Bürgermeister geworden war. Man hatte ihn aus dem Amt entfernt, und der Mützenträger war an seine Stelle getreten. Wenn man da nicht über den Sinn der Geschichte philosophieren könnte!

Eine andere Erinnerung. Nach dieser Reise erhielt ich in Paris einen Brief von meinem ehemaligen Gefängniswärter, dem Chef des Gefängnisses in Spaichingen. Leclerc und ich waren damals seine einzigen Schäfchen. Man kann noch heute im Gefangenenregister vom März-April 1941 lesen: Einlieferung eines Priesters und eines »Juristen«. Dieser leitende Gefängnisaufseher hieß Huber. Herr Huber war ebenfalls seines Amtes enthoben worden und hatte nun in einer Klinik eine Funktion inne, die ihm offensichtlich nicht behagte. In seinem Schreiben sprach er mich mit »Lieber Herr Minister« an; und er schloß mit den Worten: »Ich hoffe, Sie haben von Ihrem vorübergehenden Aufenthalt in unserem Haus eine gute Erinnerung bewahrt.« Selbstredend wünschte er auf seinen alten Posten in Spaichingen wiedereingesetzt zu werden, wo er die Ehre gehabt habe, mir zu begegnen.

Dazu ein letztes Wort. Ich kam 1980 noch einmal nach Spaichingen, diesmal in Begleitung von Willy Brandt; wir hatten uns in Rudolstadt getroffen und von dort noch einmal die Fluchtstrecke zurückgelegt (allerdings per Auto). Uns zu Ehren war ein feierlicher Empfang organisiert worden. Auf dem eigens dafür errichteten Podium thronten, unter den offiziellen Gästen, die zwei Mädchen von Herrn Huber, Elfriede und Ludmilla. Ich umarmte zwei ältere Damen mit lila gefärbten Haaren, die nur fern an die beiden reizenden Schülerinnen erinnerten, die heimlich zu unserer Zelle hochstiegen und uns, da sie unsere Sprache lernten, einige französische Bücher ausliehen sowie die illustrierten Wochenzeitungen, die voll waren von Kriegsberichten, in denen der deutsche Heroismus ausgebreitet wurde. Sie sahen hübsch aus, lustig, in ihrer HJ-Uniform. *Sic transit* ... Nun, Sie können mir glauben, das Wiedersehen war vergnüglich.

Nach all den Anstrengungen mußte diese Festnahme doch eine riesige Enttäuschung sein.

Wenn man in Aktion ist, gibt es keine riesige Enttäuschung! Nach Egesheim wurden wir also ins Gefängnis von Spaichingen gebracht. Einen Monat später dann unter Polizeieskorte zurück zum Stalag IX C, bevor man uns dann erneut ins Stalag IX A überführte, das ursprüngliche Stalag. Wir wurden strengstens bewacht. Den Ausreißern wurde, zu Recht, mißtraut. Es gab doppelten Drahtverhau, Wachtürme, schwenkbare MGs, Scheinwerfer ... Im Vergleich dazu war Stalag IX C das reinste Erholungsheim. Im Stalag IX A waren wir gleichsam gebrandmarkt. Wir durften an keiner Arbeit außerhalb des Lagers teilnehmen.

War diese Sonderbehandlung als Bestrafung gedacht?

Ich vermute, daß die Deutschen den Verdacht hatten, die einmal Geflüchteten würden es immer wieder neu versuchen. Sie trafen ihre Vorsichtsmaßnahmen.

Sie entschlossen sich also, einen zweiten Fluchtversuch zu wagen …

Ja. Wir haben zu dritt dieses Vorhaben geplant. Meine zwei Gefährten sind heute tot: Pierre Levrard, gestorben 1992, und Pierre Barrin, ein Journalist, der Anfang der fünfziger Jahre bei einem Autounfall an der Elfenbeinküste ums Leben kam. Wir hatten bemerkt, daß ein kürzlich errichteter Transformator am Drahtzaun einen Schatten warf, wo man den Blicken der Wächter oben auf den Türmen entzogen war. Man mußte nur zu dieser Schattenzone vordringen, mittels eines Bretts die beiden Drahtzäune überwinden und sich dann in den Graben, der außen herum verlief, fallen lassen. Keine sehr bequemen Aufgaben. Dies um so weniger, als der äußere Graben von Soldaten bewacht war, die alle hundert Meter postiert waren, und zudem noch »mobile« Wächter zwischen ihnen die Runden machten. Jeden Lärm vermeiden und in dem Augenblick springen, in dem der marschierende Wächter so fern wie möglich uns den Rücken zukehrte: das war unser Plan. Von da führte eine Straße längs des Lagers nach Ziegenhain, einige Kilometer entfernt, und weiter nach Treysa.

Wir hatten beschlossen, an einem Sonntagabend – dem 28. November 1941 – zu fliehen, da an diesem Tag die Bauern der Region die Lagersoldaten besuchten und es da etwas drunter und drüber ging, was unsere Pläne begünstigte. Wir hatten uns deutsche Regenmäntel beschafft und verabredet, uns am Bahnhof von Treysa zu treffen. Als erster sprang Levrard, dann Barrin, zum Schluß ich. Wir mischten uns einzeln unter die deutschen Spaziergänger. Levrard kam unbeschadet davon. Barrin wurde bereits nach wenigen Hundert Metern gestellt und festgenommen. Kaum war der Alarm gegeben, flammten die Scheinwerfer im Lager auf.

Waren Sie da schon außer Reichweite?

Ich war außerhalb des Lagers, aus dem Graben gekrochen, auf der Straße und ging denselben Weg wie meine Freunde. Ich sah, wie Barrin von den Soldaten mit vorgehaltener Waffe festgenommen wurde. Die Gruppe kam auf mich zu. Ich beschloß, so zu tun, als ob nichts wäre. Ich habe die Hände in den Taschen vergraben, bin stehengeblieben und habe Barrin an mir vorbeigehen sehen. Unsere Blicke haben sich gekreuzt. Er hat kein Zeichen des Erkennens gegeben. Zur Erinnerung: Pierre Barrin ist einige Zeit später erneut geflüchtet und hat es, versteckt unter einem Zug, bis nach Ungarn geschafft. In Ungarn war er bei einer Familie untergebracht, deren Tochter er dann heiratete ...

Unsere Wächter, zufrieden über ihren Fang, sind ins Lager zurückgekehrt. Ich habe mich querfeldein aus dem Staub gemacht.

Und Levrard, haben Sie ihn am vereinbarten Treffpunkt wiedergetroffen?

Ich habe ihn nicht wiedergetroffen. Motorisierte Soldaten und weitere zu Fuß mit Hunden suchten die Straßen nach uns ab. Ich habe mich unter einer Brücke versteckt, stand bis zu den Knien im Wasser, damit die Hunde nicht meine Spur aufnehmen konnten. Dort bin ich zwei oder drei Stunden geblieben, dann, nachdem wieder Stille eingetreten war, habe ich mich zum verabredeten Treffpunkt aufgemacht. Ich habe darauf geachtet, kein Geräusch zu machen, so daß Levrard, wäre er da gewesen, mich nicht bemerkt hätte. Später habe ich erfahren, daß er ohne größere Zwischenfälle Paris erreicht hatte.

Ich bin an den Schienen entlang bis zum nächsten Bahnhof gelaufen. Im Arm meiner Weste hatte ich einiges

Geld eingenäht, und mittlerweile konnte ich genug Deutsch, um eine Fahrkarte zu kaufen. Das tat ich, eine Fahrkarte über Frankfurt, Saarbrücken nach Metz. In Metz habe ich zweimal versucht, über die Grenzen zu kommen, die fünfzehn Kilometer entfernt verlief – Elsaß und Lothringen waren ja annektiert –, aber ich stieß immer wieder auf deutsche Patrouillen.

Zurück in Metz, habe ich, geknickt und hundemüde, die erste Nacht in einem Unterschlupf verbracht. Es war eiskalt, und ich habe dermaßen gelitten, daß ich entschlossen war, ungeachtet aller Risiken kein zweites Mal draußen zu schlafen. Ich habe also ein kleines Hotel in der Nähe des Bahnhofs ausgemacht, Hotel Cécilia, dessen Besitzer vor der Tür französisch sprachen, was durch die deutschen Besatzungsbehörden eigentlich verboten war. Das ermutigte mich, nach einem freien Zimmer zu fragen. Meine Wirte führten mich hin. Das Zimmer war ländlich eingerichtet, mit einem großen rosa Federbett; und die ersten Bettücher, in denen ich seit langem wieder einmal schlief! Eine Stunde später hämmerte es an der Tür, und eine Stimme donnerte: »Polizei!« Die Hotelbesitzer hatten mich denunziert. Als ich, eskortiert von Polizisten, nach unten gebracht wurde, ließen sie sich noch das Zimmer bezahlen.

Ich wurde in der Festung Charles-III – ein eher pittoreskes Gefängnis – zusammen mit verurteilten deutschen Soldaten inhaftiert. Sie waren sehr harten Strafmaßnahmen unterworfen. Ich saß ruhig in meiner Ecke und sah zu, wie sie rannten, kletterten, krochen, sich auf den Boden warfen, vor Erschöpfung niedersanken. Für mich interessierte sich niemand.

Fürchteten Sie, nach dieser zweiten gescheiterten Flucht wieder nach Deutschland gebracht zu werden?

Natürlich. Womöglich sogar nach Polen, wohin – wie es hieß – die Rückfälligen geschickt würden. Das sollte dann wenig später geschehen. Nach einigen Tagen wurde ich in ein Übergangslager in Boulay, einem kleinen Dorf an der Mosel, das damals Bolschheim hieß, gesteckt. Noch war ich in der Nähe von Metz, etwa 30 Kilometer entfernt, also auch nahe der Grenze. Ich habe mir gesagt, daß ich diese Gelegenheit unbedingt ergreifen müßte. Ich dachte nur noch daran.

Schließlich bin ich ohne weitergehende Vorbereitung geflüchtet. Da ich keinen anderen Weg gefunden hatte, habe ich mich nach sieben oder acht Tagen freiwillig als Paketbote zwischen dem Gefangenenlager und der angrenzenden deutschen Kaserne gemeldet. Diese Kaserne war nur durch herkömmliche Zäune von der Straße getrennt. Wir waren äußerst bizarr gekleidet: mit roter Jacke und Holzpantinen. Je zwei Gefangene wurden durch einen Soldaten mit geschultertem Gewehr bewacht. Am 10. Dezember 1941 um sieben Uhr früh war es noch stockdunkel. Ich bin losgerannt und über den Zaun geklettert. Sofort wurde Alarm ausgelöst, ich hörte Schreie, Rufe, war aber schon auf der Straße. Und bin gerannt wie noch nie in meinem Leben.

Wußten Sie, wohin Sie gehen wollten?

Ja. Einer meiner Haftgefährten, Raymond Balland, hatte mir eine Adresse genannt, bei der ich unterkommen könnte, am Hermann-Göring-Platz im Zentrum von Boulay. Balland war Oberkellner bei »La Mère Poulard« am Mont-Saint-Michel gewesen, ein netter Junge und Vertrauensmann des Lagers; aufgrund des Versprechens, nicht zu fliehen, das er gegeben hatte, durfte er das Lager verlassen und konnte so Kontakte nach draußen knüpfen. Die Adresse war die einer Zeitungshändlerin, Maya

Baron, »eine sehr zuverlässige Freundin«, hatte er mir gesagt.

Ich war außer Atem. Am kleinen Platz von Boulay hob Maya Baron ihren eisernen Rolladen; die Deutschen auf meinen Fersen, bin ich schnell unten drunter durchgeschlüpft, wobei ich ihr zurief: »Ich komm' von Balland ...« Sehr liebenswürdig hat sie mich dann, ohne weitere Fragen zu stellen, durch den Hinterhof zu ihren Nachbarn gebracht, den Fräulein Stengers.

Zwei Tage später in der Frühe ist Maya Baron wiedergekommen. Sie bat mich, ihr zu folgen: »Wir gehen nach Metz. Wir fahren vom Bahnhof ab, Arm in Arm, wie Verlobte. Wenn wir irgend etwas gefragt werden, sage ich, daß wir Verwandte besuchen.«

In Metz wurde ich bei der Familie Guilleaume untergebracht, die mit Maya Baron verwandt war und mit einem Widerstandsnetz in Verbindung stand. Man führte mich in eine Kirche, ich glaube, es war die Kirche Saint-Martin. Dort hat sich mir jemand genähert und ins Ohr geflüstert, ich solle dem jungen Mann, der vor mir kniete und betete, folgen, sobald er sich erheben würde. So fand ich mich bei Einbruch der Nacht zusammen mit zwei weiteren Gefährten in einem Zug, der die Grenze entlang fuhr.

Wir sollten den Zug kurz vor der Einfahrt in Sainte-Marie-aux-Chênes (Marieneichen) verlassen, wo er wegen Bahndammarbeiten langsamer fuhr. Die Nacht war eisig, fürchterlich, aber bot damit auch den Vorteil, daß sie die Grenzwächter bewog, in ihren Schutzhütten zu bleiben. Wir sind nach Osten gelaufen, von Anhaltspunkt zu Anhaltspunkt, aber dann hatte sich unser Gruppenführer, der als einziger die Route kannte, verirrt. Wir mußten immer wieder umkehren. Es nahm kein Ende. Ich sagte zu meinen Zufallsgenossen, deren Namen ich nicht kannte: »Hört mal, mir reicht's. Frankreich ist da lang ... Also, macht's gut!« Und von da bin ich gekrochen oder tief gekrümmt gelaufen, bis ich nicht mehr konnte. Rücken und Brust waren vom Eisregen wie vereist. Im Dunkeln stieß ich auf Schienen; als ich mich aufrichtete, sah ich vor mir einen kleinen Bahnhof. In Frankreich. Eisenbahner nahmen mich auf. Sie trockneten meine Kleider über einem Ofen. Sie gaben mir zu essen und setzten mich dann in einen Bus nach Nancy. Dort wurde mir ein falscher Ausweis mit dem Bild eines Unbekannten gebastelt.

In Nancy habe ich den Zug nach Besançon genommen. Einer Anweisung zufolge sollte ich an einer ganz bestimmten Stelle der Strecke, in der Nähe von Mouchard, abspringen. Ich konnte mich gar nicht irren, denn Dutzende andere machten das gleiche. Im Gänsemarsch haben wir uns vorgetastet, immer auf der Hut, den deutschen Patrouillen auszuweichen, und haben dann unbehindert die Demarkationslinie überschritten.

Mein erstes Dorf in Freiheit hieß Chamblay, im Jura. Zum Schlafen bot mir ein Bauer Stroh in seiner Scheune an. Sehr viel später bin ich noch mehrfach in die Gegend gekommen. Das eine Mal, weil sie in unmittelbarer Nähe von Arc-et-Senans liegt; die anderen Male, weil Edgar Faure dort Conseiller général wurde, was mir einige freundschaftliche Einladungen einbrachte. In Chamblay habe ich wie ein Stein geschlafen. Am nächsten Morgen bin ich bei klarem Wetter zu Fuß die acht Kilometer bis nach Mont-sous-Vaudrey gelaufen, wo ich dann beim Anblick eines Standbildes von Jules Grévy[10] erfuhr, daß er hier geboren war. Von meinem kurzen Aufenthalt in Mont-sous-Vaudrey gibt es ein ergreifendes Zeugnis. Ein Widerstandskämpfer des Ortes hat die Namen aller

10 Jules Grévy (1807-1891), linksrepublikanischer Politiker; 1879 Präsident der Dritten Republik; Gegner eines revanchistischen Nationalismus und einer expansiven Kolonialpolitik. [A. d. Ü.]

Flüchtlinge erfaßt, die nach Überschreiten der Demarkationslinie hier haltgemacht haben. Diese Liste wurde veröffentlicht, und auf diese Weise bin ich in die Annalen des Ortes eingegangen.

Auf den Rat von Dorfbewohnern hin habe ich einen Bus nach Lons-le-Saunier genommen. Mechanisch las ich die Namen der Dörfer, durch die der Bus fuhr, und stutzte plötzlich. Auf einem Schild stand: Mantry. Ich entsann mich, daß eine ferne Kusine, Marie-Claire Sarrazin, dort wohnte. Wir hatten uns drei Jahre zuvor bei der Hochzeit eines gemeinsamen Verwandten in Jarnac kennengelernt. Ich stieg aus, marschierte in freier und schöner Natur etwa einen Kilometer und erreichte das Haus. Nach einer ersten Überraschung haben mich Marie-Claire, ihre Mutter und ihre Schwester Marguerite wunderbar empfangen. Tagelang wurde ich verhätschelt, vollgestopft mit Quark und anderem Frischkäse, den sie selber herstellten, mit tausend Aufmerksamkeiten bedacht. Danach begab ich mich nach Lons-le-Saunier, wo ich die sogenannten »Demobilisierungs«-Angelegenheiten hinter mich brachte und eine »Fluchtprämie« in Höhe von etwa 300 heutigen Francs erhielt, die die Vichy-Regierung gnädig jedem aus Kriegsgefangenschaft Entflohenen offerierte.

Sie haben weiter vorn, als Sie Ihre erste Flucht schilderten, Jean Munier, den Führer der Arbeitskolonne, und Bernard Finifter, den Dolmetscher, genannt. Sie weisen ihnen eine wichtige Rolle zu. Warum?

Das deutsche Lagerpersonal nahm in dem Maße ab, in dem aufgrund der Ausweitung des Krieges Soldaten abgezogen wurden, und das vor allem ab Juni 1941, als Hitler seine Armeen in Rußland einmarschieren ließ. Unsere Soldaten waren älter oder durch Verwundungen gehandikapt. Von da an wurden die Dolmetscher unter den Gefangenen rekrutiert und die Arbeitskolonnen der Aufsicht eines der unseren unterstellt, der in den Augen der deutschen Behörden für den sachgerechten Ablauf der Dinge verantwortlich war. Die Lagerverantwortlichen hatten durch das Zusammenleben mit uns allmählich herausbekommen, welcher Gefangene unser Vertrauen besaß und akzeptiert wurde und welcher nicht.

Nur wenige erfüllten diese Voraussetzung. In Schaala hat niemand die moralische Autorität Jean Muniers in Zweifel gezogen. Seine körperliche Widerstandskraft, sein unbeugsamer Charakter, seine unablässige gute Laune machten ihn zum Fundament dessen, was zunächst nur eine diffuse Ansammlung von Männern war, die die Zufälle des Krieges und der Niederlage zusammengebracht hatten und unter denen jegliche Hierarchie fehlte. Jean Munier, ein Bauer aus dem Burgund, der an Fronarbeit gewöhnt war, konnte herrliche Medaillen feilen, und zwar nach einer Technik, die er auf der Kunsthochschule in Dijon gelernt hatte. Alle brauchten ihn und nahmen seine Dienste in Anspruch. Auch ich, als die Zeit gekommen war. Er wurde in unseren Fluchtplan eingeweiht, da wir wußten, daß er das Risiko auf sich nehmen würde. Und das hat er ja dann in der geschilderten Weise auch getan.

Bernard Finifter, der Dolmetscher, war ein in Ekaterinoslaw geborener russischer Jude. Seine Familie war von Pogrom zu Pogrom zunächst nach Warschau, dann nach Berlin emigriert. Der Vater, Schneider, hatte seinen Kindern ebenfalls das Schneiderhandwerk beigebracht. Doch in Berlin – und noch 1933! – war Bernard Boxer geworden. Stämmig und sehr athletisch trotz seiner geringen Größe, hatte er unter seinesgleichen gerade eine gewisse Berühmtheit erlangt, als die Naziverfolgung ihn zwang, erneut sein Bündel zu schnüren. Er wollte nach

New York, schiffte sich in Hamburg auf einem dänischen Dampfer ein, der heimlich Einwanderer in die Vereinigten Staaten brachte; die Reisekosten zahlte er ab, indem er das Deck putzte. Einige Meilen von der amerikanischen Küste entfernt lud der Kapitän, ein rechter Gauner, aus Vorsicht seine Warenladung auf ein anderes Schiff, das mit ihm unter einer Decke steckte, und behielt die Freiheitskandidaten an Bord. Bernard schrubbte erneut das Deck und kam wieder nach Hamburg. Er suchte einen neuen Heimathafen und entschied sich für London; auf der Fahrt dahin kam er über Paris, traf auf dem Bahnsteig der Gare de l'Est einen Kameraden aus dem Warschauer Getto, der ihm vom angenehmen Leben in Frankreich vorschwärmte, wo es ruhig und sicher sei, und blieb hängen. Der Krieg überraschte ihn da. Er meldete sich freiwillig an die Front, und so endete dieser Teil seines Lebens in Schaala, wo wir uns anfreundeten. Er war mir aufgefallen, weil ich ihn, der am selben Tag wie ich eingeliefert worden war und nun mit mir die üblichen Formalitäten hinter sich brachte, auf die Frage: »Welche Religion?« sagen hörte: »Jüdisch.« »Weißt du, wie die hier sind?« hatte ich ihn daraufhin gefragt. »Klar, ich komm schließlich von denen. Man fragt mich, ob ich Jude bin. Ich bin's. Na und?«

Wir haben uns nicht mehr getrennt. Bei der Arbeit hat er sich einiges einfallen lassen, um mir das Gröbste zu ersparen. Wir haben gern zusammen gelacht. Die Deutschen respektierten ihn. Er sprach perfekt ihre Sprache, mit einem kleinen jiddischen Einschlag. In Umkehrung der Rollen sprang er (verbal) mit ihnen sehr roh um. Kurz, er machte, was er wollte.

Er floh kurz nach mir. Aber es stand geschrieben, daß wir nicht getrennt würden. Meine Flucht durch Deutschland hatte drei Wochen gedauert, im Gefängnis von Spaichingen blieb ich etwas weniger als einen Monat. Am

Abend meiner Rückführung unter strengster Bewachung nach Bad Sulza (dem Stalag IX C) wurde ich in eine Zelle des Militärgefängnisses des Lagers gesperrt. Ein kleiner rechteckiger Raum, eine Luke außer Reichweite, eine Holzpritsche aus drei Latten: das war das ganze Dekor. Den Vorschriften gemäß mußten die Insassen dieser Örtlichkeit ihre Schuhe vor der Zellentür im Flur stehenlassen. Ich lag auf meiner Pritsche und ließ mir gerade meine neue Lage durch den Kopf gehen, als drei an diesem Ort und zu dieser Stunde völlig unerwartete Wörter an mein Ohr drangen: »Bist du's, François?« Bernard Finifter, der in derselben Nacht in dasselbe Gefängnis gebracht worden war, hatte meine Schuhe wiedererkannt: er hatte sie mehrfach in Schaala geflickt! Er hatte gerade noch Zeit, mir »Bis morgen« zu sagen, dann schnappte auch hinter ihm der Türriegel zu.

Am nächsten Morgen fanden wir uns im Waschraum wieder und konnten plaudern. Er kündigte mir an: »Heute abend hast du einen Strohsack.« Und tatsächlich, als es dunkel wurde, kam ein deutscher Soldat mit einem Strohsack auf dem Kopf und warf ihn mir in die Zelle. Am nächsten Tag, wieder im Waschraum, wo wir Salon hielten, fragte ich Bernard aus. Er erzählte mir, daß er von einem mildtätigen Soldaten eine Zigarette erhalten hatte, daraufhin diesen gepackt, ihm das Handgelenk umgedreht und Auge in Auge zugeflüstert hatte: »Ich verpfeif' dich.« Daraufhin waren dem Unglücklichen eine Reihe von Bildern durch den Kopf geschossen, die fern von dieser erträumten Stätte, dem Gefangenenlager, ihren Abschluß an der Front gefunden hatten. Er unterwarf sich den gestellten Bedingungen: eine Schachtel Zigaretten, erneuerbar, und zwei Strohsäcke, einen für seinen Henker und einen für mich; der Friede wurde geschlossen. Dieses kurze und eher ungewöhnliche Kräftemessen dürfte dem wenig glaubwürdig erscheinen, der sich erinnert, daß die Szene sich auf dem Höhepunkt der Macht Hitlers ereignete und einer der Protagonisten, Herr der Situation, ein Jude war.

Was wollen Sie damit sagen? Daß beim Durchschnittsdeutschen der Antisemitismus nicht systematisch ausgeprägt war?

Nein. Das hieße, eine entsetzliche Seite der zeitgenössischen Geschichte zu verleugnen und das schlimmste Drama des letzten Krieges zu vergessen. Ich habe es nahe genug erlebt, um mir ein Urteil zu erlauben. Der Fall Finifter hat einen exemplarischen Wert aufgrund des Mutes, des außergewöhnlichen Schlags der Person. Nichts anderes. Vielleicht hatte der Nazismus auch noch nicht seine Verheerungen bis in die tiefsten Gründe der deutschen Seele ausgeübt.

Die paradoxe Episode von Finifter bringt mich auf die Frage nach der allgemeinen Haltung der Deutschen gegenüber den Gefangenen. Häufig wird in diesem Zusammenhang auf ihre Strenge, Härte, ihren blinden Gehorsam gegenüber den Vorschriften verwiesen und, im Hinblick auf die Konzentrationslager, ihre Grausamkeit. Wie war das Ihrer Meinung nach?

Ich sage nur, was ich selbst gesehen habe, und hüte mich vor Verallgemeinerungen. Ich war, was die Deutschen angeht, gespickt mit Vorurteilen. Ich neigte zu einer karikaturhaften Vorstellung des deutsch-französischen Verhältnisses. Ich verzieh nicht, was drei deutsche Besetzungen innerhalb eines Jahrhunderts an Schäden angerichtet hatten, vergaß aber die Pfalz; die Schlächterei des Wiener Kongresses empörte mich, aber die Annexion deutscher Landstriche durch Napoleon I. und ihre Einverleibung als französische Departements schockierte mich nicht. Kurzum, die Schuld gab ich immer unseren Nachbarn, die von Natur aus, so meine Ansicht, aggressiv waren, eroberungssüchtig, brutal. Eine bessere Kenntnis der Geschichte hätte mich gerechter urteilen lassen. Aber wo hätte ich es lernen können? Nicht ohne Verwunderung habe ich also mitten im Zweiten Weltkrieg feststellen müssen, daß die antifranzösischen Gefühle in Deutschland weniger stark ausgeprägt waren als die antideutschen Gefühle in Frankreich.

In Egesheim war der Ton unserer Verfolger milder geworden, als sie herausgefunden hatten, daß wir, Leclerc und ich, Franzosen waren. Die Freundlichkeit des Bürgermeisters; die ungewöhnliche Geste eines der Dorfbewohner, des Metzgers, erkennbar an seiner blutbeschmierten weißen Schürze und dem Tranchiermesser im Gürtel, der uns durch Handzeichen zu verstehen gegeben hatte, die allgemeine Unachtsamkeit auszunutzen und unsere zusammen mit meinen Karten und unseren Rasiermessern auf dem Tisch der Bürgermeisterei liegenden Kompasse wieder an uns zu nehmen; auf dem Weg ins Gefängnis von Spaichingen die Tat einer etwa fünfzigjährigen Frau, die, ohne sich von der uns begleitenden Polizeieskorte beeindrucken zu lassen, uns Brotschnitten gab, ohne daß unsere Bewacher sich daran stießen, dabei so etwas wie »Ich hoffe, das geht gut für Sie aus« murmelnd – sie alle sind in meinem Gedächtnis bewahrt.

In den Lagern ging das Gerücht um, jeder wieder eingefangene Flüchtling riskiere den Tod. Doch in Bad Sulza wurde ich von einem Militärgericht der »Flucht ohne Sachbeschädigung« angeklagt, verteidigt von einem Offizier, der als Rechtsbeistand fungierte, dessen Plädoyer mir von Anfang bis Ende entging, schließlich zu drei Wochen Haft bei Brot und Wasser verurteilt und danach wieder freigelassen, das heißt, der Gesellschaft meiner Lagergenossen wiedergegeben. Im Gefängnis von Spaichingen wurden Leclerc und ich zu Ostern vom Chef des Wachpersonals zum Essen eingeladen; es gab Sauerkraut, Kuchen, Kaffee, Schnaps; und die Familie saß da in Uniform. Wir begriffen erst später den wirklichen Grund für dieses unerwartete Fest und schämten uns dann ein wenig, dabei gewesen zu sein. Denn am Ende der Mahlzeit durften wir uns noch eine kleine Rede anhören, in dem Freude und Stolz miteinander wetteiferten: Herr Huber schätzte sich glücklich, ohne Ausschluß irgendeines seiner Logiergäste die Einnahme Belgrads durch die Truppen des Reichs zu feiern ...

Diese wenigen Beispiele offenbaren den Abgrund, der zwischen dem Leben der Deportierten und dem der Kriegsgefangenen bestand: für diese war der Tod etwas nicht Alltägliches; dennoch sollten diese Beispiele auch nicht zur Illusion verleiten: Die Flüchtlinge, die gefaßt und in die Straflager von Kolbyrtsin und Rawa-Ruska verbracht wurden, wurden dort ohne Mitleid behandelt.

Dann tauchten auch plötzlich Spannungen auf, die, wie wir bemerkten, mit Rückschlägen der deutschen Armeen zusammenfielen. Für den 14. Juli 1941 hatten die Behörden des Stalag IX A den Franzosen erlaubt, auf einem freien und rasch eingeebneten Feld ein Fußballspiel auszutragen. Zwei improvisierte Mannschaften trafen aufeinander, die aber schon nach der ersten Halbzeit bewiesen hatten, daß sie durchaus Qualitäten besaßen. Tausende von Gefangenen, die über diese Unterbrechung der tagtäglichen Monotonie hocherfreut waren, feuerten sie an. Doch zu einer zweiten Halbzeit kam es nicht, oder vielmehr, sie hatte gerade erst begonnen, als zwei Schüsse ertönten und zwei Körper nahe den Zuschauern zu Boden sanken. Zwei unserer Kameraden hatten sich dem Stacheldrahtzaun genähert und dabei die mit Kalk gezogene Linie übertreten, die die nicht zu überschreitende Zone markierte; die Wachen auf den Türmen hatten nicht gezögert zu schießen. Das Spiel wurde sofort abgebrochen, die Mannschaften blieben gegenüber den Verweisen der deutschen Offiziere, die nicht verstanden, warum das Fest zu Ende sein sollte, stumm. Ein Priester aus Amiens, Abbé Dentin, wandte sich voller Wut und Empörung direkt an den Lagerkommandanten, beschimpfte ihn, beschuldigte ihn des Treubruchs, der Ehrverletzung, und zwar in einem solchen Ton und mit einer Tollkühnheit, daß dieser, völlig verblüfft, sich darauf beschränkte, die Rückkehr der Gefangenen in die Baracken anzuordnen. In wenigen Augenblicken war das Lager zu einem Block der Verweigerung zusammengeschweißt. So blieb es.

Was zunächst als Ausnahmefall angesehen werden konnte, trat dann als System zutage, als die ersten jugoslawischen und russischen Gefangenen eintrafen. Sie waren derart erschöpft, ausgehungert, mißhandelt, daß wir uns einiges einfallen ließen, um ihnen etwas Eßbares zu beschaffen. Die Deutschen verboten derartige bescheidene Verpflegungsunterstützungen und schlugen, um ihre Entschlossenheit zu dokumentieren, auf jeden von uns, der gegen das Verbot handelte, mit Gewehrkolben ein. Bald wurde es zur Gewohnheit, Leichen in den Lagergängen aufzusammeln. Es wurden so viele, daß wir abkommandiert wurden, sie auf Karren zu werfen und diese dann bis zur Baracke, die als Leichenhaus diente, zu ziehen oder vor uns herzuschieben. Diese beklagenswerten Körper, steif und leicht, sind mir noch in Erinnerung, wie wir sie an Armen und Beinen packten und in hohem Bogen über die Wagenwand auf den Haufen ihrer bereits dort liegenden Kameraden warfen.

Man wird mir sagen, daß dies Erzählungen sind, wie sie bei jedem Krieg auftreten, und daß nachsichtige Sieger höchst selten sind. Ich möchte hier nicht auf die Einzelheiten der Repressalien eingehen, die bei Anwandlungen von Widerstand einsetzten. Geiselnahme, Erschießungen, manchmal Folter begleiten den Vormarsch der Armeen, gleich welcher Nationalität. Was sie nicht entschuldigt, aber hindert, im Namen der Moral eher diesen als jenen zu verurteilen. Der abscheuliche Charakter des Zweiten Weltkriegs rührt aus jener Perversion, die – jenseits der nationalen Konflikte, die ich mangels Besserem als traditionelle bezeichne – aus der Naziideologie erwuchs, aus dem zur Doktrin erhobenen Rassismus: die Menschheit, geteilt in höhere und niedere Rassen, ganz unten dann die »Untermenschen«; der höheren Rasse war alles erlaubt, die durch wer weiß welches Gebot wer weiß welchen Gottes den Auftrag erhalten hatte, die Geschicke der Welt zu lenken, gut und böse zu scheiden, die Individuen durch die Medizin, die Biologie und die geistige Neuerziehung nach den abwegigsten Kriterien neu zu schaffen. Unter diesem Gesichtspunkt bilden die Nacht- und Nebelaktionen und das Schicksal, das die Deportierten in den Todeslagern zu erleiden hatten, den Höhepunkt an Ungerechtigkeit und Barbarei. Ich habe in den Gefangenenlagern, die ich kennengelernt habe, lediglich deren dunklen Widerschein wahrgenommen.

Von Vichy zur Résistance

GEORGES-MARC BÉNAMOU – *Sie kehren im Dezember 1941 nach Frankreich zurück, nach achtzehn Monaten Stalag. Welche Eindrücke haben Sie von dem Wiedersehen mit Ihrem Land bewahrt?*

FRANÇOIS MITTERRAND – Ich entdeckte ein Land, in dem in allen Bereichen Chaos und Verwirrung herrschte. Keine Struktur hielt mehr stand. Nichts funktionierte mehr. In der besetzten Zone wie in der Süd-Zone lebten die Franzosen in den Tag hinein, vermieden es, über Politik zu reden und sich für oder gegen ein Lager auszusprechen. Vorsicht waltete vor, und mit Ausnahme der notorischen Kollaborateure war es sehr schwer, herauszufinden, was Ihr Gesprächspartner dachte. Eine öffentliche Meinung gab es nicht mehr, allenfalls einige Zirkel, die sich bereits als dissident geltend machten, aber doch auf der Hut blieben.

Die geflohenen Kriegsgefangenen wurden mit Sympathie aufgenommen. Nahezu anderthalb Millionen Familien, die unter der Abwesenheit eines der ihren litten, zeigten sich uns gegenüber als verständnisvoll.

Und doch war zwischen ihnen und uns eine Kluft wahrnehmbar. Die Erfahrung des Krieges, des Stalag, dann der Flucht hatten uns verändert. Die uns Nahestehenden dagegen behandelten uns weiter so wie vorher, wie jene jungen Menschen, die wir einst gewesen waren, als ob nichts passiert wäre, während wir doch überhaupt nicht mehr dieselben waren ... So stellte sich eine bestimmte Schwierigkeit ein, miteinander zu kommunizieren; zugleich entwickelte sich bei meinen Kameraden und bei mir selbst immer stärker das Bewußtsein, einer neuen Gemeinschaft anzugehören.

Ende Dezember 1941 haben Sie sich, nach einem Aufenthalt in Mantry bei Ihrer Kusine Marie-Claire Sarrazin, nach Saint-Tropez begeben. Warum?

Nach Jarnac, das in der besetzten Zone lag, konnte ich nicht zurück. Für die Deutschen war ich ein Gesetzloser. Ich suchte eine Stelle, wo ich mich ausruhen konnte. Auf den Rat eines meiner Brüder hin habe ich Saint-Tropez gewählt. Oh, das war noch nicht das Saint-Tropez von heute, lediglich ein kleines Dorf mit Malern und Fischern. Ich wohnte bei Freunden meiner Großeltern, den Despas, frühere Geschäftspartner meines Großvaters Jules Lorrain im Cognac-Handel.

Jacqueline, die Schwester von Jean Despas, eine ganze Frau, sinnlich, ehemalige Gewinnerin des Ersten Preises für Piano des Konservatoriums von Paris, war eine enge Freundin meiner Mutter. Jean war aktiv in der Résistance. In Saint-Tropez und im Var, wo ein Denkmal für ihn errichtet wurde, hält man ihn treu in Erinnerung. Jacqueline hatte André Lévy geheiratet, den Gründer von Prisunic[1]. Heute besteht einer der erbärmlichen Angriffe gegen mich darin, daß man über diese Episode herzieht mit der fadenscheinigen Begründung, die Despas' seien nicht Juden gewesen – während einer Fernsehsendung hatte ich sie Lévy-Despas genannt, wie vor dem Krieg, zu den Zeiten, wo bei ihnen in der Rue de Grenelle jeden Mittwoch ein Musikabend stattfand, zu dem sie mich einluden. Das große Drama dieser Familie war der Verlust des einzigen Sohns von Jacqueline, Guy, Guy Lévy, gewesen, der sich zur kanadischen Royal Air Force gemeldet hatte und über Malta getötet wurde …

Jedenfalls wurde ich in Saint-Tropez wunderbar aufgenommen. Ich habe mich erholt, konnte den verlorenen

1 Eine Discountkette. [A. d. Ü.]

Schlaf der vergangenen Jahre wieder wettmachen. Ich tat nichts. Ich ging auf den Feldern und im Hinterland spazieren. Ich war fünfundzwanzig, ich wußte noch nicht, welchen Weg ich einschlagen sollte, und diese Freiheit fand ich köstlich.

Nach den Festen zum Jahresschluß, in den ersten Tagen des Jahres 1942, beschloß ich, meinen Vater zu besuchen. Dazu mußte ich die Demarkationslinie überschreiten. Ich nahm den Zug Limoges–Angoulême. Als der Zug in Roumazières-Loubert, einer kleinen Ortschaft in der Charente, einer Schnittstelle der beiden Zonen, langsamer fuhr, ergriff ich die Gelegenheit und sprang ab. Allmählich wußte ich, wie man das macht. An dieser Stelle war die Grenze keine wirkliche Grenze. Ich kannte hier eine Menge Leute, war schon manchen Weg hier gegangen, hatte die Feldwege erkundet – dies alles, um zu sagen, daß für mich die Demarkationslinie zu überschreiten ein Kinderspiel war. Ich sah meinen Vater wieder. Er war schwer krank, ohne es sich anmerken zu lassen. Er war sehr besorgt gewesen, da er längere Zeit nicht erfuhr, was aus seinen vier Söhnen geworden war, die der Krieg in alle vier Winde verstreut hatte. Erst Monate später hatte er erfahren, daß ich verwundet und gefangengenommen worden war.

Wie war das politische Bewußtsein Ihres Vaters in jener Epoche?

Sehr patriotisch, er akzeptierte Vichy. Auf ihn übte die nationale Revolution überhaupt keinen Reiz aus, für ihn war sie ohne wirkliche Bedeutung. Die Kollaborationspolitik empfand er als unerträglich. Auf der anderen Seite respektierte er die Person Philippe Pétains, der für ihn der Sieger von Verdun blieb. In gewisser Weise war mein Vater die Verkörperung des Kleinbürgers jener Zeit, der in Pétain den Garanten für die moralischen Werte und den Fortbestand der Nation sah.

Wie der Rest meiner Familie gehörte er einer traditionellen, keineswegs extremen Rechten an, die erstaunlicherweise gegenüber dem Antisemitismus, in diesen Milieus doch sehr verbreitet, allergisch war. Ich habe bei mir zu Hause nie ein rassistisch geprägtes Wort gehört. Ich habe im Tagebuch meiner Mutter – das ich noch immer besitze – sogar einen Eintrag gelesen, in dem sie ihren Ekel gegenüber dieser Art von Niedrigkeit zum Ausdruck bringt. Und das war mitten in der Dreyfus-Affäre. Sie kam von San-Sebastián zurück, wohin sie ihren Vater begleitet hatte, um dort Paul Déroulède die Ehrenbezeigungen zu machen, dem ehemaligen Abgeordneten von Saintonge, der nach seinem gescheiterten Putschversuch während der Begräbnisfeierlichkeiten für Félix Faure ins Exil verbannt worden war. In meiner Familie herrschte Gefühlsverwirrung: man war zugleich republikanisch und revanchistisch, mit einem Hang zum Nationalismus. (Ich besitze noch Briefe zwischen Déroulède und meiner Mutter, in denen ein fiebriger Patriotismus zum Tragen kommt. Und meine Mutter, die gern malte, nicht ohne Talent, schickte dem Verbannten Aquarelle, in denen die Farben blau, weiß und rot überwogen. Eins dieser Aquarelle, das aus mir unbekannten Gründen nicht seinen Adressaten erreicht hatte, hing noch in meinem Zimmer in Jarnac. Es stellte eine Kreidelandschaft dar, wie es sie in der Charente gibt, übersät mit Kornblumen und Klatschmohn.) Auf der Rückfahrt von San Sebastián war meine Mutter, die das Zugabteil mit einigen Führungsleuten der Liga der Patrioten teilte, Zeugin eines antisemitischen Ausbruchs geworden, der sie erschüttert hatte. Alles war die Schuld der Juden. Dreyfus hatte Verrat begangen. Das Land mußte von diesem Krebsschaden gesäubert werden. Aus ihrem Tagebuch möchte ich diese Stelle hervorheben: »Wie vermag man nur derart viel Haß in sich zu tragen, wenn man Christ ist? Christus und die Jungfrau Maria waren Juden …« Sie war keine zwanzig Jahre alt, und ihr Herz war rein.

Ich bin höchstens einen Tag und eine Nacht in Jarnac geblieben, danach in die nichtbesetzte Zone zurückgekehrt. Die Demobilisierungs- und Fluchtprämie, die mir Vichy in Lons-le-Saunier gewährt hatte, erlaubte mir zu leben. Nun, »leben« ist ein großes Wort: ich gab fast nichts aus. Ich trug Kleidung, die man mir geborgt hatte. In Mantry, in Saint-Tropez wie anfangs in Vichy war ich bei Freunden untergebracht, und das kostete mich nichts. Sie müssen wissen, in diesem Alter begnügt man sich mit wenigem …

Einem Gerücht zufolge hat der Bürgermeister von Jarnac es abgelehnt, Ihnen falsche Papiere auszuhändigen, damit sie noch länger bei Ihrem Vater hätten bleiben können. Stimmt das?

Ich weiß nicht. Er war ein Freund meines Vaters. Der hätte eine Verweigerung nicht ertragen. Ich bin mit seinen Kinder in Verbindung geblieben. Nein, darüber weiß ich nichts.

Anfang 1942 begeben Sie sich nach Vichy. Warum? Wer hat Sie gerufen?

Da in Jarnac zu bleiben unmöglich war, in Paris, aus den gleichen Gründen, schwierig, bin ich in der Süd-Zone geblieben. Ich hatte keine Stelle. Aber ich hatte Freunde in Vichy – in der Regel Offiziere, fünf bis sechs Personen, die andere kannten –, die sich in dieser Kleinstadt niedergelassen hatten, die nun zum Mittelpunkt Frankreichs geworden war und wo die öffentlichen Behörden ihren Sitz hatten. Man sagte mir: »Kommen Sie doch ... Wir werden versuchen, etwas für Sie zu finden.« Also habe ich mich nach Vichy aufgemacht.

Was war Ihr erster Eindruck beim Anblick dieses besonderen Kurorts?

Ich entdeckte eine Stadt, die trotz ihres schönen Flusses nicht sehr interessant war. Ich schlenderte da herum, in Erwartung eines Zeichens, das mich zu dieser oder jener Beschäftigung hinlenken würde. Außer einer kleinen Betriebsamkeit um das Hôtel du Parc, in dem Pétain residierte, herrschte provinzielle Ruhe. Ich stelle mir vor, daß hinter den Fassaden der altertümlichen, stattlichen Häuser die geheimen Zusammenkünfte und Intrigen blühten. In den Straßen begegnete ich diesen unnachahmlichen Figuren aller Zeiten, die in ihren glatten Gesichtern und ihrem abwesenden Blick das Geheimnis der Macht tragen. Ich habe sie gesehen, sie und ihresgleichen, wie sie sich innerhalb eines halben Jahrhunderts durch drei Regime hindurchlavierten, ewige Inhaber des Heiligen Sakraments, stets durchdrungen vom Bewußtsein der eigenen Wichtigkeit, Mitarbeiter von Ministern, hohen Beamten, eine seltsame, leicht komische Untergruppe, für die der Staat sich darauf beschränkt, in einer bestimmten Art und Weise die Krawatte zu binden, eine Zigarette anzuzünden, auf leisen Sohlen zu gehen und in Bars, in denen alle Welt verkehrt, Treffen auszumachen, von denen keiner wissen soll. Natürlich gab es Ausnahmen, ich selbst habe ausgezeichnete Mitarbeiter aus diesem Teich geangelt und beschäftigt. Die ENA[2] hat

2 ENA (École nationale d'administration): Eine der renommiertesten Verwaltungshochschulen Frankreichs. Rekrutierungs- und Ausbildungsstätte für die Spitzenbeamten und Diplomaten. [A. d. Ü.]

ihnen eine zusätzliche Würde verliehen. Einigen fehlten die von mir angeprangerten Untugenden. Außer einem übertriebenen Gebrauch von Adjektiven und Wiederholungen. Doch ihnen sei verziehen. Verbrechen gegen die französische Sprache unterliegen nicht dem Strafgesetzbuch.

Als erstes bin ich darangegangen und habe meine ebenfalls geflüchteten Kameraden gesucht, zuvörderst Max Varenne, einen Ehemaligen des Kommandos 1515 in Schaala – der vor mir einen Fluchtversuch unternommen hatte, erwischt worden und dann erneut, diesmal erfolgreich, geflohen war –, von dem ich wußte, daß er in der Gegend sein mußte. Zu der Zeit kreuzten sich in Vichy eben viele Verbindungen, und ich habe ganz natürlich mit den meinen, das heißt den Geflohenen, einen kleinen Block gebildet. Wir standen vor denselben Schwierigkeiten und waren mehr oder minder in der gleichen Geistesverfassung. Uns allen ging es relativ mies. Zum Essen trafen wir uns in bescheidenen Kneipen. Unter uns herrschte die gute Laune, die die Jugend auszeichnet, noch dadurch verstärkt, daß wir Außenseiter waren.

Im März 1942 habe ich in der Rue Nationale Nr. 20 ein Zimmer gemietet. Mein Vermieter, Jean Renaud, war ein reizender Mensch, Versicherungsagent und verheiratet mit einer ausgelassenen, intelligenten Frau. Sie hatten zwei Kinder. Ich habe mich da eingerichtet. Rue Nationale Nr. 20 wurde, wenn man so sagen will, zu meinem »Stützpunkt«.

In diesem Kontext nun wurde mir ein Angestelltenposten bei der Verwaltung angeboten, durch Vermittlung des Majors Favre de Thierrens, eines Originals, der kompliziert und jovial, intelligent und gebildet war und mir mit zugleich geheimnisvoller und komplizenhafter Miene sagte: »Das mag Sie überraschen, aber ich werde von

Ihnen von vorne bis hinten Falsches verlangen.« Und ich trat in seine Brutstätte ein, ein höchst wunderlicher Informationsdienst, wo Wahres und Falsches nach dem Zufallsprinzip gezogen wurden.

Er hatte mich vorgewarnt, es war fast ein »Amüsement«. Man schrieb irgendwas und sein Gegenteil. Es langweilte mich bald. Ich denke, ohne ganz sicher zu sein, daß Favre de Thierrens ein Agent Londons war. Nach dem Krieg habe ich ihn wiedergesehen, nun ein hochgeschätzter Maler und in seiner Region des Gard ein sehr geachteter Widerstandskämpfer. Eine Straße in Nîmes trägt seinen Namen.

In seinem Buch, das Ihnen gewidmet ist[3]*, behauptet Pierre Péan, daß es sich um einen Posten im Dokumentationszentrum der Légion française des combattants gehandelt habe. Heißt das, daß Sie Mitglied der Légion waren?*

Nein. Tatsächlich waren die geflohenen und die zurückgekehrten Kriegsgefangenen, insbesondere jene, mit denen ich in Vichy verkehrte, entschieden gegen die Légion und das Monopol, das diese auf Betreiben Pétains über die Kreise der ehemaligen Kriegsteilnehmer ausüben wollte. Diese feindliche Einstellung gegenüber der Légion hat uns dazu geführt, uns abzustimmen und über die Gründung einer für unseren Kreis wirklich repräsentativen und gegenüber der Staatsmacht unabhängigen Bewegung nachzudenken. Wir haben unsere Aktivitäten in Reaktion gegen die Légion begonnen. Wir kritisierten, konspirierten, und das nahm die Form der Opposition

3 Pierre Péan, *Une jeunesse française. François Mitterrand 1939-1947*, Paris: Fayard, 1994. Zur Rolle und Bedeutung der »Légion française des combattants et des volontaires de la Révolution nationale« vgl. ebenda, S. 173ff. [A. d. Ü.]

an. Unsere Verbindungen wuchsen sich aus. Mann für Mann nahmen wir neue Kameraden auf, die dieselben Erfahrungen hinter sich hatten wie wir. Rasch besaßen wir Korrespondenten in Paris, Clermont, Lyon. Das war nichts Überwältigendes, aber Sie dürfen nicht vergessen, daß ich erst seit weniger als drei Monaten wieder in Frankreich war. Die Zeit, um neu Atem zu schöpfen, war nicht lang gewesen.

Péan hat irrige Schlußfolgerungen gezogen aus der bestehenden Verbindung zwischen dem Dienst von Favre de Thierrens, der sich darüber lustig gemacht haben dürfte, und der Légion française des combattants. Ich war nie Mitglied der Légion. Ich habe deren ersten Vorsitzenden, François Valentin, gekannt, als der in Vichy in Ungnade gefallen war, und wir sind gute Freunde geworden. Ich habe seine Abreise nach Algier erleichtert. Nach der Befreiung wurde er konservativer Abgeordneter von Meurthe-et-Moselle, bevor er dann bei einem Autounfall starb.

Selbst wenn Sie nicht Mitglied der Légion waren, so müssen Sie doch, nach Meinung einiger Kommentatoren, um in der Verwaltung arbeiten zu können, den Eid auf das Regime abgelegt haben. Stimmt das?

Falsch und vor allem absurd. Ich gehörte nicht zum System von Vichy. Ich war nicht Beamter, sondern Zeitangestellter. Ich mußte nicht wie so mancher andere, der später im hartgesottenen Gaullismus Karriere gemacht hat, einen Eid ablegen.

Ich mußte auch nicht – wie Klarsfeld aus Böswilligkeit oder Unkenntnis behauptet hat – ein Dokument unterzeichnen, wonach ich keine jüdischen Vorfahren hatte. Hätte ich welche gehabt, dann erlaubt nichts irgend jemandem zu denken, ich hätte mich dieser Art von

Untersuchung unterzogen. Ich hatte immer schon einen bestimmten Hang, »nein« zu sagen. Aber ich wurde nicht zu solchen Schritten gezwungen. Ich stand nicht mit dem Staatsdienst *strictu sensu* in Verbindung, und niemand hat mich zu irgend etwas Ähnlichem aufgefordert. Um der historischen Wahrheit willen und weil man die Tendenz hat, es zu vergessen: Ein einziger höherer Beamter, der den Eid leisten sollte, hat dies verweigert. Das war ein Justizbeamter mit Namen Didier. Suchen Sie doch die anderen unter den Baronen der V. Republik, all die Moralapostel, die immer bereit waren, die Fahne samt Stange zu fressen, versteinert in einer Habachtstellung, die mich immer zum Lachen gebracht hat, da ich wußte, was sie gewesen waren. Ah, die ehrbaren Leute! Den Eid? Sie unterschrieben mit beiden Händen. Können Sie sich das vorstellen? Die großen Juristen der Epoche, die Staatsräte, die Richter am Kassationsgericht[4], die Größen des offiziellen Frankreich, von denen einige noch heute leben ... Die Liste ihrer Namen würde Sie überraschen. Ab den sechziger Jahren hat de Gaulle diese ganze schöne Welt amnestiert! Was die Justizhierarchie angeht, so war die Amnestie bereits ab der Befreiung faktisch in Kraft getreten, da die Gerichte der Meinung waren, daß mit Ausnahme einiger schwerer Fälle die Richter, die die antisemitischen Gesetze angewandt hatten, nicht strafrechtlich zu verfolgen seien.

In Vichy habe ich lediglich untergeordnete Stellen innegehabt. Wie ich reagierte, was ich dachte, was ich vorhatte: all das ist belanglos angesichts der Tatsache, daß ich mit keiner staatlichen Mission betraut war, keinen nützlichen oder wichtigen Posten innehatte, daß ich nicht auf die Positionen Frankreichs einzuwirken hatte, weder in der einen noch der anderen Richtung, daß ich

4 Entspricht in etwa dem Bundesgerichtshof. [A. d. Ü.]

in keiner Weise an den Entscheidungen des Regimes beteiligt, in keine Kontroverse verwickelt war. 1942 war ich fünfundzwanzig und vollkommen unbekannt. Ich fühlte mich nicht kompromittiert. Selbst wenn ich die Versuchung dazu verspürt hätte, meine bescheidene Position hätte mich zu keiner Kehrtwendung veranlaßt. Ich bewegte mich in der Nähe hoher Persönlichkeiten, deren Patriotismus von niemandem in Zweifel gezogen wurde und die nacheinander Pétain und de Gaulle gedient haben, und das ohne jede Hemmung. Ich war von Natur aus gegen die Kollaborationspolitik. Ich habe bereits gesagt, daß ich nie auch nur im geringsten antisemitischen Tendenzen nachgegeben habe. Ich stand vollkommen außerhalb der Strömungen, die sich um die Macht in Vichy stritten.

Die Aufblähung der Fakten, die mir zum Vorwurf gemacht wurden, zeigen, daß die meisten unserer Zeitgenossen die Geschichte des Krieges, der Besetzung und des Widerstands verkennen. In den Polemiken über diese Epoche werden weder die wahren Historiker noch die wahren Widerstandskämpfer gehört. Statt Historikern wie Rémond und Bédarida zieht man Proselyten vor, für die die Geschichte lediglich Anklagematerial ist. Fünfzig Jahre später braucht man nur die Luft Vichys geatmet oder geschnuppert zu haben, um als Kollaborateur oder beinahe Kollaborateur abgestempelt zu werden! Ja, in Vichy sind mir Kollaborateure über den Weg gelaufen, die nicht meine Freunde waren. Und in Vichy habe ich auch Widerstandskämpfer getroffen, die meine Freunde und Kampfgenossen geworden sind. Man darf sich nicht damit zufriedengeben, die Geschichte je nach Tagesgeschmack zu karikieren.

Gleichwohl, Sie haben erklärt, daß Sie den Status der Juden in dieser Epoche nicht gekannt hätten! ...

Ich weiß, das mag überraschen ... Aber als ich nach achtzehn Monaten Gefangenschaft in Vichy ankam, stimmte das. Das stimmte nicht mehr lange. Wir waren in der sogenannten freien Zone. Die Deutschen waren noch nicht da. Man sah keine gelben Sterne. Es gab keine sichtbaren Verfolgungen.

Bevor ich im März in die Wohnung in der Rue Nationale zog, wohnte ich mit zwei wie ich geflohenen Kameraden zusammen. Einer davon war Jude.

Und Ihr jüdischer Freund kannte auch nicht den Status der Juden?!

Er sprach nicht darüber. Wir lebten in einem geschlossenen Kreis. Wir fühlten uns unter uns wohl. Was draußen passierte, hat uns nicht wirklich gekümmert ... Im weiteren Verlauf dann, während des Jahres 1942, als wir Zeuge der fortschreitenden Verfolgungen wurden, des Ausschlusses der Juden aus der Verwaltung, der deutlich sichtbaren Zustimmung des Regimes zur Kollaboration – kurz, in dem Maße, wie die Zeit verstrich –, konnten wir das alles nicht mehr ignorieren. Von da an habe ich moralisch und physisch mit diesem mediokren und in der Folge sich als kriminell herausstellenden System gebrochen.

Man kann aber doch wohl kaum behaupten, daß es im Vichy von 1942 noch viele Juden gab ...

Viele? Sicher nicht. Aber es gab noch welche! Und dies trotz der Verordnung, wonach es ihnen verboten war, sich innerhalb der Stadt aufzuhalten. Sicher, sie sind über das Jahr 1942 hinaus nicht geblieben. Sie sind kurz danach weggegangen – wie wir.

Sie haben mit Ihrer Definition von Vichy als »pétaudière«, als »Chaoshaufen«, schockiert. Dieses Regime auf einen wüsten, chaotischen Haufen zu reduzieren, heißt das nicht, es zu banalisieren?

Das Bild, das Pétains Regime bot, war inkohärent. Mit jenem Ausdruck wollte ich bedeuten, daß niemand mehr die Zügel in der Hand hielt, daß Pétain als Deckel eines Topfes diente, der am Überkochen war. Aber es brauchte einen Deckel. Ein verfügbarer Marschall findet sich nicht alle Tage. Und doch wäre nichts möglich gewesen ohne ihn.

Vichy, das waren erbitterte Kämpfe, Clangefechte, Mannschaftskonkurrenzen zwischen einem sehr intelligenten und also sehr besorgniserregenden Laval und einem unberechenbareren Darlan. Vichy, das war ein schwaches, gestaltloses, seelenloses Regime, angetrieben von unverfrorenen Faschisten, Antisemiten und entschlossenen Ideologen. Die Alibert, Darquier de Pellepoix und Konsorten hatten keine Mühe, ihren Fanatismus durchzusetzen, wahrhaft untragbare Gesetze und Dekrete zu bekommen. Unter Ausnutzung dieses »Chaoshaufens« hatten sie das Terrain in Beschlag genommen. Vichy war kein monolithischer Block, und diese Leute hatten sehr rasch mehr an Gewicht gewonnen als die anderen. Ganz zu schweigen von der Rivalität zwischen denen von Vichy und denen von Paris, den Déat, Doriot, die, ideologisch sich dem Nazismus anschließend, ihre eigenen Organisationen gegründet hatten, hoch militarisierte kleine Parteien mit von den Deutschen abhängigen Führern, die von wildem Ehrgeiz gegenüber ihren Rivalen angestachelt wurden.

Sie glauben also nicht an die These eines von Pétain gewollten »Faschismus à la française«?

Faschismus, das ist ein großes Wort. Daß es Haß auf den Parlamentarismus und die III. Republik gab, steht außer Frage; daß versucht wurde, eine ultrakonservative, von der Moralischen Ordnung Mac-Mahons inspirierte Doktrin stark zu machen, die unter derselben Devise stand: »Arbeit, Familie, Vaterland«, das war unübersehbar. Aber deshalb von Faschismus zu sprechen erscheint mir zu übereilt.

Wäre ich allerdings ideologisch besser ausgebildet und über die Vorkriegsereignisse besser informiert gewesen, hätte ich durchschauen können, woraus sich der Aufstieg der Faschismen nährte, und hätte mit mehr Mißtrauen beobachtet, wie Pétain und seine Kamarilla von den Schwächen der Republik profitierten. Ich hatte mich noch nicht vom »nationalen« Alibi – diesem Wort für alles – freigemacht, das erfahrungsgemäß fast immer den Feinden des Vaterlandes gedient hat. Das habe ich erst später begriffen. Dank der harten, grausamen Erfahrung der vierziger Jahre. Später habe ich, vor allem innerhalb der Sozialistischen Partei, Genossen kennengelernt, deren Urteilssicherheit ich bewunderte. Ihre soziale Herkunft, ihre politischen Kämpfe hatten sie auf die Analysen vorbereitet, die mir entgingen. Aber ich war unabhängig, frei von Untertanengeist, instinktiv angewidert von den Theorien der Gewalt und der Beherrschung. Die Ungerechtigkeit hat mir die Augen geöffnet. Dieser mein Reifeprozeß hat Zeit gekostet.

Tatsächlich hat mich das Klima der zu Ende gehenden III. Republik mehr zur Revolte als zur Zustimmung verleitet. Es widerte mich an. Doch wie hätte ich den Schritt tun können hin zu einer von Stalin ferngesteuerten Kommunistischen Partei? Wie mich einer schlaffen, in sich gespaltenen SFIO[5] anschließen, der 1940 – und trotz Blum – ihr Teil am Mord an der Republik anzulasten war? Ja, wohin sich wenden? Vichy bedeutete nichts anderes als Abdankung, und über London war noch nicht viel bekannt. Niemand verkörperte in meinen Augen das Recht, die Legitimität. Pétain war verfassungsgemäß, den Regeln entsprechend am 10. Juli 1940 von der Nationalversammlung gewählt worden. Doch am 11. und 12. hatte er – unter Mißachtung der Verpflichtungen, die das Votum, das ihn an die Macht gebracht hatte, in sich barg – einen regelrechten Staatsstreich begangen, ohne daß er seine Verachtung für die republikanischen Prinzipien hinter fadenscheinigen juristischen Argumenten verbarg. Dies entzog ihm in meinen Augen die moralische Autorität, auf die er sich berief. De Gaulle wiederum beschwor eine Legitimität, die er aus der immateriellen Fortdauer der Nation zog, die zu verkörpern er betraut war. Der weitere Verlauf hat ihm recht gegeben, zumindest faktisch. Doch 1942 schuf die Weigerung, die Niederlage anzuerkennen – und so nobel diese Geste auch war –, nicht das Recht, Frankreich zu regieren. Diese Legitimationskrise resultierte aus dem – nach so viel Glanz in den Jahren zuvor – endlichen Scheitern der III. Republik. Aber da die Geschichte neu zu erschaffen war, zwang a priori nichts zu einem Kniefall.

Warum nicht den Stolz eingestehen, den ich hegte, genährt noch durch die Träumereien eines Gefangenen? Mein Ehrgeiz war es, Frankreich nicht von außen zu erwecken, sondern von innen, und den entstehenden Fraktionierungen zu entgehen. Das mag vielen sonderbar

5 SFIO (Section française de l'Internationale ouvrière): 1905 durch Zusammenschluß mit anderen sozialistischen Gruppierungen gegründete sozialistische Partei; unter ihrer bedeutendsten Führern waren Jean Jaurès und Léon Blum; 1969 trat an die Stelle der SFIO die Parti socialiste. [A. d. Ü.]

erscheinen. Ich besaß dafür tatsächlich weder das Alter noch die Autorität, und ich hatte keine andere Vergangenheit als die durch meinen Ehrgeiz ersonnene Zukunft. Das Ungewöhnliche daran ist mir selbst bewußt. Aber ich folgte einer Regel, die ich mir auferlegt hatte: auf niemanden und auf nichts zu bauen, der oder das nicht aus der eigenen Anstrengung gewonnen war. Diese Devise hat die meisten meiner Entscheidungen geleitet. Unter der IV. Republik habe ich es abgelehnt, Mitglied einer der großen Regierungsparteien zu werden. Wegen Meinungsverschiedenheiten hinsichtlich der Kolonialfrage bin ich von einem Ministeramt zurückgetreten. Aus Takt habe ich das Angebot Edgar Faures, in die Regierung einzutreten, die derjenigen von Mendès-France folgte, abgelehnt; und aus Gewissensgründen das von Bourgès-Maunoury, der die Algerienpolitik Mollets fortsetzte. Ich bin mehrere Monate vor dem 13. Mai[6] und der Regierungsübernahme durch de Gaulle in die Opposition gegangen. Ich konnte mich nicht entschließen, von kleinen Wogen eines kleinen, von kleinen Politikern geleiteten Regimes abzuhängen. Ich hatte sie dafür verachtet, daß sie, einer nach dem anderen, die Rolle des Korkens auf dem Wasser gespielt hatten, der Gnade irgendeines Strohhalms ausgeliefert. 1958 habe ich Coty das Recht abgesprochen, die Kommunisten aus der einzigen Koalition auszuschließen, die imstande gewesen wäre, die Republik zu retten. Ich habe mich dreiundzwanzig Jahre lang in die Opposition gegen die V. Republik eingeigelt. Etwas in mir sagte mir kategorisch, daß niemand über mich zu verfügen habe. Eine in einem parlamentarischen System, ob klassisch oder nicht, das Freischärler nicht mochte,

6 Am 13. Mai 1958 kam es in Algier zum Putschversuch ultrarechter Gruppierungen und großer Teile der Armee; in dessen Gefolge übernahm de Gaulle am 1. Juni 1958 die Regierungsverantwortung. [A. d. Ü.]

ärgerliche Geisteshaltung. In diesem System wäre ich nie zum Präsidenten der Republik gewählt worden, und ich hätte es auch nicht bedauert. Kurzum, ich war nicht einordenbar. Was dem Vulgären, Gewöhnlichen, erlaubte, mich überall einzuordnen. Mitglied bin ich, mit fünfundfünfzig Jahren, schließlich nur in der Partei geworden, die ich selbst gegründet habe. Und selbst da bin ich nicht den Wegen gefolgt, die man mir vorzeichnen wollte.

Es gibt Texte von Ihnen als Fünfundzwanzigjährigem, die überraschen. So notieren Sie nach einem Theaterbesuch, bei dem Sie Pétain gesehen haben, über ihn, er sei von »glanzvollem Auftreten, sein Antlitz ist das einer Marmorstatue«. Und in einem Brief schreiben Sie, so als bedauerten sie ihn: »Die nationale Revolution ist unglücklicherweise die Verbindung zweier sinnentleerter Wörter ... Der Marschall steht nahezu allein, und jene, die an seine Ideen glauben, sind fern von ihm ...«

Tatsächlich habe ich Pétain Anfang März bei einer Theateraufführung gesehen. Er vermittelte diesen Eindruck von Majestät. Man muß sich nur die Filmwochenschauen der Epoche anschauen, um sich dessen innezuwerden. Was das Gefangensein durch einen Teil seiner Umgebung anbetrifft, so wird das durch alle seriösen Historiker dieser Zeit bestätigt.

Als Pétain an die Macht kam, habe ich – wie fast alle Welt – gedacht, er könne Frankreich beschützen. Man hatte das Gefühl, er sei antideutsch. Das war ein alter Mann von glanzvollem Auftreten. Verdun, woran die Erinnerung noch frisch war, verlieh ihm eine unglaubliche Aura. Tatsächlich war er, 1856 geboren, ein reines Produkt des 19. Jahrhunderts, stand Napoleon näher als uns – und nicht zufällig hat er Montoire und Tilsit[7] verglichen. Ich glaube, anfangs ging es Pétain um die bloße Macht, war Ehrgeiz der einzige Antrieb, stand keine andere Ideologie dahinter als die der Konservativen, und erst in der Folge ist er in die Falle der Kollaboration geraten. 1940 war er vierundachtzig, 1944 achtundachtzig. Doch auch diese Erklärungen reichen nicht aus, ich sehe das ein und verweise Sie auf das, was ich weiter oben gesagt habe: die ideologischen Wurzeln seines Verhaltens reichen sicherlich sehr viel tiefer.

Sie akzeptieren also die These von der »Senilität« Pétains ...

Nein. Meiner Ansicht nach habe ich Ihnen gerade das Gegenteil erläutert. Aber ich bin kein Spezialist der Psychologie Pétains ... Was mich betrifft, ich stellte die Inkonsistenz dieses Regimes fest, seinen schäbigen Konformismus, seine reaktionäre Seite, seine Schädlichkeit. Ich habe also sehr rasch meine Anschauung radikal geändert.

Dennoch behauptet Péan in seinem Buch, daß Sie während dieses Jahres 1942 Anhänger des Marschalls gewesen seien ...

Anhänger Pétains ..., Anhänger des Marschalls ... Das sind Subtilitäten, die mir entgehen, die offenbar dasselbe meinen. Kollaborateur oder nicht Kollaborateur: das war eindeutig! Ich, ich weiß, daß es in der Epoche solche gab, die mit dem Feind marschierten, und solche, die gegen ihn marschierten. Ich marschierte gegen ihn.

7 In Montoire traf sich Pétain am 24. Oktober 1940 zu einer Unterredung mit Hitler, bei der die Prinzipien der Kollaboration festgelegt wurden; in Tilsit kam es am 14. Juni 1807 zu einem Treffen zwischen Napoleon und dem Zar Alexander I. [A. d. Ü.]

Konnte man in Vichy wissen, wer mit den Deutschen und wer gegen sie war? Konnte sich diese Art Gefühl offen äußern?

Nein. So klar, so eindeutig war es nicht. Man spürte, erahnte, roch von ferne das antideutsche Gefühl.

Péan behauptet auch, daß man Ihnen nach dem Dokumentationszentrum einen Posten beim Commissariat aux questions juives[8] *angeboten hat, den Sie abgelehnt haben ...*

Ich habe das gelesen. Jemand hat es ihm sicher gesagt. Das könnte mir positiv zu Buche schlagen, aber es ist nicht exakt.

Sie müssen sehen, daß die Zeugen, die Péan getroffen hat – davon einige meiner Freunde –, sich gern, wie alle Zeugen, in den Mittelpunkt der Geschichte stellen. Ah, hätte man sie doch nur gehört! Dann wäre gewiß alles besser gelaufen. Nichts ist weniger sicher als ein wahrhaftiger Zeuge. Fragen Sie ihn doch einmal nach der Farbe Ihrer Krawatte am Tag des Verbrechens!

Über diese Vergangenheit habe ich das Wesentliche bereits Roger Priouret in einem Interview für *Expansion* 1972, also vor dreiundzwanzig Jahren, gesagt. Es ist verwunderlich, daß meine eigenen Erklärungen so viel später mit einer solchen Heftigkeit und einer solchen approximativen Einstellung ausgebeutet worden sind.

Worin bestehen denn eigentlich die Vorwürfe? Nicht bereits ab 1940 Widerstandskämpfer gewesen zu sein, während ich Kriegsgefangener in Deutschland war? Den Weg über Vichy gegangen zu sein und die höheren Funktionen eines Angestellten ausgeübt zu haben, für eine

8 Kommissariat für Judenfragen. [A. d. Ü.]

Bezahlung, die heute unter dem gesetzlichen Mindestlohn läge? Für einige Monate die Luft dieser Stadt geatmet zu haben, einer Luft, mit der andere sich, ohne dabei Schaden zu nehmen, die Lungen vollgepumpt haben? Zwanzig Minuten von Philippe Pétain empfangen worden zu sein, für einen banalen Beitrag zur Unterstützung der Kriegsgefangenen, zusammen mit zwei Kameraden, von denen einer in der Deportation gestorben ist? Zwei Artikel veröffentlicht zu haben, von denen ich heute kein einziges Wort verleugnen würde? Zusammen mit den wichtigsten Leitern der Zentren für die Kriegsgefangenenhilfe und der sozialfürsorgerischen Vereinigungen einen Orden der Vichy-Regierung erhalten zu haben? Gewiß, ich hätte mehr über das Motiv dieser Geste nachdenken müssen: Vichy suchte damit seine Propaganda in den als feindlich eingestuften Kreisen zu entwickeln. Ich sah darin ein Mittel, bequemer im Untergrund zu agieren. Ich hatte unrecht. Es war eine Fehleinschätzung. Ich habe keine Mühe, dies zuzugeben. Ich habe irgendwo auch gelesen, ich sei ein »hoher Würdenträger« des Vichy-Regimes gewesen. Ich war baff!

Ich hatte bereits Gelegenheit, darauf hinzuweisen, daß de Gaulle nicht gezögert hat, zahlreiche unbestrittene hohe Würdenträger wieder in Amt und Würden einzusetzen; niemand hat dem widersprochen, hat es besonders beachtet, hat sich beschwert, selbst dann nicht, als diese hohen Funktionäre Minister wurden. Diese unterschiedliche Behandlung wird für mich eher schmeichelhaft.

Sie haben gesagt, 1942 einen völligen geistigen Wandel vollzogen zu haben. Wie ist es zu Ihrer Hinwendung, Ihrem Ruck hin zur Résistance gekommen?

Meinetwegen mag man den Ausdruck »Ruck« verwenden, ich selbst hatte nicht das Gefühl, einen solchen

INSEL

Neue Bücher 1. Halbjahr 1997

Romane und Erzählungen
Zeitgeschichte · Briefe
Weltliteratur
Japanische Bibliothek
Kunst · Musik
Kultur und Geschichte
Das schöne Buch
Insel-Bücherei

HERMANN LENZ
FREUNDE

ca. 230 Seiten. Leinen
ca. DM 38,-/öS 277,-/sFr. 35.-
(April 1997)

Seit mehr als dreißig Jahren, seit der Veröffentlichung des Buchs *Verlassene Zimmer*, begleitet Hermann Lenz sein Alter ego, den Schriftsteller Eugen Rapp. In *Freunde* erzählt Lenz, welchen Freundeskreis sich Eugen Rapp in München aufgebaut hat. Mit ihnen unternimmt er Reisen, mit ihnen führt er Gespräche über Leben, Überleben und Schreiben, durch sie halten der Einzelgänger Rapp und seine Frau den Kontakt zur mit Skepsis beobachteten Gegenwart.

»Es sind Bücher, in die man hineingeht, um darin aufzuatmen.«

Andreas Isenschmid, Die Zeit

MARIANNE HOFMANN
ES GLÜHEN DIE MENSCHEN, DIE PFERDE, DAS HEU

Roman. 160 Seiten. Gebunden
ca. DM 32,-/öS 234,-/sFr. 29.50
(März 1997)

Die Geschichte eines Mädchens i
einem niederbayrischen Dorf i
den vierziger und fünfziger Jal
ren: Unzufriedenheit und une
füllte Träume im Elternhau
dörfliche Zwänge und Enge; ers
sexuelle Erfahrungen; Flucht i
die Stadt; Rückkehr und erneut
Aufbruch. Knapp und lakonis
erzählt, in Bildern, die sich ei
prägen, beschwört dieser Roma
ein einzelnes Leben und seine Ze
Marianne Hofmann lebt in Mü
chen. *Es glühen die Menschen, d*
Pferde, das Heu ist ihr erster Roma

»Ruck« zu vollziehen. Zwischen Februar und Mai 1942 wurde mir eine politische Realität bewußt, von der ich vordem noch keine Vorstellung gehabt hatte. Ich hatte eine geschützte Gemeinschaft – die der Kriegsgefangenen – verlassen, deren Mitglieder alle auf dieselbe Lage reduziert waren. Ich war aus dem Stalag sozusagen als ein politisches Nichtwesen gekommen, das aber durchdrungen war von der Liebe zu Frankreich. Wie sich dieser Zustand in aktiven Widerstand transformiert hat, verdient der Erklärung.

Zunächst »sich selbst verteidigen«, dann »Widerstand leisten« zu müssen: diese Notwendigkeit hat sich mir vor dem Treffen in Montmaur im Juni 1942 und meinem Weggang vom Kommissariat für die Kriegsgefangenen aufgedrängt, das fälschlicherweise an den Anfang meines Engagements gesetzt wird. Ich habe zusammen mit anderen aus der Kriegsgefangenschaft Geflohenen gehandelt, die dieselben Bedürfnisse hatten wie ich. Sicher war unsere Aktivität durch unsere persönliche Lage motiviert, aber für uns alle war – entweder aus ursprünglicher Überzeugung oder aus den gemachten Erfahrungen heraus – der Verlust unseres Vaterlandes unerträglich.

Als Geflohene stellten wir, dabei die Techniken nutzend, die wie im Lager kennengelernt hatten, zum eigenen Schutz falsche Papiere her. Wir waren damit in der Lage, uns im Land frei zu bewegen und auch in die besetzte Zone überzuwechseln. So wie für uns selbst, haben wir dann auch für andere falsche Ausweise und Passierscheine hergestellt. Unsere Fertigkeiten waren anerkannt, von überall wandte man sich an uns. Das hieß noch nicht Résistance. Aber wir verknüpften unsere Aktivitäten immer stärker mit denen der Widerstandskämpfer.

Als Sie nach Vichy kamen, haben Sie da Leute getroffen, die bereits in der Résistance waren?

Zu Beginn dieses Jahres 1942 gab es in Vichy eine Reihe entschiedener Regime-Gegner: Suzy Borel, die Georges Bidault heiratete; Maurice Nègre, der Leiter der AFP[9] geworden ist; Léon Rollin, der frühere Chef der Agence Havas; Bertrand de Chalvron, Diplomat, später deportiert. Unsere Gespräche ließen keinen Zweifel über ihre Wahlentscheidungen – und über meine –, und sie waren mir sympathisch. Doch nicht über sie bin ich dann zur organisierten Résistance gekommen, sondern durch Zusammenschluß der Geflohenen. Wir lebten am Rande. Wir lästerten über die kleine offizielle Welt von Vichy, verabscheuten die Légion française des combattants. Alles, was ohne uns oder vor uns gemacht worden war, erschien uns als vernachlässigbar oder suspekt. Ein, zugegebenermaßen, den Novizen gemeinsamer Reflex, den wir ohne große Anstrengung kultivierten.

Welches war Ihr erster wirklicher Akt von Dissidenz?

Mein erster Akt von Widerstand war, daß ich Deutschland ohne Erlaubnis verließ. Mein zweiter und dritter, daß ich rückfällig wurde. Mein vierter, daß ich mich Kampforganisationen anschloß. Mein fünfter, daß ich Frankreich in Richtung England verließ. Mein sechster, daß ich mitten im Krieg hierher zurückgekommen bin. Mein siebter, daß ich an verantwortlicher Stelle teilgenommen habe an den Aktionen, die das Vorspiel bildeten zur Befreiung Frankreichs. Freilich handelt es sich hier noch um leicht aufzuzählende Etappen. Der wirkliche Widerstand war, vom ersten Tag an, der des Geistes, die

9 AFP (Agence France Presse): Französische Presseagentur. [A. d. Ü.]

tagtägliche Weigerung, den Tod meines Landes hinzunehmen, was eine unendliche Zahl unauffälliger Akte voraussetzt, um die sich die Geschichte nicht kümmert und die doch vier Jahre lang mein Leben ausgefüllt haben. Wenn man meine Widerstandsakte in den Zeitungen sucht, wird man nichts anderes finden als das Gewöhnliche, mit einigen Ausnahmen allen meine Kameraden Gemeinsame wie die Sabotage einer Konferenz von Georges Claude 1942 – was nichts Heroisches hatte – oder die Störung während der von Laval und Masson 1943 organisierten Großveranstaltung mit den Kriegsgefangenen in der Salle Wagram – schon schwieriger – oder die Hinrichtung Marlins 1944 in Clermont-Ferrand – was recht gefährlich war. Die damalige Tagespresse war nicht geneigt, uns fünf Spalten auf der ersten Seite zu widmen.

Was genau ist im Zusammenhang mit Georges Claude passiert?

Im April 1942 hielt Georges Claude, der große wissenschaftliche Reputation genoß (er entwickelte ein Verfahren zur Luftverflüssigung und ein Ammoniaksyntheseverfahren), vermehrt Propagandakonferenzen nicht nur zugunsten von Vichy, sondern auch der Kollaboration ab; er war Verfechter und Theoretiker eines Engagements an der Seite Deutschlands. Seine Tournee in der Südzone wurde unter großem Werbe- und Reklamerummel angekündigt. Zusammen mit einem Arzt von Clermont-Ferrand, Guy Fric, dem späteren gaullistischen Abgeordneten des Puy-de-Dôme, haben wir beschlossen, die Versammlung, die Claude in dieser Stadt abhalten wollte, zu sabotieren. Ich muß hinzufügen, daß Laval und Scapini damals gerade die Kriegsgefangenen zu blenden und im Rahmen des sogenannten »Ablösesystems«

zu kompromittieren suchten – dieses System sah vor, daß ein Kriegsgefangener freigelassen werden sollte, wenn sich drei französische Arbeiter freiwillig zum obligatorischen Arbeitsdienst in Deutschland meldeten. Gemeinsam mit einigen Freunden (darunter Louis Deteix, der später längere Zeit sozialistischer Stadtrat von Clermont-Ferrand war) haben wir, im Beisein der Organisatoren, die Versammlung solange gestört, bis Georges Claude den Rückzug antreten mußte. Ein Geplänkel, werden Sie sagen. Ich stimme Ihnen zu, es war kein großes Ruhmesblatt. Aber doch direkte Aufnahme einer Aktion, der noch andere folgen sollten.

Auf wann lassen sich also die ersten und eindeutigen Widerstandshandlungen datieren?

Als Anfang kann, wenn man denn um jeden Preis einen haben will, das Treffen in Montmaur, in den Hautes-Alpes, vom 12. bis 15. Juni 1942 – während der Pfingstfeiertage – genommen werden. Aber ganz stimmt das eben auch nicht. Sicher, dort haben sich Kameraden, mehrheitlich aus der Gefangenschaft Geflohene, versammelt, um ihre Opposition gegen Vichy zu dokumentieren, eine Strategie zu entwickeln und eine breitere Organisation zu schaffen.

Schauen Sie dieses Foto aus Montmaur. Die darauf Abgebildeten waren wertvolle Widerstandskämpfer, und viele davon haben es mit ihrem Leben bezahlt. Ich erinnere mich an jeden von ihnen und der damals gewechselten Worte, die an der Natur unseres Engagements keinen Zweifel ließen. Zu erkennen sind Michel Cailliau, der Neffe von de Gaulle, genannt Charette. Marcel Barrois, Jean Védrine. Da sind Mauduit, Montjoie, Gagnaire … Das liegt lange zurück … Dreiundfünfzig Jahre.

In Montmaur haben sich zum ersten Mal Vertreter

zahlreicher kleiner Gruppen von überallher zusammengefunden. Wir hatten das Bedürfnis, uns kennenzulernen, und unter diesem Gesichtspunkt war dieses Treffen äußerst nützlich. Offenheit und Qualität haben diese Diskussionen viel dem Initiator des Treffens zu verdanken, Antoine Mauduit, einer Persönlichkeit von seltener Größe. Freilich, zwar blieb die Organisation, die er auf die Beine stellte und an der wir mitwirkten, »la Chaîne«, die Kette, bis zum Ende ein machtvolles Band zwischen uns, doch wäre es übertrieben, ihr eine entscheidende Rolle zuzusprechen. Wirklich aktiv bis zur Befreiung waren wir innerhalb unserer Widerstandsgruppe der Kriegsgefangenen.

Wer war dieser Antoine Mauduit, von dem Sie sagen, er sei einer der anziehendsten Persönlichkeiten gewesen, die Sie je getroffen hätten?

Eine faszinierende Gestalt, ritterlich, einer, der die Menschen wirklich führen konnte, von beeindruckender Geradheit. Er stammte aus einer vermögenden Familie und war der eigenen Aussage nach lange ungläubig gewesen, dem lustigen Leben zugetan. Er war dann zum Katholizismus übergetreten, hatte auf alles verzichtet, war Leutnant in der Fremdenlegion geworden, dann Landarbeiter. Seine Frau teilte seine Überzeugungen.

Antoine Mauduit war Anfang des Krieges gefangengenommen, aus dem Offiziersgefangenenlager wieder freigelassen und nach Syrien – damals unter französischem Mandat – versetzt worden, das er im Juli 1941 verließ, nach der Okkupation der französischen Besitzungen im Vorderen Orient durch die Engländer. Danach hatte er die erste Widerstandsgruppe der geflohenen Kriegsgefangenen aufgestellt. Zu diesem Zweck hatte er das Schloß von Montmaur gemietet.

Was die Widerstandsgruppe Dévoluy werden sollte, hatte keine Ähnlichkeit mit einer Sozialstation. Das Schloß von Montmaur bildete eine Art Phalanstère, wo ständig vierzig bis fünfzig Menschen zusammenlebten, die eine Art mystischer Pakt verband. Ich erinnere mich an kommunistische Aktivisten, die bis ans Ende ihres Lebens der »Kette« zugehörten. In Montmaur herrschte ein Gemisch aus Pfadfinder-Mentalität, klösterlichem Christentum, freiwilligem Asketismus und militantem Patriotismus.

Dennoch war Montmaur zu jener Zeit eher ein Asylort für ehemalige Kriegsgefangene als ein Maquis, der Widerstand leistete – zumindest im Anfang.

Noch ein weitverbreiteter historischer Irrtum: zu der Zeit gab es noch keine Maquis. Sie entstanden erst im Zusammenhang mit dem »Ablösesystem«, das heißt der Zwangsverpflichtung für Tausende junger Menschen, im Austausch für Kriegsgefangene in Deutschland zu arbeiten. Unkenntnis über diese doch noch nicht so lange zurückliegende Geschichte bewirkt, daß ein Teil für das Ganze genommen wird. Die Organisation des Widerstands fand Jahre vor der Bildung der Maquis statt, in denen der Widerstand freilich einen neuen und ungeheuren Elan gewonnen hat. Mauduit war einer der ersten, der sich darüber Gedanken gemacht hat. Ich sehe ihn noch vor mir, wie er mit seinen in den Bergen postierten Männern kommuniziert, mittels Funkgeräten, ein Relikt seiner Militärausbildung. Er kam in einem höchst kuriosen Aufzug daher, halb zivil, halb militärisch, auf dem Hut eine Alpenjägermütze. Genau das Richtige, um nicht aufzufallen!

Nach Ihrer Rückkehr von Montmaur haben Sie Ihre illegalen oder halbillegalen Aktivitäten im Rahmen der Unterstützung der Kriegsgefangenen und aus Kriegsgefangenschaft Geflohenen wieder aufgenommen ...

Ab Sommer 1942 wuchs unsere Anfangsgruppe, ihr Aktionsradius vergrößerte sich. Wir halfen unseren noch gefangenen Kameraden zur Flucht. In Päckchen für sie versteckten wir falsche Ausweise und Fluchtkarten, entweder im Holz der Kleiderbürsten oder hinter fachmännisch gerahmten Fotos von Pétain. Auf diesem Weg sind viele der Unseren zurückgekommen.

Außerhalb dieser Aktionen begegnete man immer häufiger Leuten, von denen man ahnte, daß sie gegenüber Vichy Vorbehalte hatten. Sie wurden aufgenommen. Jeder brachte seine jeweilige Erfahrung ein, Solidaritäten entwickelten sich, und die Kampfziele gewannen an Kontur.

Kümmerten Sie sich um Verstecke für die Geflohenen?

Man lieferte ihnen Adressen, und dann mußte sich jeder selbst durchschlagen.

Angeblich hat Vichy eine Zeitlang derartige antideutsche Aktivitäten toleriert ...

Es war klar, daß man in Vichy unser Tun nicht besonders schätzte, auch wenn man nicht böse war, den Deutschen zeigen zu können, daß die Arbeit nicht einfach war. Dann hat auf Drängen der Extremisten die Repression zu wüten begonnen.

Offenbar war Vichy über die Existenz des Maquis von Montmaur unterrichtet, hat sich keiner über die wirklichen Aktivitäten von Mauduit Illusionen gemacht.

Möglich ... Sie sind besser informiert als ich! Die Deutschen haben die Existenz der Widerstandsgruppe im Dezember 1943 aufgedeckt, als ich Frankreich in Richtung London und Algier verließ. Bei meiner Rückkehr im Februar 1944 waren meine Freunde von Montmaur nicht mehr da. Mauduit war festgenommen und nach Bergen-Belsen deportiert worden.

Bei der Befreiung des Lagers lebte er noch. Er weigerte sich, repatriiert zu werden, um seine typhuskranken Kameraden zu pflegen, zog sich selbst die Krankheit zu und ist dort daran gestorben. An dem Tag, an dem er zurückkommen sollte, habe ich ihn, zusammen mit seiner Frau, am Gare du Nord erwartet, bei der Ankunft des Zuges, der die Deportierten aus seinem Lager zurückbrachte. Wir dachten, ihn aussteigen zu sehen. Auf dem Bahnsteig haben wir dann die Wahrheit erfahren. Ein des Lebens würdiger Tod. Die sterblichen Überreste Antoine Mauduits liegen vor der Kapelle Sainte-Philomène, in der Nähe des Schlosses von Montmaur, wo sein Andenken gebührend geehrt wird.

Ende November, Anfang Dezember 1942 nehmen Sie an einem neuerlichen Treffen in Montmaur teil. Worum ging es dabei?

Es ging um die Entwicklung neuer illegaler Aktionsformen angesichts der Invasion der Süd-Zone durch die Deutschen.

Das entscheidende Wochenende von Montmaur war um den 14. Juni herum. Zwei Tage später, am 16. Juni, treten Sie in das Kommissariat für die Kriegsgefangenen ein …

Dieses Wochenende hatte nichts Entscheidendes an sich, die Koinzidenz war rein zufällig. In das Kommissariat trat ich ein durch Vermittlung Jean-Albert Roussels, der in einem Büro für die Wiedereingliederung der aus Kriegsgefangenschaft Geflohenen beschäftigt war. Eines Tages sagte er mir: »Du solltest hier arbeiten. Sie sind sehr nett, und außerdem liegen wir nicht auf der Linie.« Ich bin seinem Rat gefolgt. Ich traf dort übrigens mehrere Kameraden aus Montmaur.

Sie haben dann die Bekanntschaft von Maurice Pinot gemacht, dem Kommissar für die Kriegsgefangenen. Was war er für ein Mensch?

Ein ehrlicher, klarsichtiger, mutiger Mensch. Er stammte aus dem oberen Bürgertum und hieß mit seinem richtigen Namen Pinot de Périgord de Villechenon. Erst gefangengenommen, dann nach der Niederlage vom Juni 1940 repatriiert, kannte er aus allernächster Nähe die Probleme, die sich den dreihundertneunundvierzigtausend repatriierten oder geflohenen Männern stellten, die unter höchst prekären Verhältnissen lebten. Als die Vichy-Regierung im Herbst 1941 ein Kommissariat für die Wiedereingliederung der repatriierten Kriegsgefangenen schuf, wurde er ihr erster Leiter. 1942 hatte die Leitung des Kommissariats ihren Sitz in Paris, in der Rue Meyerbeer, besaß aber auch ihr Äquivalent in der Süd-Zone, in Vichy, in der Rue Hubert-Colombier, deren Leiter Georges Baud war.

Pinot wurde von allen im Kommissariat gemocht. Er

erweckte durch seinen Charakter und seine Redlichkeit Sympathie. Das war ein Sozialfürsorger aus Leidenschaft, was erklärt, warum er in jedem Departement die Gründung von Häusern für Kriegsgefangene und etwas später von Unterstützungszentren vorangetrieben hat, in denen die ehemaligen Gefangenen sich in ihrem neuen Leben wechselseitig helfen konnten.

War er für die Résistance?

Im Kommissariat herrschte – und Pinot war sich darüber durchaus im klaren, wenn er es nicht sogar selbst förderte – ein allgemeines Oppositionsklima gegen Vichy und die Kollaboration. Die hier arbeiteten, neigten dazu, zur Résistance überzutreten, wenn sie nicht schon dabei waren. Da ich viel herumkam, war es mir zum Beispiel ein Leichtes, in den wichtigen Städten Kontakte mit den Geflohenen zu knüpfen.

Worin genau bestanden Ihre Funktionen im Kommissariat?

Ich war Stellvertreter des Leiters – eines tüchtigen, rauhen, aber doch gutgelaunten Mannes –, zuständig für die Beziehungen zur Presse und, gemeinsam mit ihm, für die Herausgabe einer monatlichen Verbindungsbroschüre.

Hat Ihnen diese Tätigkeit erlaubt, Ihre »parallelen« Aktivitäten fortzusetzen?

Selbstredend. Meine berufliche Aktivität diente als Schutzschild. Meine Kameraden und ich hatten nicht von ihrer Verweigerungshaltung abgelassen. Anfang Juli hatte mich Antoine Mauduit noch in Vichy besucht. Wir bildeten eine Art Komitee aus zwanzig bis fünfundzwanzig entschieden antideutschen Mitgliedern. Wir hatten mehr oder minder überall Teams. Das Unterstützungszentrum von Allier, dessen Sitz sich in Vichy, Boulevard Gambetta Nr. 22 befand, widmete sich immer stärker der illegalen Aktion.

Aber dieses Zentrum mußte doch wohl nach außen hin offizielle Aktivitäten vorweisen ...

Natürlich. So haben wir etwa im Herbst 1942 eine Sammelaktion »Warme Bekleidung« gestartet. Am 15. Oktober 1942 wurden wir, Marcel Barrois, Albert Vazeille und ich, am späten Nachmittag von Pétain ins Hôtel du Parc zitiert, im Beisein von General Camper, dem Chef seines Militärkabinetts.

Dennoch, diese Begegnung mit Pétain, dieses Foto, so neutral war das nicht ...

Ach, diese zwanzig Minuten, die wir im Hôtel du Parc verbracht haben! Der Verlag Pierre Péans hat dieses Foto auf dem Umschlag seines Buches abgebildet. Ein Schock-Bild, das natürlich die Wirklichkeit entstellt! Pétain hat uns genauso empfangen wie die Vertreter anderer sozialfürsorgerischer Organisationen. Zwei Kameraden waren in meiner Begleitung, Barrois und Vazeille. In der Mitte des Bildes ist Marcel Barrois zu erkennen, der wenige Monate später festgenommen, deportiert und in dem Zug sterben sollte, der ihn nach Buchenwald brachte. Pétain startete eine Kampagne, mit der er die Solidaritätsbewegungen, um deren Feindschaft oder Reserve ihm gegenüber er wußte, auf seine Seite zu ziehen versuchte. Dadurch erklärt sich ohne Zweifel seine Initiative.

Haben Sie den Eindruck, daß Ihnen durch die Abbildung dieses Fotos auf dem Umschlag des Buches von Pierre Péan eine Falle gestellt wurde?

Ich glaube nicht. Diese Absicht hatte er nicht. Aber das Mißverständnis entstand durch diese Abbildung. Ähnlich war es im Zusammenhang mit Bousquet[10]. Péan hat mich niemals nach Erklärungen über meine Beziehungen zu René Bousquet gefragt. Lediglich, ob ich ihn kenne und was ich über ihn dächte. Auf eine harmlose Frage eine lapidare Antwort! Ich habe ihm gesagt, daß dieser brillante Junge zusehen mußte, wie sein Schicksal durch eine abwegige, völlig falsche Entscheidung zerbrochen wurde. Péan ist nicht weiter auf das Thema eingegangen. So können Sie sich meine Verblüffung vorstellen, als ich nach der Veröffentlichung des Buches entdecken mußte, daß meine Äußerungen an herausragender Stelle – ich glaube am Ende des Buches – als eine Art Schlußfolgerung prangten, so als ob die Vergegenwärtigung dieser Epoche mich nur zu einem hastigem Urteil inspirierte, als ob meine Kriegsjahre, meine Jahre des Widerstands nichts zählten gegenüber der Meinung über einen Menschen, den ich erst nach dem Krieg kennengelernt habe und den der Oberste Gerichtshof, der doch zahlreiche Hinrichtungsurteile gefällt hat, freigesprochen und in alle seine zivilen Rechte wiedereingesetzt hatte. Ich war nicht Richter über all diese Richter.

Drei Wochen nach ihrem Zusammentreffen mit Pétain begann am 8. November 1942 die Landung der Alliierten in Nordafrika. Am 11. November marschieren die Deutschen in die Süd-Zone ein und beenden damit eine

10 René Bousquet, Polizeichef, einer der Hauptverantwortlichen für die Deportation französischer Juden in die Konzentrationslager; er wurde 1993 erschossen. [A. d. Ü.]

Situation, die seit dem Waffenstillstand geherrscht hatte. Stellte dies eine radikale Veränderung dar?

Ohne Zweifel. Der Einmarsch in die freie Zone war für viele von uns entscheidend. Das Eindringen der Deutschen in die Süd-Zone ließ keinen Zweifel mehr offen; jedenfalls hätte es den patriotischen Franzosen keinen mehr offenlassen dürfen ... Ein Detail: Die aus der Kriegsgefangenschaft Geflohenen hatten keine Zuflucht mehr.

Hat der Einmarsch in die Süd-Zone Sie überrascht oder war er politisch unausweichlich?

Da er unausweichlich war, hätten wir uns noch stärker auf diesen Moment, der einen zentralen Wendepunkt darstellt, vorbereiten müssen.

Hat dies Ihr Urteil über Vichy verändert?

Die Männer von Vichy waren fortan für mich nicht mehr nur Marionetten. Sie wurden zu Gegnern.

November 1942, das ist auch die Herrschaft des allmächtigen Laval – der Augenblick, in dem er, nachdem er es vorher Pétain zur Zustimmung vorgelegt hat, sein berühmt-berüchtigtes »Ich wünsche den Sieg Deutschlands ...« verkündet.

Laval bin ich – genausowenig wie Darlan – nie persönlich begegnet, aber es ist klar, daß das ein Mann von Format war, der die anderen überragte ... Sonderbares Geschick dieses talentierten, großen Politikers der III. Republik; sonderbar auch seine Obsession – das Bündnis mit Deutschland gegen den Bolschewismus –, die bis zum Schluß bestand und die er mit dem Leben bezahlte.

Wie erklären Sie sich die Tatsache, daß Laval derart viele politische und moralische Fehler beging?

Durch fehlende Gewohnheit, an etwas zu glauben. Seine Rolle war um so schädlicher, als er über eine erstaunliche Verführungskraft verfügte.

Woran glaubte er: an Europa? den Kampf gegen den Bolschewismus?

Ja. Vor allem an sich selbst, an seine Fähigkeit, jedes Ereignis, das sich einstellte, meistern zu können. Ich habe oft festgestellt, daß die opportunistischsten Politiker den Boden unter den Füßen verloren, sobald sie anfingen, sich in den Dienst einer Idee zu stellen. Das wurde zum Anfang ihres Scheiterns.

Aber der wirkliche Bruch mit den Vichy-Kreisen wurde doch wohl durch den Weggang Maurice Pinots vom Kommissariat für die Gefangenen ausgelöst. Da wurde das Tor zur Illegalität geöffnet ...

Nein. Mein Bruch vollzog sich vorher. Maurice Pinot wurde am 13. Januar 1943 entlassen, weil er sich geweigert hatte, sich den Forderungen Vichys – sowohl was das »Ablösesystem« als auch was die Kollaboration mit den Deutschen betraf – zu unterwerfen. Er war durch einen erklärten Kollaborateur ersetzt worden, André Masson. Kaum hatten wir von der Kündigung Pinots erfahren, haben wir, Beamte wie Zeitangestellte des Kommissariats, beschlossen, ihm unsere Solidarität zu bekunden. Wir wollten nicht zum Instrument der Politik werden, die Masson denn auch unverzüglich ins Werk setzte. Ich ergriff diesen Vorwand und trat am 14. Januar 1943 von meinem Posten zurück, wie viele meiner Kameraden – unter ihnen Jean Védrine, den ich dort kennengelernt habe und der mein Freund wurde. Wir alle entschlossen uns, zu gehen.

Oh, diese Geste war kein so großes Opfer. Wir fanden uns arbeitslos wieder? Was soll's! Wir hatten schon seit langem den Bruch vollzogen. Die Gruppe des Kommissariats war eine Gruppe der intellektuellen und moralischen Verweigerung. Doch das Kommissariat an sich war nicht innerhalb der Résistance – im Gegensatz zu meinem Netz. Es war Zeit, eine höhere Gangart einzuschalten.

So war ich, als ich an jenem Tag im Januar 1943 dieses »Haus« verließ, nicht unzufrieden. Ich war schon weit von alldem. Ich betrat unbekanntes Land. Ich verlor Beruf und Identität, kippte in die Illegalität. Ich war sechsundzwanzig und besaß nahezu nichts zum Leben. Im Grunde, wenn ich meinen Lebensweg so an meinem geistigen Auge vorüberziehen lasse, merke ich, daß ich nie etwas gebraucht habe, was mich zu einem Verleugnen oder einem Verlust von Unabhängigkeit gezwungen hätte.

Nach Ihrem Weggang vom Kommissariat, wie sah es da mit Ihrem Widerstandsnetz aus?

Es bestand aus einigen Hundert Personen. Herbst 1944 werden wir zwischen sieben- und achttausend gewesen sein ... Ganz am Anfang wurde auf der Grundlage persönlicher Beziehungen, von Mensch zu Mensch rekrutiert. Wir hatten Verbindungsleute in etwa 15 größeren Städten und in den meisten Departements. Sieben- bis achttausend aktionsbereite Personen 1944, das war schon etwas.

Währenddessen mußten wir für unsere neuen Kameraden Verstecke finden, ihnen falsche Papiere beschaffen. Für uns war das zur Routine geworden. Wir waren nicht allzu zahlreich, zogen unsere Stärke aus der Tatsache, daß wir alle denselben dornenreichen Weg gegangen waren: ein, zwei, drei gescheiterte Fluchtversuche, Gefängnis, erfolgreiche Flucht, Schlupfwinkel, Illegalität, Widerstand. Wir hatten das Schicksal bezwungen ... Und aus diesem Grund waren wir auch kühner, selbstsicherer als viele andere. Diese geistige Disposition war eine gute Grundlage für den Widerstand. Die aus Kriegsgefangenschaft Geflohenen waren von Natur aus rebellisch, besaßen einen Hang zum Risiko und träumten davon, mit den Deutschen zu kämpfen.

Lockte Sie der bewaffnete Kampf? Räumten Sie ihm den Vorrang ein?

Jeder von uns hat auf je individuelle Weise seinen Wächtern grußlos den Rücken gekehrt. Bei unserer Rückkehr nach Frankreich wurden wir uns der Notwendigkeit kollektiven Handelns bewußt. Es war der klassische Prozeß: Schaffung von Gruppen auf dem gesamten Territorium, Teilnahme an Sabotage- und Kampfaktionen, insbesondere beim Zugverkehr – mehrere von uns (am resolutesten war hier Jacques Paris) haben mehrfach an Fallschirmaktionen teilgenommen –, Verbindung zu den anderen Organisationen. Kurzum, der bewaffnete Kampf.

Waren Sie ganz selbstverständlich zum Chef Ihres Netzes geworden? Einige behaupten, daß Sie faktisch Maurice Pinot verdrängt hätten.

Es gab keinen Grund für Gegnerschaft (wir machten nicht dasselbe), und wir haben immer vertrauensvolle Beziehungen unterhalten. Wir haben unsere Tätigkeiten bewußt in einer gewissen Konfusion belassen. In der

Korrespondenz mit seinem Onkel hat Michel Cailliau immer unser beider Namen miteinander verknüpft. Ich hätte – so sehr schätzte ich Pinot – darin nichts Schlechtes gefunden, hätte ich dahinter nicht die Absicht gewittert, unserer Aktion dadurch zu schaden, daß sie in den Rahmen eines Versuchs der Rehabilitierung Vichys eingebettet wurde, wobei die frühere Funktion Pinots als Vorwand dienen konnte. Michel Cailliau war nicht weit davon entfernt.

Meine Bewegung brauchte keine Patenschaft. Wir waren eine kleine Anzahl von Geflohenen, ohne Beziehungen und ohne Einfluß. Meine ersten Gefährten waren einfache Leute. Mehrere Zirkel haben sich gebildet, Geflohene aus Deutschland, deren erstes Bedürfnis es war, sich zu sammeln. Dann kamen ehemalige Studienkollegen hinzu, jene, die ich erreichen konnte und deren Werdegang ich kannte: Jacques Benet, André Bettencourt, Pol Pilven, Ferréol de Ferry, François Dalle. Auf Betreiben Benets wuchs die Zahl und Wirksamkeit unserer Gruppen auf beeindruckende Weise. Andere stießen aufgrund von Affinität zu uns: Gagnaire, Leluc, Haedrich, künftige Leiter von großer Qualität.

In Maçon, im Hinterraum eines Bistros, traf ich im März 1943 zum ersten Mal Henri Frenay und Bertie Albrecht. Kurioserweise kamen sie aus Cluny, wo sie bei einer Familie Gouze, der meiner späteren Frau Danielle, untergebracht waren. Frenay war eine Ausnahmeerscheinung. Wenig für die Politik gemacht, aber ein unvergleichlicher militärischer Anführer. Bertie Albrecht, seine Inspiratorin, zeigte absolute Entschlossenheit, ein grenzenloses Engagement. Sie war Holländerin, mit sehr schönen Zügen, etwas mollig zu der Zeit, als ich sie kannte, sie strotzte von Energie. Sie wurde im Mai 1943 nach Verlassen des Hauses meiner späteren Schwiegereltern verhaftet. Am Morgen des fraglichen Tages noch hatte sie zu Danielle gesagt: »Ich habe diese Nacht schlecht geschlafen. Ich hatte einen Alptraum. Ich war in einem endlosen Flur, kam nicht raus. Ich habe ein schlechtes Gefühl.« Dann nahm sie die kleine goldene Gemse, die sie an ihrer Bluse trug, und gab sie Danielle. Am Nachmittag dieses Tages wurde sie in Maçon festgenommen, Anfang Juni dann enthauptet.

Wurde Frenay nicht 1943 von de Gaulle empfangen?

Ja.

Wie sehen Ihre Erinnerungen an damals aus? Lebten Sie mit ständiger Angst im Bauch?

Nein, nein ... Wir trafen Vorkehrungen, das ist alles ... Illegalität ist nicht zwangsläufig das, was man sich darunter vorstellt! Sehen Sie, in diesem Jahr 1943 habe ich mehr gelacht als gelitten. Gute Kameradschaft hat etwas Begeisterndes, Stimulierendes, wir lebten inmitten abenteuerlicher Umstände ... In dem Alter liebt man das. 1943 war das zentrale Jahr für den Aufbau unseres Netzes. Wir waren sehr gut organisiert, gut abgeschottet, und sind vom Schlimmsten verschont geblieben, das in diesem Jahr die Résistance mit der Verhaftung ihrer großen Chefs – dem General Delestraint, Jean Moulin – grausam traf. Während wir der Gestapo entkamen, mußten wir erleben, wie die Führungsköpfe der anderen Netze fielen. Für uns kamen die Leiden später, 1944, als die Massenverhaftungen der Deutschen auch unsere Bewegung trafen. Viele von uns wurden festgenommen, einige starben dabei.

1943 sind Sie Urheber einer aufsehenerregenden, heroischen Tat in der Salle Wagram. Eine Aktion übrigens, die eher gegen Laval als gegen Pétain gerichtet ist ...

Am 10. Juli 1943 organisierte André Masson, der von Laval ernannte neue Kommissar für die Kriegsgefangenen, eine Propagandaveranstaltung, die einmal mehr sich der Kriegsgefangenen zu politischen Manövern bedienen wollte. Tausende von Delegierten aus ganz Frankreich kamen zu diesem Treffen. Laval war anwesend. Das Viertel war von der Polizei abgesperrt. Der Saal war brechend voll. Saalordner durchkämmten die Gänge und führten an den Eingängen Ausweiskontrollen durch. Ich hatte mich eingeschlichen, in der Tasche die Einladungskarte eines Kameraden und im Kopf die feste Absicht, Masson durch Zwischenrufe zu stören. Die Spannung war auf dem Höhepunkt, als Masson das Wort ergriff. Der Saal hörte schweigend zu. Ich stieg auf meinen Stuhl und unterbrach den Redner in dem Augenblick, als er auf das berühmt-berüchtigte »Ablösesystem« zu sprechen kam. Ich schrie ihm entgegen: »Nein, glauben Sie ja nicht, die Gefangenen würden mit Ihnen marschieren!« Die Ordner stürzten sich auf mich. Ich bin in der Menge untergetaucht. Mein Zwischenruf hatte ein solches Durcheinander hervorgerufen, daß die Versammlung aufgelöst wurde. Ich verdrückte mich inmitten der anwesenden Kameraden, die meinen Rückzug deckten.

Während dieses Jahres 1943 blieb ihr Stützpunkt aber immer noch Vichy. Wie war das möglich?

In diesen Monaten bin ich viel gereist, behielt aber meinen »Sitz« in der Rue Nationale Nr. 20. Diese Adresse blieb eine Art Heimathafen für die Bewegung und für meine Freunde bis zu jenem 11. November 1943, an dem die Gestapo dort auftauchte, um mich zu verhaften.

In dieser Zeit begannen die Deutschen mich aktiv zu suchen – oder vielmehr, sie versuchten, eines gewissen Morlands habhaft zu werden. Am Morgen dieses Tages lag Pol Pilven, der von meiner Fahrt nach Paris nichts wußte, in meinem Bett in der Rue Nationale. Er hatte sich entschlossen, an Ort und Stelle auf mich zu warten. Anwesend waren noch Jean und Ginette Munier sowie unsere Gäste Jean Renaud mit Frau. Die Deutschen verhafteten Renaud und Pilven. Beide wurden nach Buchenwald deportiert. Jean Munier entkam durch ein Fenster und ließ sich dann an einem Abflußrohr hinunter. Ginette wiederum übersahen sie in einem Schrank, wohin sie sich geflüchtet hatte und den sie nicht näher untersuchten. Renaud ist nicht wiedergekommen. Pilven, ja.

Ich wurde am selben Tag durch den Mut meiner Freunde gerettet. Denn als ich mit dem Zug am Bahnhof von Vichy ankam, erwarteten mich auf dem Bahnsteig zum einen die Gestapo, zum anderen einige Widerstandskämpfer – darunter Mme. Pfister, die Gattin eines Chefs der Widerstandsorganisation der Armee, die später deportiert wurde –, die gekommen waren, um mich vor der drohenden Gefahr zu warnen. Die Deutschen standen am Ende des Bahnsteigs und überwachten die Aussteigenden. Meine Freunde sind wie abfahrbereite Passagiere in den Zug gestiegen. Auf der Suche nach mir haben sie so unauffällig wie möglich alle Abteile abgesucht. Es mußte alles sehr schnell gehen. Ich wollte gerade vom Trittbrett abspringen, als ich Mme. Pfister sah. Sie tat so, als rempele sie mich an, und stieß mich ins Innere des Wagens zurück. Dabei flüsterte sie mir die Warnung zu: »Steigen Sie nicht aus. Steigen Sie nicht aus. Die Gestapo ist da!« Ich fuhr weiter bis nach Clermont-Ferrand.

Ich ging dann nach Chamalières, wo ich bei Bouilleur wohnte, dem Schwiegervater (was ich damals nicht wußte) von Pierre Nicolaÿ, einem jungen Mitglied des Staatsrats, der bei allen Ministerposten, die ich während der IV. Republik innehatte, mein Kabinettschef werden sollte. In die Rue Nationale Nr. 20 ging ich nicht mehr zurück. Wenig später verließ ich Frankreich in Richtung London, dann Algier.

Morland

George-Marc Benamou – *Nach Ihrer Rückkehr aus England, am 26. Februar 1944, bleiben Sie in der Illegalität, ja unterstreichen sie noch durch das Tragen eines Bartes, mit dem Sie verhindern wollen, daß man Sie wiedererkennt …*

François Mitterrand – Ja. Zum ersten und einzigen Mal in meinem Leben habe ich einen Bart getragen. Die Erfahrung hat sich nicht als sehr durchschlagend erwiesen. Ich sah aus wie ein argentinischer Tangotänzer. Nach der Befreiung habe ich ihn abrasiert …

Haben Sie das Pseudonym Morland bei dieser Rückkehr gewählt?

Nein. Ich habe es bereits vor meiner Abfahrt, ab Januar 1943 verwendet: dieses Pseudonym habe ich bei der Kontaktaufnahme mit den Bewegungen der Süd-Zone gebraucht – Libération, Combat, Franc-Tireur … Warum Morland? Die Mode stand auf Métrostationen. Es gab die Station Sully-Morland, und in Morland war auch noch Anfang und Schluß meines richtigen Namens. Eben ein bißchen Kinderei. Ich habe noch viele andere Namen getragen, in der Regel dem Einwohnerregister von Dieppe entnommen, das bei einem Bombenangriff zerstört worden war, was jegliche Verifizierung verhinderte. Der üblichste war Lucien Basly.

Was tat Morland nach seiner Rückkehr?

Es war die Vereinigung der Kriegsgefangenenbewegungen zu bewerkstelligen, gemäß der Vereinbarung, die ich mit General de Gaulle in Algier getroffen hatte. Diese Vereinigung fand am 12. März 1944 in der Rue Notre-Dame-des-Champs statt, unter Vorsitz von Antoine Avinin, der den Conseil national de la Résistance, den Nationalrat der Résistance, vertrat. Das Leitungskomitee der vereinigten Bewegung umfaßte vier Personen: zwei aus meiner Gruppe (Jacques Benet und ich), einen kommunistischen Vertreter (Delecole, dann Robert Paumier), und dann, während ich gedacht hatte, daß der vierte Michel Cailliau sei, hat sein Netz, ein richtiger Theatercoup, Philippe Dechartre gewählt!

Aus welchem Grund hat Dechartre über Cailliau obsiegt?

Seine Freunde waren vernünftig.

Diese Vereinigung hat dazu geführt, daß neue Personen Ihnen zur Seite traten, die von Cailliau oder von den Kommunisten kamen, darunter Dionys Mascolo, Edgar Morin und Clara Malraux. Haben Sie sie in dieser Zeit gekannt?

Ja und nein. Dionys Mascolo gehörte bereits zu unserer Bewegung, Clara Malraux und Edgar Morin (der Kommunist war) der von Michel Cailliau. Ich habe freundschaftliche Beziehungen zu ihnen geknüpft, die ich bis auf den heutigen Tag bewahrt habe. Wir trafen uns oft in einem Café der Contrescarpe[1]. Ein anderer meiner Freunde, Charles Bonnet, genannt Moulin, ein Universitätsangehöriger und Dichter von seltener intellektueller wie moralischer Qualität, diente als Verbindungsglied zwischen dieser insgesamt etwas uneinheitlichen Welt. Er ist

1 Platz und Straße in der Nähe des Panthéon in Paris. [A. d. Ü.]

der treue, unentbehrliche Freund geblieben, und ich vergesse auch nicht Philippe Dechartre, an dessen Loyalität sich nie Zweifel erhoben haben.

Wie waren Ihre Beziehungen zum Nationalrat der Résistance?

Ich arbeitete in einer seiner Kommissionen, der Sozialkommission, deren Vorsitz eine merkwürdige Gestalt innehatte, Maxime Blocq-Mascart. Wir arbeiteten Projekte für das Nachkriegs-Frankreich aus.

Sie gehörten einem Netz an, das a priori nicht tötete …

A priori nein. Aus Sicherheit manchmal. So war es mit der Exekution des Gestapochefs von Clermont-Ferrand am 2. Dezember 1943. Er stellte für uns eine große Gefahr dar. Er hatte unsere Bewegung ganz besonders im Visier. Wir mußten reagieren.

In Clermont-Ferrand war der Leiter des Anti-Terror-Kampfes – so nannten die Deutschen und das Vichy-Regime den Kampf gegen die Widerstandskämpfer – ein Franzose, Henri Marlin. Major in der Légion franciste (der Bewegung von Marcel Bucard, einem faschistischen Führer vor dem Krieg, eingefleischtem Verfechter der Kollaboration und nach der Befreiung erschossen), war Marlin in die Dienste der Gestapo getreten. Jean Munier, der mit der Exekution betraut war, erschoß ihn in einer Garage in Clermont. Er erledigte seinen Auftrag in Verbindung mit dem Hauptmann Alain de Beaufort, Chef der ORA von Auvergne, und dem Arzt, mit dem zusammen wir die Konferenz von Georges Claude gestört hatten, Guy Fric. Der eine wie der andere wurde verhaftet; Fric wurde deportiert, Beaufort starb unter entsetzlichen Foltern. Munier hat sich danach abgesetzt und in Jarnac, bei meinem Vater, erholt. Der nahm ihn auf, ohne über seine Situation Bescheid zu wissen; er hat ihn auch nicht im mindesten gefragt.

In der Folge ist es vorgekommen, daß ich Exekutionen fordern mußte, aber nur ausnahmsweise; in den anderen Fällen hat sich das Schicksal darum gekümmert. So, als Georges Dobrowolsky mit unserer mageren Kriegskasse flüchtete. Ich hatte Dobrowolsky in der Gefangenschaft kennengelernt. Nach seiner Befreiung hatte er sich unserer Bewegung angeschlosssen und lebte mit uns. Er besaß viel Charme und Feingefühl. Seine Desertion hat uns umgehauen. Sicher, wir hätten ihn hinrichten lassen können, aber ich habe mich erweichen lassen. Ohne zu ahnen, daß ihn der Tod am Ende des Wegs erwartete, denn als er auf meinen Befehl hin versuchte, heimlich die spanische Grenze zu überschreiten, um sich freiwillig in Algerien zu melden, wurde er von den Deutschen gefaßt, verhört und erschossen, ohne etwas preisgegeben zu haben.

Man hat häufig ein düsteres Bild vom Alltagsleben der »Armee der Schatten«. War für Sie die Résistance die Treibjagd, die schlaflosen Nächte?

Nein. Die Tat, das Abenteuer, die Liebe zur Freiheit, eine gewisse Unbekümmertheit, die gemeinsam geteilten Risiken, kurz: unsere Jugend, schützten uns vor der Angst im Bauch.

Die wahren Schwierigkeiten begannen für uns mit der Verhaftungswelle Mai-Juni 1944. Unser Netz war solide, abgeschottet, gut organisiert. Mit den Deutschen hatten wir uns bereits in den Lagern gerieben. Wir kannten ihre Reaktionen, ihre Methoden. Deshalb wurden wir weniger als andere durch die Repression 1943 getroffen. Doch am 1. Juni 1944, fünf Tage vor der Ankündigung der Landung der Alliierten in der Normandie, haben wir vierzehn unserer Führungsleute verloren. Sie wurden alle am selben Tag festgenommen. Der Schraubstock um uns hatte sich seit Anfang dieses schrecklichen Jahres zugezogen.

Bei meiner Rückkehr aus Algier via London hatten sich die Ausweis- und Gesichtskontrollen in der Hauptstadt vervielfacht, beim Verlassen der Métro, in den Restaurants, überall. Wir wurden gehetzt, waren immer am Jonglieren mit unseren falschen Papieren. Unser wahrer Name durfte nie ausgesprochen werden. Man verwendete ein mündliches Pseudonym, das Pseudonym auf dem Ausweis – falsch, was sonst – behielt man streng für sich. Das war eine absolute Regel. Ich erinnere mich an eine brenzlige Situation, als wir beim Verlassen des Eingangs der Métrostation Madeleine auf eine Gruppe Deutscher stießen, die neugieriger oder schlauer waren als gewöhnlich. Oder an jenen Tag, als wir im Restaurant Dôme am Montparnasse knapp an der Katastrophe vorbeigeschlittert sind. Wir saßen zu fünft oder sechst da und aßen, als die deutsche Polizei ankam. Wir mimten Gleichgültigkeit, ohne zu übersehen, daß sie keine gängige Kontrolle durchführten. Statt einfach die Papiere zu verlangen, hatten sie eine neue Methode entwickelt, um uns zu verwirren. Sie wußten, daß wir mehrere falsche Namen trugen, sie waren auch darauf gekommen, daß die Mitglieder eines Netzes – eine notwendige Sicherheitsmaßnahme im Fall einer Festnahme oder von Folter – den einzigen, der maßgebend war, der auf dem Ausweis, nicht kannten. Ein Polizist wandte sich also an einen von uns und fragte ihn plötzlich: »Und der da, wie heißt der? Und der dort?« So ging es reihum.

Wir waren kurz davor, enttarnt zu werden, als wir durch Jean Munier gerettet wurden. Munier zauberte unter unseren entgeisterten und den noch verblüffteren

Augen der deutschen Polizisten ein wahrhaft magisches Dokument hervor: den Befehl seiner Freilassung aus dem Stalag, angeordnet und unterzeichnet von Adolf Hitler. Angesichts dieses einzigartigen Ausweises zog sich die deutsche Patrouille zurück, und Munier erzählte uns genußvoll seine Geschichte, die sich während seiner Gefangenschaft in einem Arbeitskommando bei Kassel ereignet hatte. Das Stadtviertel, in dem das Kommando stationiert war, war durch einen amerikanischen Bombenangriff niedergemacht worden. Die Gefangenen wie deren Wärter hatten sich auf der Suche nach einem Schutz zerstreut. Munier wollte – wie viele andere – gerade die Lage ausnutzen und fliehen, als er aus den Trümmern eines zerstörten Hauses Schreie und Stöhnen hörte. Er hielt an, um den Angehörigen des Rettungsdienstes zu helfen, die in den Trümmern nach Überlebenden suchten. Und mit eigenen Händen zog er aus dem Schutt eine Frau mit ihrem Kind heraus. Nachdem der Alarm vorüber war, blieb keine Zeit mehr zu fliehen. Wenige Zeit später traf in seinem Stalag ein Befehl folgenden Inhalts ein: »Sofortige Freilassung des Soldaten Munier. Befehl des Kanzlers.« Die Frau und das Kind, die ihr Leben Munier verdankten, waren die eines Adjutanten Hitlers. Seither trug Munier dieses Dokument, das einen außergewöhnlichen Geleitbrief darstellte, bei sich ... Sie hätten die Gesichter der Deutschen sehen sollen, als er ihnen das Dokument vorhielt! Auf diese Weise wurden wir aus der Schlinge gezogen.

Ebenfalls nach Ihrer Rückkehr aus England haben Sie Danielle Gouze kennengelernt, Ihre zukünftige Gattin. Wie sind Sie ihr begegnet?

Zunächst bin ich mit ihrer älteren Schwester Christine in Paris zusammengekommen, durch Vermittlung von

Étienne Gagnaire, dem späteren Abgeordneten und Bürgermeister von Villeurbanne, und Roger-Patrice Pelat, genannt Patrice, unseren militärischen Chef. Sie wohnte in der Rue Campagne-Première, und wir hatten die Gewohnheit angenommen, uns nach ihrem Arbeitstag im Centre français du cinéma zu treffen. Uns verband Freundschaft. Es war eine hübsche, entschiedene, starke und mutige junge Frau. Sie war nicht Angehörige unserer Bewegung, diente uns aber als »Briefkasten«. Man konnte bei ihr Nachrichten hinterlassen oder welche finden. Vor meinem Besuch unserer burgundischen Gruppen in Dijon sagte Christine zu mir: »Gehen Sie doch bei meinen Eltern vorbei.« Und so kam's.

Man erzählt sich, Sie hätten bei Christine Gouze ein Foto von Danielle gesehen und ausgerufen: »Sie ist hinreißend, die heirate ich!«

Das ist etwas arrangiert ... Ich sagte zu Christine: »Ihre Schwester ist reizend ...«

Sie haben nicht gesagt: »Die heirate ich«?

Vielleicht, aber weniger kategorisch.

Welche Erinnerungen haben Sie noch an diese Familie?

Es war eine fesselnde Familie, sehr patriotisch, sehr laizistisch. Überzeugte Republikaner, Linke – sogar sehr links. Danielles Vater, Antoine, ein zum Direktor eines städtischen Gymnasiums aufgestiegener Grundschullehrer, einer dieser berühmten »Husaren der Republik«, war von Vichy ohne Pensionsanspruch entlassen worden, weil er sich geweigert hatte, die Liste der jüdischen Schüler seines Gymnasiums von Villefranche-sur-Saône auszuliefern. Sein Haus in Cluny hatte sich in einen Schlupfwinkel für Widerstandskämpfer verwandelt. Bertie Albrecht und Henri Frenay hatten hier gewohnt; Claude Bourdet, Pierre de Bénouville hatten sich hier aufgehalten. Letzterer schildert es in seinem schönen Buch *Le Sacrifice du matin*. Darauf können Sie sich beziehen. Die Festnahme Berties in Maçon am 28. Mai 1943 ereignete sich, kurz bevor die Gestapo hier eindrang. Antoine Gouze war an diesem Tag glücklicherweise in Chalon; Danielle und ihre Mutter wurden grob behandelt, geschlagen, aber auf freiem Fuß gelassen. Ich vermute, die Gestapo hatte eine Falle gelegt, in der Hoffnung, dadurch weitere vorbeikommende Widerstandskämpfer festnehmen zu können.

Es heißt, Sie hätten dort eine ganz neue familiale und soziale Welt entdeckt, die entscheidend für Sie geworden sei.

Wir wollen nicht übertreiben. In den Kreisen, in denen ich seit dem Anfang des Krieges verkehrte, sowohl im Stalag wie in der Résistance, war ich mit allen Arten von Menschen in Kontakt gekommen, die nicht dem Milieu angehörten, in dem ich aufgewachsen war. Gleichwohl, die moralische Strenge und die Unnachgiebigkeit in Überzeugung wie Verhalten der Gouzes haben mich sicher beeinflußt. Dieses andere Frankreich als das meine hatte viele Tugenden.

Kurz nach Ihrer Rückkehr nach Paris Ende Mai 1944, nach Ihrer Rundreise durch die Bourgogne, wären Sie beinahe festgenommen worden. Denn am 1. Juni 1944 löst die Gestapo eine breite Verhaftungswelle gegen ihre Gruppe aus.

Tatsächlich sollten innerhalb weniger Stunden viele meiner engsten Kameraden verhaftet werden. Am 1. Juni trafen wir im Erdgeschoß der Avenue Charles-Floquet und machten uns mit den neuesten Dokumenten aus London bekannt. Wir waren, mit Ausnahme von Savy, einem ehemaligen Mitglied des Cailliau-Netzes, vollständig, etwa zehn. Es klingelte, und ich ging an die Tür. Ein Mann in Zivil wollte Bérard sprechen. Das war das Pseudonym von Jean Bertin; normalerweise durfte dieses Pseudonym nicht bekannt sein. Ich antwortete: »Ich werde mich erkundigen, bitten warten Sie.«

Ich ließ ihn an der Eingangstür stehen und ging zurück in das Zimmer, in dem wir tagten. Ich näherte mich Bertin und flüsterte ihm ins Ohr: »Jemand fragt nach Bérard ... Was soll das? Du hättest nie diese Adresse weitergeben dürfen.« Er beruhigte mich. »Nein, nein. Mach dir keine Sorgen.« Bertin war Lothringer. Der Mann an der Tür war blond, trug eine Brille mit Goldrand und sah eher freundlich aus. Ich dachte, es könne ein Freund Bertins sein. Tatsächlich handelte es sich um Charles Delval, einen französischen Agenten der Gestapo, der nach der Befreiung füsiliert wurde. Seine wirkliche Identität ist nie bestätigt worden. Er richtete einen Revolver auf Jean Bertin und befahl »Folgen Sie mir.« Bertin ging mit ihm. Ich hatte meinen Freund an die Tür begleitet. Um mich kümmerte sich Delval nicht. Später habe ich erfahren, daß er gekommen war, um mich zu verhaften, und daß er geglaubt hatte, Bertin sei ich. Hastig lief ich zu meinen Kameraden zurück und schrie: »Macht, daß ihr wegkommt, die Gestapo ist da.« Ich öffnete das Fenster. Delval und Bertin hatten gerade das Haus verlassen und kamen nun, auf dem Trottoir Richtung École militaire gehend, an mir vorbei, und ich sagte zu Bertin: »Jean, was machst du? Wo gehst du hin?« Eine blödsinnige Frage. Delval drehte sich um und zog erneut seinen

Revolver. gegenüber auf dem Bürgersteig überwachten vier oder fünf Männer von der Gestapo das Gebäude. Meine Kameraden hatten sich in die benachbarten Straßen zerstreut. Ich raffte die auf dem Tisch liegenden Papiere zusammen, zündete sie an und verließ meinerseits die Wohnung. Die lauernden Polizisten rührten sich nicht. Vielleicht dachten sie, wir seien bewaffnet. Von weitem sah ich Savy, der von der Métrostation La Motte-Picquet kam. Ich ging ihm entgegen und erzählte ihm, was vorgefallen war; dann gingen wir zurück zur Métro. Wir liefen Seite an Seite, und plötzlich, genau in diesem Augenblick, kam ich zu der Überzeugung, daß er es gewesen war, der uns verraten hatte.

Abrupt kam mir Marcel Barrois in den Sinn, der Ende April unter sonderbaren Umständen, während eines Treffens mit Savy, verhaftet worden war: er war festgenommen worden, Savy nicht. Mir wurde klar, daß zahlreiche Verhaftungen nach einem Treffen mit Savy stattgefunden hatten. So war es mit Valentin – sein richtiger Name war Steverlinck –, dem Verantwortlichen für den Druck und den Vertrieb der Dokumente unserer Bewegung, den die Gestapo Mitte April in einem kleinen Hotel in der Rue Saint-Jacques ermordet hatte. Ich erinnerte mich auch an die Ehefrau von Valentin, Geneviève, die ihrerseits verhaftet und deportiert worden war. In wenigen Sekunden brachte ich alle diese Punkte und viele mehr in einen Zusammenhang. An der Métrostation La Motte-Picquet drang ich nicht weiter in Savy, den Weg mit mir fortzusetzen.

An diesem 1. Juni kam es zu weiteren Verhaftungen …

Am frühen Nachmittag begaben sich Delval und seine Männer in die Rue Dupin Nr. 5, in der Nähe des Bon Marché, wo ich bei Marie-Louise Antelme wohnte, der

Schwester von Robert und Schwägerin von Marguerite Duras. Zusammen mit Marie-Louise befanden sich dort ihr Bruder und mehrere unserer Freunde, darunter Jean Philippe und Jean Munier. Sie alle wurden verhaftet, mit Ausnahme von Munier, der sich mit Gewalt einen Ausgang verschaffte, indem er die Polizisten zur Seite stieß und sich dann auf der Straße unter die Passanten mischte.

Nachdem ich die Avenue Charles-Floquet unter den geschilderten Umständen verlassen hatte, begab ich mich in die Rue Dupin und wollte nun Marie-Louise warnen und sie bitten, die Wohnung zu verlassen, da sie verdächtig geworden war. Entsprechend unserem Vorsichtsgebot betrat ich zunächst das Postamt, das im Erdgeschoß des Hauses Nr. 5 untergebracht war, und rief Marie-Louise an. Sie hob den Hörer ab, und auf die rituelle Frage: »Geht's da oben? Nichts zu berichten?« hörte ich gerade noch, wie sie mir antwortete: »Mein Herr, Sie haben sich in der Nummer geirrt.« Ohne nachzudenken, tatsächlich im Glauben, mich getäuscht zu haben, wählte ich erneut die Nummer, und sie wiederholte trocken: »Mein Herr, ich habe es Ihnen bereits gesagt, dies ist nicht hier. Lassen Sie es gut sein.« Da begriff ich, daß etwas Unnormales im Gang war. In der Folge habe ich erfahren, daß ein Deutscher seinen Revolverlauf an ihre Stirn gedrückt und ihr befohlen hatte: »Sagen Sie ihm, daß er hochkommen soll.« Sie wurde deportiert und starb am 10. Mai 1945. Die Reinheit und Vornehmheit ihres Gesichts bleibt mir in Erinnerung.

Später in der Nacht kam es zu einer neuerlichen Verbindung mit Munier, Dionys Mascolo und Ferréol de Ferry, Absolvent der École des chartes und einer meiner angenehmsten Studienkameraden aus der »104«[2]; sie

2 In der Rue de Vaugirard Nr. 104 befand sich das katholische Internat, in dem François Mitterrand während der Studienzeit wohnte. [A. d. Ü.]

hatten sich an den beiden Enden der Rue Dupin postiert, um die nicht alarmierten Kameraden abzufangen. In der Rue Dupin hatte sich Delval eine Photographie von mir gegriffen, die Marie-Louise auf den Kaminsims eines Zimmers stehen hatte. Da begriff er, daß er einen Irrtum begangen hatte, als er am Morgen Bertin verhaftete.

Marguerite Duras hat in ihrem Buch »Der Schmerz« Delval andeutungsweise erwähnt. Meinen Sie, daß sie mit ihm in Verbindung stand?

Dieser Gedanke ist durch nichts zu halten. Marguerite war eine loyale Freundin.

Und doch behauptet es einer ihrer Kameraden aus der Résistance!

Um Nachrichten über ihren Mann zu erhalten, ist sie in die Rue des Saussaies zur Gestapo gegangen, wo Delval sie erkannt und verhört hat. Er hat ihr verraten, daß Robert in Fresnes sei und sie ihm eine Decke und Nahrungsmittel schicken könne. Zwischen ihnen hat sich ein Katz-und-Maus-Spiel entwickelt. Das genügt nicht, um sich noch anderes vorzustellen.

Infolge dieser Verhaftungswelle dürfte ihr Widerstandsnetz sehr geschwächt gewesen sein.

Wir hatten einen schweren Schlag erhalten ... In dieser Zeit waren die meisten Widerstandsnetze, da erschöpft und vielfach ausgehoben, am Rand des Zusammenbruchs.

Dabei waren sie doch der Befreiung so nahe ...

Ja. Die Landung am 6. Juni hat für alle die Rettung bedeutet.

Dachten Sie, daß es noch lange dauern würde?

Eine genauere Einschätzung war unmöglich; aber mit den Alliierten auf französischem Boden kam die Hoffnung zurück.

Löste die Landung in der Normandie eine Wende in der öffentlichen Meinung aus?

Nicht wirklich.

Worin bestand die Rolle Ihrer Bewegung beim Aufstand von Paris?

Im Mai 1944 fühlte Alexandre Parodi, Delegierter von de Gaulle, bei mir vor wegen des Postens eines Generaldirektors für die deportierten und zurückgekehrten Kriegsgefangenen innerhalb der Organisation, die sofort nach der Befreiung von Paris eingerichtet werden sollte. Parodi hatte mir gesagt: »Es wird eine Mannschaft zusammengestellt. Es könnte eine längere Zeit dauern, in der es keine Regierung in Frankreich gibt. Etwa fünfzehn Personen, die jede unter der Autorität von General de Gaulle und dem Komitee von Algier spezifische Verantwortlichkeiten übernehmen, werden die legitime Regierungsgewalt innehaben.«

Wer hatte Sie ausgewählt: Parodi oder de Gaulle?

De Gaulle. Parodi, der mich sehr mochte, dürfte ihn zu dieser Entscheidung gedrängt haben.

Sie waren siebenundzwanzig und bereits so etwas wie Minister. Wie haben Sie reagiert?

In diesen Zeiten konnte mich nichts überraschen. Allenfalls war ich erstaunt über eine Wahl, die sich danach, wie meine Beziehungen zu de Gaulle waren, nicht voraussehen ließ. Aber alles in allem stand das mehr oder minder im Einklang mit seinem Charakter. Mich freute sein Vertrauen. Außergewöhnliche Situationen sind mir keineswegs zuwider. Und ich hatte einen starken Hang zum Handeln und zur Übernahme von Verantwortlichkeiten.

Dachten Sie in diesem Augenblick, daß Sie nach dem Krieg eine politische Rolle spielen würden?

Das primäre Ziel war, den Krieg zu gewinnen und zu überleben. War das erreicht, wollte ich bereit sein für den politischen Kampf. Ich hatte niemanden um Erlaubnis zu bitten. Ich habe es Ihnen bereits gesagt. Irgend etwas in mir diktierte dieses Verhalten, etwas Unbeugsames, das ich in den Worten zusammenfassen würde: Ich lasse nicht über mich verfügen. Stolz, Eitelkeit: man nenne es, wie man will ... Ich treffe meine Entscheidungen nicht in bezug auf die anderen und gemäß deren Entscheidungen. Ich habe keine Angst vor der Einsamkeit. Diese meine Überlegungen und Reaktionen von 1944 leiten mich bis zum heutigen Tag. Sie haben ihre Rolle gespielt bei meiner Weigerung, mich dem »Freien Frankreich« in London anzuschließen. Ich mochte es nicht, wenn man mir Befehle gab. Das habe ich auch zu verstehen gegeben.

Ihnen war aber doch bewußt, daß die Kriegsgefangenen eine gewaltige politische Kraft darstellten?

Ja, aber ich habe nie die rechtmäßige Vertretung der Interessen der ehemaligen Kriegsteilnehmer mit politischem Handeln verwechselt. Aus dieser Verwechslung sind viele der katastrophalen Entwicklungen der Zeit nach dem Ersten Weltkrieg erwachsen.

Welche Rolle haben Sie beim Ausbruch des Pariser Aufstands gespielt?

Der Aufstand fand am 19. August statt. Mit Jean Munier und Roger-Patrice Pelat haben wir die letzten Vorbereitungen für die Aktionen getroffen, die unsere Leute in Paris wie in den Vororten durchführen sollten.

Am Vorabend erhielten wir die Instruktionen von Parodi. Deportierte, zurückgekehrte Kriegsgefangene, das bedeutete, daß wir von den ersten Stunden an ein Dutzend Gebäude besetzen sollten, darunter das Kommissariat für die Kriegsgefangenen in der Rue Meyerbeer, das Kommissariat Bruneton (Arbeitskräfte in Deutschland) an der Oper, die Botschaft Scapini[3]. Am frühen Morgen betrat ich mit der Waffe in der Hand und in Begleitung von zehn wildentschlossenen Männern, an ihrer Spitze Georges Beauchamp, das Kommissariat in der Rue Meyerbeer. Da war keine Zauberei im Spiel. Es gab keine ernsthafte Gegenwehr. Der Vichy unterstehende Leiter, Moreau, leistete zunächst noch einigen verbalen Widerstand, bevor er dann seinen Stuhl räumte. Er hatte noch nicht begriffen, daß Vichy der Vergangenheit angehörte und Paris dabei war, sich zu befreien. Schließlich hat er sein Bündel geschnürt, und ich habe mich in seinem Büro, an seinem Schreibtisch, eingerichtet. Und wir haben mit der Arbeit begonnen. Unsere unmittelbare Aufgabe hieß, das Gebäude zu einer Festung umzu-

3 Georges Scapini, vor dem Krieg Abgeordneter und Präsident des Französisch-Deutschen Komitees; wurde im Juli 1940 von Pétain beauftragt, mit den deutschen Behörden über alle die französischen Kriegsgefangenen betreffenden Belange zu verhandeln; erhielt den Status eines Botschafters von Frankreich. [A. d. Ü.]

wandeln. An jedem Fenster ein Satz Granaten, und mehr oder minder überall Waffen. Der Eingang wurde einem Trupp bewaffneter Widerstandskämpfer anvertraut mit dem ausdrücklichen Befehl, die Toreinfahrt um keinen Preis zu öffnen. Zur gleichen Zeit übernahmen Kameraden die Kontrolle über weitere Gebäude, das Haus des Gefangenen, Place Clichy, die Direktion der Unterstützungszentren, Rue de la Chaussée-d'Antin, das Kommissariat für die Sozialaktion, Boulevard de Sépastopol, die Büroräume von Scapini, Rue Cortambert.

Schwebte Ihre Gruppe bei der Einnahme der Rue Meyerbeer in direkter Gefahr?

Nicht unmittelbar, aber danach. Deutsche Panzer durchkämmten das Viertel, und die Rue Meyerbeer lag ganz in der Nähe der Großen Kommandantur, Place de l'Opéra. Aus allen Richtungen wurde geschossen. Zu befürchten war, daß man uns verriet. Die Vichy-Beamten waren an Ort und Stelle verblieben. Es ereignete sich auch ein recht kurioser Vorfall, oder zumindest erscheint er mir heute so. Vor unserem Gebäude hatte ein Wagen mit Résistants das Feuer auf einen Panzer eröffnet. Man beschoß sich gegenseitig. Die Deutschen machten Halt und suchten nach Stützpunkten, von denen aus sie ihre Gegenattacke führen konnten. Die Toreinfahrt unseres Gebäudes stand halb offen. Der Hauptmann des bewaffneten Widerstandstrupps war in einer Weise zerstreut oder neugierig, die mit seiner Rolle unvereinbar war. Die Deutschen drangen ein. Dem unachtsamen und schuldbewußten Hauptmann befahlen sie: »Holen Sie den Verantwortlichen!« Der, gehorsam wie er war, leistete dem, ohne zu zögern, auch Folge, kam hoch in mein Büro und sprach die für mich überraschenden Worte: »Sie müssen nach unten, man verlangt Sie.« Ich fragte ihn: »Wer kann mich denn verlangen?« Seine Antwort: »Die Deutschen.« Das erschien ihm ganz selbstverständlich. Ich wandte mich an Jean Munier: »Kommst du mit? Das wird hart werden.« Revolver im Anschlag, stiegen wir langsam die Treppen hinunter. Im ersten Stock angekommen, habe ich ihm gesagt: »Wir werden schießen müssen.« Von oben beobachteten uns ängstlich Christine Gouze, Patrice Pelat, Georges Beauchamp, René Portmann. Genau in diesem Augenblick fuhr ein Wagen voller Widerstandskämpfer durch die Straße. Sie sahen, wie die Deutschen in den Vorraum des Gebäudes drängten, und eröffneten das Feuer. Sofort sind die Deutschen in Kampfstellung gegangen, haben auf der Suche nach dem Wagen die benachbarten Straßen abgesperrt und dabei uns vergessen. Wir brauchten nur noch die Tür zu schließen.

Was hätten Sie getan, hätten die Deutschen versucht, das Gebäude an sich zu bringen?

Wir hätten es verteidigt.

Standen Sie in direkter Verbindung mit den Führungsleuten des Aufstands?

Natürlich. Ich war an der Polizeipräfektur, dann am Hôtel de Ville, dem Rathaus, als die ersten Befreier ankamen. Tatsächlich hatten wir sie bereits am Vorabend erwartet. Doch deutsche Panzer, die die Achse Boulevard Saint-Michel–Boulevard Sébastopol hoch- und runterfuhren, brachten den Plan durcheinander.

Wie nahmen Sie die Spaltungen zwischen den Kommunisten, den Befürwortern des Aufstands, und den diesbezüglich zurückhaltenderen Gaullisten wahr?

De Gaulle befürchtete, daß sich die Kommunisten der Befehlshebel bemächtigen könnten. Diese Befürchtung war nicht unbegründet. Einige behaupteten, er habe den Ausbruch des Aufstands verzögern wollen, und zwar mit dem Argument, es bestünde sonst die Gefahr, die Deutschen zerstörten Paris; daß seine Delegierten versucht hätten, ihren Standpunkt durchzusetzen, vor der Entschlossenheit der Kommunisten aber hätten kapitulieren müssen. Das würde erklären, warum de Gaulle in der Folge schlecht auf die Kommunisten zu sprechen war und seinem Ärger dadurch Luft machte, daß er Rol-Tanguy und Serge Ravanel öffentlich demütigte. Ich bin zu wenig informiert, um Licht in diese Affäre zu bringen, aber ich bezweifle, daß die Dinge sich so zugetragen haben.

Als Chef einer Widerstandsbewegung, wem fühlten sie sich näher: den Gaullisten, die Zeit gewinnen wollten, oder den Kommunisten, die für sofortiges Handeln waren?

Nichts war so eindeutig. Man konnte nicht sagen: An meiner Rechten die mit ihrer taktischen Vorsicht gewappneten Abwiegler; zu meiner Linken die fanatischen und zu jedem Kampf bereiten Aktivisten. Nein, so einfach war das nicht. Daß de Gaulle die zweite Panzerdivision von Leclerc im Eiltempo nach Rambouillet kommen ließ, damit sie so rasch wie möglich auf Paris zumarschiert, ist ein Beleg dafür … Natürlich gab es einen Machtkampf zwischen de Gaulle und den Kommunisten.

Glücklicherweise hat das Interesse des Landes den Sieg davongetragen. Der große Konflikt, der hätte ausbrechen können, beschränkte sich auf lokale, harte, zuweilen blutige Auseinandersetzungen auf lokaler Ebene, mit Inbesitznahme ganzer Provinzen durch die einen oder die anderen. Aber das ist allmählich zurückgegangen. De Gaulle hat unter diesen Umständen einmal mehr seine erstaunliche Meisterschaft unter Beweis gestellt. Seine Autorität ist dadurch nur noch gewachsen.

Befürchtete er nicht, daß die innere Résistance die Macht übernimmt?

Dieser Gedanke hat ihn nie losgelassen, was nicht heißen soll, daß er nicht aus Patriotismus und ohne eine andere Sicht der Geschichte gehandelt hätte. Aber er hat sich nie von seinem Machtwillen gelöst.

Erste Begegnung mit de Gaulle

Georges-Marc Benamou – *Haben Sie den Appell vom 18. Juni 1940 gehört?*

François Mitterrand – Leute zu finden, die diesen Appell gehört haben, heißt heute, archäologische, wenn nicht paläontologische Forschung zu betreiben. Was mich betrifft, ich hätte einige Schwierigkeiten gehabt, ihn zu hören: an diesem Tag lag ich als Gefangener im Lazarett von Bruyères.

Nein, ich habe den Appell vom 18. Juni nicht gehört, ebensowenig wie die Millionen von Franzosen, für die er bestimmt war. Während meiner vierzehnjährigen Präsidentschaft habe ich es gleichsam jeden 18. Juni wieder wettgemacht, da die Rede ja jeweils an diesem Tag wiederholt wurde. Allerdings war es nicht die Originalaufnahme, die ist verloren gegangen: ein Schauspieler ahmte die Stimme de Gaulles nach. Es war ergreifend. 1973 sprach Maurice Schumann die Rede.

Im Augenblick des Appells vom 18. Juni wußte mithin niemand, wer de Gaulle war. Ich kannte zwar seinen Namen, der mir sehr sympathisch war, aber sonst nichts. Ich hatte keines seiner Bücher gelesen, nicht einmal *L'armée de métier*.

Im Lager von Lunéville, im August 1940, habe ich erfahren, daß er die Niederlage nicht akzeptiert und über BBC London einen Appell an die Franzosen gerichtet hatte. Ein Kamerad, ein junger Schauspieler, hatte mir von ihm erzählt und hinzugefügt: »Was für ein schöner Name für die Geschichte!« Später, in Schaala, haben wir, meine mitgefangenen Kameraden und ich, diese Stimme zuweilen beschworen, die Anstrengungen verlangte. Es genügte uns, daß es da draußen einen unbekannten, rebellischen General mit einem gleichsam vorbestimmten Namen gab, der zu Frankreich sprach.

Das ist der Grund, warum ich, obwohl nie Gaullist, auch nie Anti-Gaullist gewesen bin: in Erinnerung an jene düsteren Stunden, in denen de Gaulle die Hoffnung trug.

Stellt der Appell vom 18. Juni den Gründungsakt der Résistance dar? Heute scheint er das zu sein, und überhaupt die Frage zu stellen mutet anmaßend an. Doch mögen sich die ersten Widerstandskämpfer innerhalb Frankreichs in jener Zeit auch gefreut haben zu erfahren, daß in London eine andere Form des Kampfes im Entstehen war, mehr wußten sie auch nicht. Spontan hatten sich in Paris, Marseille, Lyon, Montpellier und an anderen Orten kleine Gruppen gebildet, die gegen Vichy eingestellt waren, die Niederlage der Deutschen herbeisehnten und daran mitarbeiten wollten. Die Berufsgaullisten haben seit fünfzig Jahren höchst eifersüchtig die religiöse Liturgie des 18. Juni gepflegt. Ohne diese, ohne die Kraft des Symbols, ohne dieses starke Band mit der Geschichte, ohne diese Haltung à la Jeanne d'Arc wäre de Gaulle nicht in der Lage gewesen, Frankreich zu verkörpern und später dann seine Rückkehr zur Politik mit jenen Worten vom 15. Mai 1958 zu rechtfertigen: »Einst hat das Land in seinen Tiefen mir vertraut, um es als ganzes seiner Rettung zuzuführen. Heute, angesichts der Prüfungen, die aufs neue sich vor ihm auftürmen, möge es wissen, daß ich mich bereithalte, die Machtbefugnisse der Republik zu übernehmen.« Ohne die – in vielerlei Hinsicht gerechtfertigte – Sakralisierung des 18. Juni, Schlußstein der neuen Mythologie, wäre de Gaulle nicht in der Lage gewesen, die Résistance im Inneren zu verdunkeln, wie es der Fall gewesen ist: deren Rolle wurde systematisch und zu Unrecht heruntergespielt.

Wie wird de Gaulle überhaupt unumstrittener Chef der Résistance?

Er agierte. Man hörte immer mehr BBC. Deren Sprecher bezogen sich ausschließlich auf ihn. Der Appell vom 18. Juni war eine starke Geste. Die Person hatte Format, war ein bißchen rätselhaft. Seine Machtergreifung innerhalb der Résistance war Ergebnis eines komplexen und langwierigen Prozesses. Andere als er hätten die Résistance von innen vereinigen können. Haben das übrigens auch versucht, bis zu dem Moment, da de Gaulle nach Errichtung seiner Machtbasis die unbestrittene Legitimität besaß. Bei meiner Rückkehr aus der Gefangenschaft war das noch nicht der Fall.

In meinem Gefangenenlager in Deutschland hörte man selten von ihm sprechen. Für uns brachten Pétain und de Gaulle nicht zwei gegensätzliche Arten von Politik zum Ausdruck. Allgemein war man unter den Kameraden der Ansicht, es sei ein Glück, daß es de Gaulle und Pétain gebe: jeder diene auf seine Weise Frankreich. Auch ich teilte diesen Irrtum. Aufgrund meines Alters, meiner fünfundzwanzig Jahre, schlug mein Herz eher für den revoltierenden Mann in London; aber wenn ich auch der Nationalen Revolution mit Mißtrauen begegnete, so brachte ich doch Pétain instinktiv so etwas wie Ehrfurcht entgegen, was ein bißchen mehr historische Bildung mir erspart hätte.

Sie sagten, daß die Leute zwischen de Gaulle und Pétain keinen Unterschied machten. Vielleicht lag das daran, daß die beiden sich seit langem kannten? Wie denken Sie über deren Verhältnis?

Nach dem Abschluß der Militärschule in Saint-Cyr 1912, wurde de Gaulle nach Arras versetzt; sein dortiger

Oberst war Philippe Pétain. Nach dem Waffenstillstand von 1918 sahen sich die beiden Männer wieder, und Marschall Pétain interessierte sich für die Karriere dieses jungen Kommandanten; er berief ihn in sein Kabinett und gab ihm die Erlaubnis, mehrere eher nichtkonformistische Vorlesungen an der École de guerre zu halten. Marschall Pétains Verhalten war nicht ganz uneigennützig: de Gaulle hatte ihm beim Schreiben mehrerer seiner Bücher geholfen. Er hatte sogar die wesentlichen Teile seiner Antrittsrede an der Académie française verfaßt, eine eher delikate Aufgabe, da Marschall Pétain eine Lobrede auf seinen Vorgänger, Foch, halten mußte, den er nicht sehr mochte. Ein, zugegebenermaßen, vielen Akademiemitgliedern gemeinsames Los an einem Ort, wo kollegiales Verhältnis bald an seine Grenzen stößt.

Es heißt, Pétain sei der Pate von Philippe de Gaulle, dem Sohn des Generals, gewesen.

Das ist unwichtig. Der Betroffene hat im übrigen dementiert. Er ist qualifizierter als Sie und ich, die Frage zu entscheiden.

Warum waren Sie nach Ihrer Flucht Anfang 1942 nicht versucht, nach London zu gehen und sich an der Seite de Gaulles zu engagieren?

Mit der Behauptung, das Frankreich dieser Epoche sei, mit Ausnahme eines kleinen Blocks von Anhängern der Kollaboration, widerständig gewesen, wurde ein zu einfaches Bild gezeichnet. Wir haben darüber gesprochen. Anfang 1942 war Frankreich weder widerständig noch kollaborationistisch, Frankreich war abwartend. Kollaborateure und Widerstandskämpfer bildeten winzig kleine Minderheiten. Und in den Augen der Franzosen stellte Pétain, auch wenn er auf die Seite der Kollaboration gefallen war, eine Art Sicherheitsgewähr dar. Ihrer Ansicht nach war der Sieger von Verdun, Marschall Frankreichs, als einziger in der Lage, sich den deutschen Forderungen entgegenzustellen. Er genoß ein außergewöhnliches Ansehen. Hätte man entsprechende Meinungsumfragen gemacht, die Ergebnisse hätten für sich gesprochen. Allerdings hat uns die Erfahrung unterdessen auch die Vergeblichkeit derartiger Meinungsumfragen vor Augen geführt. Ein massives Ja beweist nicht, daß die Regierenden recht haben, sondern nur, daß sie geschickt genug sind, sich der Meinung zu unterwerfen, die sie doch eigentlich lenken sollten.

Ende 1943 verlassen Sie Frankreich. Sie werden zum erstenmal de Gaulle begegnen. Wie wurde Ihre Reise organisiert und von wem?

1943 war ich die treibende Kraft innerhalb der Widerstandsbewegung der geflohenen Kriegsgefangenen. Zugleich war die Vereinigung der Résistance im Gange. Freunden mit Beziehungen zu London gab ich zu verstehen, daß es mein Wunsch sei, de Gaulle zu sehen und direkte Kontakte zwischen unserer Gruppe und dem Comité de Libération nationale, dem Nationalen Befreiungskomitee, herzustellen.

Meine Abreise wurde materiell geregelt durch die Widerstandsorganisation der Armee, die manchmal geheime Flüge über das englische Netz Buckmaster (nach dem Namen seines Chefs) erhielt. Tatsächlich existierten zwischen der inneren Résistance, London und Algier Verbindungsbrücken. Ich verließ Frankreich mit Hilfe dieses englischen Netzes; zurück kam ich dank

Oberst Passy, der in London für de Gaulle das BCRA[1] leitete.

Hauptmann du Passage (vor wenigen Jahren als General verstorben) informierte mich, daß uns in der Gegend von Angers ein Flugzeug erwarte. Am 15. November 1943 abends fanden wir uns in einem Haus in dem kleinen Dorf Seiches-sur-le-Loir ein, zwischen Angers und La Flèche gelegen. Widerstandskämpfer übernahmen uns, und mit ihnen radelten wir zur Wiese von Soucelles, wo das Flugzeug landen sollte; was, glücklicherweise, bereits auch in der ersten Nacht geschah. Ich sage »glücklicherweise«, weil es vorkam, daß man von einer Mondnacht auf die andere warten mußte. In der Nacht vom 15. auf den 16. November 1943 verließ ich also Frankreich in Richtung London, und abgesehen von einigen Salven der deutschen Flugabwehr am Ärmelkanal landeten wir ohne weitere Zwischenfälle in London. Das war meine Lufttaufe.

Jetzt sind Sie also in London, bevor es weitergeht nach Algier. Was waren Ihre Eindrücke?

Ich machte die Runde bei den Dienststellen von France libre. In London war es nicht anders als in Vichy: ein dem Anschein nach großes – sehr französisches – Chaos, Leute, die sich fortwährend in den Haaren lagen, Klans. Derjenige der Antigaullisten, wie Raymond Aron und die Leute um die Zeitung *France*, hielten mit ihrer harschen Kritik an General de Gaulle, der häufig als »Diktatorlehrling« abqualifiziert wurde, nicht hinter dem Berg.

Doch jenseits dieser Dissidenzen innerhalb der Dissidenz hatte de Gaulle das französische London fest im Griff. Seine Männer kontrollierten alle Schaltstellen. Bei

1 Bureau central de renseignements et d'action (Zentrales Nachrichten- und Aktionsbüro). [A. d. Ü.]

meiner Ankunft hielt man mir zur Unterschrift ein Register unter die Augen, das mich unter dem Namen Hauptmann Monier in France libre einband. Ich sträubte mich gegen diese eigenmächtige Anwerbung. Eine weitere schlechte Note!

Schließlich ging es von Bristol aus, mit einem Zwischenstop in Gibraltar, weiter nach Algier. Während dieser Reise freundete ich mich mit einem anderen Franzosen an, der wenig später Kabinettschef des Informationskommissars wurde und mit dem ich am Eingang der Kasbah ein Zimmer teilte, was dazu führte, daß wir beide eine hartnäckige Krätze erwischten ...

Ich hatte wieder mit Henri Frenay Kontakt aufgenommen. Durch seine Vermittlung überschritt ich drei oder vier Tage nach meiner Landung in Algier – das heißt den 3. oder 4. Dezember 1943 – die Schwelle der Villa des Glycines.

Das Innere der Villa war eher verwirrend; es ähnelte mehr einer Rumpelkammer als einem militärischen Hauptquartier: Militärbetten standen inmitten eines Haufens von Papieren, diversem Nippes, nicht zusammenpassenden Möbeln und Schreibmaschinen. Henri Frenay und ein Adjutant General de Gaulles waren bei der Unterredung zugegen.

Wie hat Sie de Gaulle empfangen?

Ich sehe ihn noch vor mir, er saß in seinem Sessel, seine langen Arme baumelten nach unten, so als wisse er nicht, was er mit ihnen machen solle. Er erhob sich, begrüßte mich ohne Pomp, eher entspannt, sogar freundlich. Seine erste Bemerkung verwunderte mich ein bißchen: »Sie sind also an Bord eines englischen Flugzeuges gekommen.« Ich muß gestehen, ich hatte mir darüber keine Gedanken gemacht, kannte keine anderen Mittel als dieses und hätte auf jeden Fall das erste Flugzeug genommen, das sich bot. Vielleicht hat hier, in diesem kurzen Dialog, jenes Gerücht seinen Ursprung, das lange Zeit von den gaullistischen Kreisen ausgestreut wurde: ich sei ein englischer Agent gewesen.

Wir sprachen über die Kriegsgefangenen. De Gaulle legte sowohl der Propaganda in den Lagern als auch den Aktivitäten der aus der Kriegsgefangenschaft Geflohenen eine große Bedeutung bei. Die Rückkehr von anderthalb Millionen Gefangenen warf Probleme auf, die unverzüglich geprüft werden müßten. Ihm zufolge war es die vorrangige Aufgabe, die drei konkurrierenden Widerstandsbewegungen zu vereinigen, also das Rassemblement national des prisonniers de guerre (RNPG, meine Gruppe), das Mouvement de résistance des prisonniers de guerre et des déportés (MRPGD) von Michel Cailliau und das Comité national des prisonniers de guerre (CNPG), das von den Kommunisten geleitet wurde. In seinen Augen war die Fusion der drei Bewegungen von größter Dringlichkeit. Durch ihn erfuhr ich von der Existenz einer kommunistischen Organisation, die in Wirklichkeit nur ein Sonderzweig des Front national[2] wie die für die Jugend oder die Frauen war. Ich ließ ihn wissen, daß eine Bewegung wie die von mir geleitete, die ausschließlich geflohene Kriegsgefangene umfaßte, besser als jede andere die Deutschen kannte und daß sie überdies die einzige wirklich strukturierte sei.

Wen wollte de Gaulle an die Spitze dieser neuen vereinigten Bewegung setzen?

2 1941 gegründete, zunächst kommunistisch gelenkte Widerstandsbewegung, die sich in der Folge aber allen Tendenzen gegenüber öffnete; nicht zu verwechseln mit der heutigen rechtsextremen Partei gleichen Namens, geführt von Jean-Marie Le Pen. [A. d. Ü.]

Charette. Ich warf ein: »Charette? Sie wollen sagen, Michel Cailliau, ihren Neffen?!« (Dieser Einwurf ließ ihn leicht zusammenzucken.) »Sie werden nicht überrascht sein, wenn ich hinsichtlich dieses Punkts nicht mit Ihnen übereinstimme.« Und ich erläuterte ihm, daß meiner Ansicht nach Michel Cailliau nicht in der Lage sei, ein Unternehmen von dieser Tragweite zu führen, daß die Résistance rigorose Strenge voraussetze, daß man vor Provokateuren achtgeben müsse und daß Charette zu unvorsichtig sei. Vor allem aber sagte ich ihm, daß die innere Résistance ihre eigenen Gesetze habe, die nicht von der schlichten Befolgung von außen kommender Befehle abhingen. Er blieb meinen Argumenten gegenüber taub und schloß: »Sie müssen akzeptieren. Unsere Fallschirmaktionen, unsere Finanzhilfe, unsere militärische Unterstützung hängen davon ab.« Ich akzeptierte die Vereinigung, hielt aber meine Opposition gegen die Ernennung Charettes aufrecht.

In der Folge habe ich mich oft gefragt, warum de Gaulle so hartnäckig versucht hat, einen Mann durchzuboxen, der offensichtlich unfähig war, eine solche Rolle zu übernehmen. Eine einzige Antwort war möglich: Nichts durfte sich seiner Kontrolle entziehen noch seine Vorherrschaft über die innere Résistance gefährden. Zudem hatte ich den Eindruck, daß er die Kriegsgefangenen nicht mochte, da er ihnen in seinem Starrsinn vorwarf, vorzeitig den Kampf aufgegeben zu haben. Ich habe diesen Eindruck korrigiert, als ich ein wenig später erfuhr, daß de Gaulle während des Ersten Weltkriegs selbst deutscher Kriegsgefangener gewesen war.

Wie endete die Unterredung?

Freundlich. De Gaulle stand erneut auf und drückte mir die Hand.

Wenn de Gaulle Ihnen gesagt hätte: »Schließen Sie sich mir an, ich vertraue Ihnen ein wichtiges Kommando an« – hätte das Ihr beider Verhältnis verändert?

Vielleicht ... wäre ich folgsamer gewesen ... hätte ich eine andere Aufgabe gebraucht als die, die ich ausführte, und hätte de Gaulle den inneren Widerstand mehr respektiert, statt zu versuchen, ihn in seinen eigenen Netzen einzufangen.

Gleichwohl, die Unterredung verlief weniger schlecht, als später darüber berichtet wurde. Ich empfand eine tiefe Bewunderung für den Charakter, den Mut, die Intelligenz des Chefs von France libre, auch wenn ich, bevor ich seine Politik bekämpfte, seine Methoden in Zweifel zog. Er machte eine schwierige Periode durch, und die Hartnäckigkeit, die er daransetzte, sich dem Zugriff Churchills und Roosevelts zu entziehen und die Rechte Frankreichs zu wahren, bleibt für mich ein Vorbild für politische Standfestigkeit. In jenen Augenblicken war er der Größte.

Warum wollten Sie keine Funktionen in London oder Algier übernehmen?

Weil ich heimkehren, wieder zurück zu den Meinen wollte! Jedem meiner Gesprächspartner habe ich wiederholt: »Man erwartet mich dort.«

Hat de Gaulle Ihnen vorgeschlagen, in Algier zu bleiben?

Ich wurde von seinen Mitarbeitern bedrängt, in die Assemblée consultative[3] einzutreten. Das war ein ehren-

3 Assemblée consultative provisoire: 1943 in Algier von de Gaulle geschaffene Versammlung, um dem Comité français de libération nationale die juristische Basis einer demokratischen Regierung zu ver-

hafter Vorschlag, aber ich hatte andere Pläne, die sich in dem einen zusammenfassen lassen: heimkehren. Ich fürchtete auch bei de Gaulle jene Taktik, den inneren Widerstand dadurch seiner Führungsleute zu entledigen, daß sie durch Ehrentitel an London oder Algier gebunden wurden. Es gibt Beispiele zuhauf. Wenn die Führer der inneren Résistance in Algier ankamen, überhäufte man sie mit schmeichelhaften Angeboten: Mitglied des Comité de libération zu werden, der Assemblée consultative, der höheren Verwaltung oder auch der diplomatischen Vertretung von France libre. Das gaullistische Machtunternehmen funktionierte aufs beste und neutralisierte die potentiellen Rivalen. Viele verfingen sich im Londoner Netz oder gingen in die Falle von Algier. Aber wenn sie dazu einwilligten, warum nicht?

Da ich mir dieser Manipulation bewußt war, habe ich jeden Vorschlag abgelehnt, der mich für die Dauer des Krieges von der Metropole fernhalten sollte. Die Hindernisse hatten meinen Widerspruchsgeist gerade geweckt! Ich war entschlossen, nach Paris zurückzukehren. Das war so einfach nicht. Aber am Ende gelang es mir doch.

Diese Schwierigkeiten, Algier zu verlassen, erklären sich möglicherweise dadurch, daß man Sie für einen Anhänger Girauds[4] hielt …

Ich weiß nicht, wer diese absurde Behauptung verbreitet hat. Pierre Péan schreibt in seinem Buch, ich hätte über

schaffen. Die Versammlung bestand aus Vertretern der Widerstandsbewegungen und der Parteien der Republik; sie blieb bis Oktober 1945 in Funktion. [A. d. Ü.]

4 Henri Giraud (1879-1949), französischer General; er übernahm die Führung der französischen Armee in Nordafrika nach der Landung der Alliierten 1942; er leitete gemeinsam mit de Gaulle das Comité national de libération nationale, wurde im internen Machtkampf mit de Gaulle politisch aber immer weiter an den Rand gedrückt. [A. d. Ü.]

meine Schwester Colette Verbindungen zu giraudistischen Kreisen unterhalten. Die Wahrheit ist, daß Colette und deren Gatte, ein Offizier der Spahis, der vor dem Krieg einen Militärposten in Tarhit leitete, sich in den dreißiger Jahren mit einem der Söhne Girauds, Henri, der ebenfalls zu den Spahis gehörte, befreundet hatten. Und plötzlich ist dieser Sohn Girauds, der übrigens, wie man mir sagte, sehr sympathisch war, für meine gehetzten Biographen zu einer zentralen Person meines Lebens geworden, unter dessen Einfluß ich meine Entscheidungen getroffen haben soll. Lächerlich!

Als ich Anfang Dezember 1943 in Algier ankam, hatte Giraud gegenüber de Gaulle bereits jede politische Autorität verloren und nur noch die militärische Befehlsgewalt inne, zumindest dem Anschein nach, denn tatsächlich wurde auch diese strikt durch den Präsidenten des Comité de libération nationale überwacht. Giraud hat sich keine sechs Monate darüber getäuscht. Nachdem man zunächst an Darlan gedacht hatte – aber der wurde ja ermordet –, kam Giraud, dem man ähnliche Vorwürfe wie Admiral Darlan, dem möglichen Erben Pétains und Vichys, nicht machen konnte, wie gerufen. Die Amerikaner wollten ihn benutzen, um de Gaulle zu schwächen, und waren froh, einen prestigereichen General zu haben – dessen Ansehen durch seine Flucht aus Deutschland noch gewachsen war –, der zudem weniger sperrig war als sein Rivale. Aber im Dezember 1943 war Giraud bereits vergessen. De Gaulle, der sich im Jahr zuvor im marokkanischen Anfa unter anglo-amerikanischen Druck mit ihm hatte verbinden müssen, hatte ihm das nicht verziehen. Er entledigte sich seiner ohne große Mühe. Damit hatte ich nichts zu tun.

Bleibt eine Frage ohne Antwort: Wie konnte man Giraudist sein? Ich sehe ihn noch vor mir, diesen General mit scharfer Stimme und Backenbart, dessen Verdienst es war, groß und von imposanter Statur zu sein, und ich muß immer noch daran denken, wie ich am liebsten losgeprustet hätte vor Lachen, als ich eine seiner ersten Reden hörte, in der er seinen Anspruch auf die Leitung Frankreichs formulierte: »Und jetzt die Franzosen in den Kampf, die Araber auf die Felder und die Juden in die Läden.« Seine unbestrittenen militärischen Qualitäten reichten nicht aus, ihn eine politische Rolle übernehmen zu lassen, von der andere als de Gaulle erdrückt worden wären.

Einen Monat lang sind Sie in Algier blockiert. Es war, so Ihre Worte, eine Etappenstadt. Was haben Sie während dieses erzwungenen Aufenthalts getan?

Ich habe gelebt. Von einigen Familien wurde ich gastfreundlich aufgenommen. Die von Admiral Adam bleibt mir in dankbarer Erinnerung. Seine Tochter Marcelle, fröhlich, mutig, immer wunderbar verfügbar, fuhr mich in ihrem kleinen Wagen herum. Ich traf meinen Bruder Jacques, Fliegerhauptmann, sowie Widerstandskämpfer und Freunde aus der Metropole. Unter ihnen Georges Dayan, der mir am nächsten Stehende, der, wie erinnerlich, zum Zeitpunkt der Kriegserklärung zur selben Kompanie wie ich gehörte, dem 23. Kolonialregiment der Infanterie. Anfang 1940 war er als Offiziersanwärter in Auvours in der Nähe von Le Mans angenommen worden. Besaß man, wie wir, einen Universitätsabschluß, durfte man die Offizierslaufbahn einschlagen. Ich war eher Antimilitarist und lehnte ab. Eines Tages vor der Maginot-Linie sagten wir uns also Adieu. Seitdem hatte ich ihn nicht mehr gesehen.

Ist es Georges Dayan zu verdanken, daß Sie sich mit der jüdischen Welt vertraut machten?

Nicht nur, aber Dayan hat dabei eine große Rolle gespielt. Ich verbrachte Ferien bei ihm. Er hatte einen Bruder und eine Schwester, beide waren wunderbar. Ich habe keine feinere Intelligenz kennengelernt. Seine Gattin Irène und seinen Schwager André Benichou mochte ich ebenfalls sehr. Für mich waren die Juden meine Kumpel, sie waren wie die anderen, und es gab keinen Grund, sie anders als die anderen zu behandeln.

Hatten sie für Sie irgend etwas Besonderes an sich?

Ihre Frage könnte, eingedenk der damaligen Zeit, zu Zweideutigkeiten verleiten. Ich habe die Schwäche, an die Besonderheit eines jeden einzelnen Menschen zu glauben. Das gilt für die Juden wie die Nichtjuden.

Einige läßt die Tatsache nicht in Ruhe, daß ich unter den mir Nahestehenden viele Juden hatte und immer noch habe, so als würde ich in ihnen besondere Eigenschaften schätzen. Spaßeshalber könnte ich sagen, daß Dayan und seine Freunde weniger langsam waren als meine Landsleute aus der Charente (ich bin wie sie), die ich bis dahin frequentierte.

Mich hat immer schon eine bestimmte Form der jüdischen Intelligenz frappiert, diese Mischung aus Anspruch und einem spezifischen Sinn für das Absolute. Aber Vorsicht vor überzogenen Verallgemeinerungen, Rassentypologien. Nicht deshalb schätzte ich Dayan und die Seinen. Es waren meine Freunde, von seltener Feinfühligkeit und wahrer Treue. Dank ihnen habe ich vertiefen können, was zunächst nur instinktive Reaktion war. Rassismus war mir unerträglich. Jede diskriminierende Maßnahme gegenüber diesen Männern und diesen Frauen, denen ich mich so nahe fühlte, verletzte mich und brachte mich auf.

Haben Sie mit ihm über die antisemitischen Gesetze gesprochen?

Natürlich ja! Er reagierte wie jeder verfolgte Jude. Aber wir waren weit entfernt, die Tragweite der Tragödie zu ermessen, von der die jüdische Welt betroffen wurde.

Hat er persönlich darunter gelitten?

Er litt bereits in Algerien unter dem sehr ausgeprägten lokalen Antisemitismus, der tief in der Seele der *pieds-noirs*, der Algerien-Franzosen, verwurzelt war. Als Beleg möchte ich nur die folgende Anekdote berichten. Georges, sein Bruder Jean und einige Freunde hatten sich am Strand von Oran getroffen. Plötzlich fiel eine lärmende, ganz aufgeregte und rauflustige Bande von Jugendlichen ein und schrie los: »Juden raus! Haut ab!« Sie waren bedrohlich, aber Dayan war keiner, der sich was gefallen ließ. Ein handgreiflicher Zusammenstoß schien unvermeidlich. In diesem Augenblick stellte sich ein alter, sehr würdiger Mann zwischen sie und sagte zu den Angreifern: »Was Sie da machen, ist verachtenswert.« Die Schlacht fand nicht statt ... Georges Dayan vertraute mir an, daß es sich um einen der Action française[5] nahestehenden Richter aus Oran handelte.

Während meiner Amtszeit als Justizminister 1956 in der Regierung Mollet habe ich – neben der bisher einen in Algier – an zwei weiteren Städten eine ordentliche Gerichtsbarkeit eingerichtet, in Oran und in Constantine. Da neue Generalstaatsanwälte zu ernennen waren,

5 1898 gegründete nationalistisch-monarchistische Bewegung, die bis zu ihrem Verbot 1944 nach der Befreiung einen erheblichen Einfluß auf die intellektuelle Rechte Frankreichs ausgeübt hat (nicht zuletzt über ihre seit 1908 erscheinende Tageszeitung gleichen Namens). Bekannte Wortführer waren u. a. Charles Maurras und Léon Daudet. [A. d. Ü.]

dachte ich an jenen Richter und fragte Georges Dayan, der zu jener Zeit an meiner Seite arbeitete, was aus ihm geworden war. Er hatte immer noch dieselbe Funktion inne. Ich ließ ihn nach Paris kommen, habe mich mit ihm unterhalten und ihn dann zum Generalstaatsanwalt ernannt. Er fragte mich: »Warum ich?« Ich gab ihm zur Antwort: »Erinnern Sie sich an den Strand in Oran.«

Wie ist es Ihnen gelungen, Algier zu verlassen und ins besetzte Frankreich zurückzukommen?

Durch Beharrlichkeit. Zunächst blieben alle Versuche erfolglos, schlossen sich die Tore vor mir. Jean-Pierre Bloch, der stellvertretender Kommissar des Inneren war, hat mir nach dem Krieg erzählt, er habe eine Order folgenden Inhalts gelesen: »Für Mitterrand, alias Morland, wird Befehl gegeben, ihn zur eigenen Sicherheit in einem guten Regiment in Afrika oder England zu behalten.« Damals, Dezember 1943 in Algier, war er weniger redselig, beschränkte sich darauf, mich zu warnen: »Auf seiten de Gaulles ist viel böser Wille.« Ich vermute, daß Michel Cailliau in alldem eine Rolle gespielt hat. Aber einen konkreten Beweis habe ich nicht.

Ende Dezember 1943 verlassen Sie schließlich Algier via Marokko. Wie und auf welchem Weg?

Tatsächlich war das Nächste Marokko – jetzt mußte nur noch ein Flugzeug gefunden werden, das mich dorthin brachte! Major de La Chenelière, ein Freund meiner Mutter, der beim Armeestab arbeitete, kam mir zu Hilfe. Als ich ihm meine Situation schilderte, sagte er mir: »Es wird nicht leicht sein, ich werde versuchen, Ihnen zu helfen. Unterdessen müssen Sie sich in Geduld üben ... und vorsichtig sein.« Schließlich fand ich dank seiner Platz in einem Flugzeug, das Pakete nach Marrakesch beförderte. Ich war aus der verfahrenen Situation in Algier herausgekommen …

Kaum auf dem Flughafen von Marrakesch gelandet, wurde ich von einer jungen und reizenden weiblichen Hilfskraft der Bodentruppen gefragt, wie sie mir behilflich sein könne. Ich vertraute ihr an, daß ich niemand in Marokko kennen würde, keine Papiere hätte und England erreichen wolle. Sie erklärte mir, daß Flugzeuge nach London – was ich befürchtet hatte – äußerst rar seien und daß sie, selbst wenn sie für mich einen Platz an Bord bekommen würde, stark bezweifelte, daß ich ohne die nötigen Papiere abfliegen könne. Sie fügte hinzu: »Bis dahin werde ich Sie bei jemandem unterbringen, der eine perfekte Gastgeberin sein wird.«

Und so kam es, daß ich durch einen glücklichen Zufall von Joséphine Baker beherbergt wurde … Sie lebte zu der Zeit mit dem Hauptmann Jacques Aptey zusammen, Offizier des französischen Nachrichtendienstes. Sie wohnten in einem der prächtigsten Paläste von Marrakesch, der Si Mohammed Ben Mennebi gehörte, dem zweiten Sohn des Großwesirs. Sie hat mich auf die allerfreundlichste Art aufgenommen. Ich schlief unter freiem Himmel auf der Terrasse, und sie lud mich zu ihren Mahlzeiten ein.

Das währte nicht lange. Kurze Zeit später erschien wieder die junge Frau vom Flughafen. »Beeilen Sie sich«, drängte sie mich, »ich habe einen Platz für Sie.« Ich nahm Abschied von Joséphine Baker, und wir rasten zum Flughafen. Auf der Landepiste stand ein für die damalige Zeit schickes kleines Flugzeug. Meine Beschützerin vertraute mir an, daß es den General Montgomery eskortiere.

Montgomery kam von El-Alamein und flog weiter nach London, um dort unter Eisenhower das zweite

Kommando der Truppen zu übernehmen, die an der Operation Overlord, der späteren Landung in der Normandie, teilnehmen sollten. Ohne weitere Formalitäten bestieg ich das Flugzeug, in dem bereits zwei Franzosen saßen: Pierre de Chévigné, der spätere Gouverneur von Madagaskar und Minister der IV. Republik, sowie Camille Paris, Diplomat und Schwiegersohn Paul Claudels, dessen älteste Tochter er geheiratet hatte. Um Montgomery herum saßen zwei oder drei Offiziere seines Stabs und plauderten; als weiteren gab es, weniger erwartet, einen schweigsamen deutschen Soldaten in Uniform.

Ich setzte mich in den hinteren Teil der Maschine zu den Franzosen. Wir mochten uns. Als wir uns der irischen Küste näherten, bat mich Montgomery zu sich und sagte mir in freundlichen Worten, daß es ihm sehr unangenehm sei, daß mit mir etwas nicht in Ordnung sei, ich weder Papiere noch einen Ordre de mission habe, daß die Einreise nach England mit guten Gründen sehr überwacht werde, daß ich Risiken auf mich nehmen würde. Ich antwortete ihm, daß es sehr freundlich von ihm gewesen sei, mich an Bord seines Flugzeuges zu nehmen. Er ließ mich nicht ausreden: »Um Ihnen und mir Scherereien zu ersparen, setze ich Sie in Preswick [dem Militärflughafen von Glasgow] in Schottland ab. Danach sind Sie dran ...«

Sie sind also illegal in England eingereist ...

Gewissermaßen, aber in welcher Begleitung! Wie abgemacht, hat mich das Flugzeug von Montgomery bei Einbruch der Nacht auf der Piste von Preswick abgesetzt und ich bin ohne Mühe und Schaden weggekommen. In der Stadt habe ich den Zug nach London genommen, wo ich am nächsten Morgen ausstieg. Ich habe sofort Camille Paris angerufen, der mich auf der Stelle dem

Ehepaar Mamy empfohlen hat, diesen Schutzengeln der Franzosen ohne Gepäck, die mir Zimmer und Bett anboten.

Ich ging häufig zu den Paris, die lange Abende mit Bridgespielen verbrachten. Zuweilen habe ich mitgespielt. Auf diese Weise lernte ich einen Stammgast des Hauses kennen, Oberst Passy, Leiter der Nachrichten- und Aktionsnetze von France libre, sehr einflußreich, sehr gefürchtet – vermutlich einer der drei oder vier Franzosen, die in der Umgebung de Gaulles wirklich Gewicht hatten. Sehr rasch schätzte ich seine Geradlinigkeit, seinen klaren Geist, seine Entschlossenheit. Wir wurden Freunde und sind es immer noch.

Passy half mir dann, London zu verlassen. Ende Februar 1944 sollte ich mit einem Fallschirm abgesetzt werden, aber wegen des *fog* wurden die Flüge verboten. Schließlich schiffte ich mich in der Nacht vom 26. auf den 27. Februar in Dartmouth an Bord eines Schnellboots der Royal Navy ein, das mich zusammen mit zwei weiteren Passagieren meiner Art vor Beg-An-Fry in der Nähe von Roscoff absetzte. Die restliche Strecke wurde mit einem Ruderboot zurückgelegt. Ein Kompaß leitete den erbärmlichen Matrosen, der ich bin. Am Fuß der Steilküste erwartete mich ein Verbindungsmann des Geheimdienstes, Mercier de Guimace, ein rauher und wackerer Kumpane. In einem mit Fischen beladenen Lieferwagen fuhr er mich nach Morlaix, wo ich den Zug nach Paris-Montparnasse bestieg. Das war das Ende einer langen Rundreise.

In Ihrem Buch »La Paille et le Grain« schreiben Sie: »In meinen Augen war unser Widerstand auf nationalem Territorium, in ständigem Kontakt mit Folter und Tod, etwas ganz anderes als der äußere Widerstand, und ich erkannte dessen Vorrang, den er geltend machte, nicht an. Ich bestritt, daß sich das Wort Résistance auf den von London oder Algier geführten Kampf, Episode eines traditionellen Krieges, anwenden ließe. In gewisser Weise wurde die Résistance dem französischen Volk weggenommen.« Eine zumindest ikonoklastische Sicht der Résistance ...

Die Geschichte wird immer von den Siegern geschrieben. Der Bericht, die Geschichte der Rivalität zwischen innerem und äußerem Widerstand ist noch weitgehend unbekannt. Die Historiker haben sich dafür noch nicht interessiert. Sie haben die Differenzen zwischen den Vertretern innerhalb Frankreichs und denen von London und Algier vernachlässigt, Differenzen, die – mehr als man meint – auf fünfzig Jahre französischer Politik gelastet haben. Das sind aber die üblichen negativen Folgen der offiziellen Historiographie. Diejenigen, die diese Epoche nicht miterlebt haben, urteilen falsch, wenn sie die Résistance als einen homogenen und – selbstredend – gaullistischen Block beschreiben.

Tatsächlich gab es nicht einen Widerstand, sondern mehrere, deren Motivationen, Aktionsformen, Aufnahme und Geist sich je nach Epoche und Ort veränderten. Der durch de Gaulle in London verkörperte Widerstand, der der wilden Entschlossenheit dieses Mannes von großem Charakter gehorchte, trug den Sieg über die anderen davon. Doch er war nicht der einzige. In der Metropole war der Widerstand von Beginn an Sache von höchst unterschiedlichen Gruppen und Personen. Welcher gemeinsame Punkt bestand zum Beispiel zwischen dem Netz des Musée de l'Homme, das sich aus eher Linken zusammensetzte, und einem Henri Frenay, einem glänzenden Berufsoffizier? Und was verband etwa die Studenten, die am 11. November 1940 eine Demonstration auf den Champs-Élysées organisierten, die dann

Das erklärt vielleicht, warum Frenay Moulin bezichtigt hat, ein kommunistischer »Maulwurf« gewesen zu sein, ein Agent des NKWD – eine These, die Thierry Wolton kürzlich wiederaufgegriffen hat.

Das glaube ich nicht. Jean Moulin war ein linksrepublikanischer Präfekt, eine angesehene Persönlichkeit, aber er war kein Führer einer Bewegung. Bedeutung hat er nur gewonnen, weil de Gaulle ihn mit der Gründung des Conseil national de la Résistance betraute. Von da an brachte ihm Frenay eine wilde Feindschaft entgegen und bezichtigte ihn offen, ihn »seiner« Résistance beraubt zu haben. Moulin war der Kabinettsdirektor von Pierre Cot. In seiner Umgebung waren eine Menge Kommunisten oder Sympathisanten. Aber er war kein kommunistischer, schon gar nicht sowjetischer Agent. Ich bin hier der Meinung von Daniel Cordier, und wie er denke ich nicht, daß Moulin von den französischen Kommunisten oder von Moskau manipuliert wurde.

1993, anläßlich des fünfzigsten Todestages von Jean Moulin, haben Sie diesen großen Résistant, der er war, bei einer Zeremonie im Panthéon geehrt. Diese Ehrung war ein wenig das Pendant zu jener feierlichen Rede Malraux' am 19. Dezember 1964, als die sterblichen Überreste Moulins ins Panthéon überführt wurden ...

Die Feier sollte meinem Willen nach nicht draußen, auf dem Vorplatz des Panthéon, stattfinden, wobei der Redner die Menge überragt. Ich zog die Krypta vor. Ich hatte die lyrischen Anwandlungen Malraux' nur zur Hälfte goutiert, die eine Apotheose der gaullistischen Dramaturgie bildeten, deren Ordner er am Ende wurde. Beim Deklamieren dieses Textes erhob sich, spielte sich Malraux gleichsam zum Mitstreiter Moulins auf, zum

Soldaten der Armee der Schatten. Das mußte man erst mal wagen!

Hatten Sie den Eindruck, vor dem Mythos zurückzuweichen, so wie er von den Gaullisten kodifiziert worden war?

Moulin hat einen schrecklichen Tod erlitten, der unser aller Hochachtung verdient. Aber, wie ich schon sagte: er war – vor allem – derjenige, der von de Gaulle beauftragt wurde, den inneren Widerstand, dem er nicht angehörte, unter Kontrolle Londons zu verbünden.

Das Rätsel über den Verräter, der die Verhaftung Jean Moulins in Caluire zu verantworten hat, ist noch immer völlig ungelöst. Tatsächlich wurde dieses Treffen äußerst leichtfertig organisiert. Sie, der Sie ein an vielfache Vorsichtsmaßnahmen gewohnter Résistant waren, hat eine solche Unvorsichtigkeit Sie überrascht?

Da müssen Sie mit Pierre Guillain de Bénouville sprechen. Der war für die Sicherheit verantwortlich. Jedenfalls stimmt es, daß zwischen de Gaulle und Moulin auf der einen Seite, der inneren Résistance auf der anderen ein tatsächlicher Konflikt bestand. Über diese Zeitspanne, während der der Gaullismus sich der inneren Résistance bemächtigt hat, ist das letzte Wort noch nicht gesprochen.

Sie scheinen das Prinzip der Vereinigung der Résistance in Zweifel zu stellen. Aber das war doch die einzige Lösung!

Einer mußte es tun. Es war de Gaulle.

Gab es denn eigentlich wirklich eine Alternative zu de Gaulle?

Ja. Man hätte anders vorgehen können: nämlich die innere Résistance verstärken können ... Doch er hat es getan, ihm gebührt das Verdienst, die Résistance vereinigt zu haben. Im übrigen, hätte man einen besseren als ihn gefunden?

Nun sind Sie also nach einer langen Rundreise zurück – London, Algier, Marrakesch, Edinburgh, London und zurück per Boot über den Kanal. Sie kommen in Paris an ...

Am 28. Februar 1944 hatte ich, gemeinsam mit den zwei Franzosen, die die Nacht zuvor mit mir in Dartmouth an Bord unseres Schiffes gegangen waren, in Morlaix, wohin mich Mercier de Guimace, der Mitarbeiter des Geheimdienstes, gefahren hatte, den Zug nach Paris bestiegen. Während der Fahrt hatten wir drei uns sehr nett unterhalten, ohne daß wir unsere wirklichen Identitäten gekannt hätten. Als wir uns Paris näherten, sagte ich zu demjenigen, mit dem ich mich pausenlos unterhalten hatte: »Ich hoffe, wir sehen uns eines Tages wieder.« Seine Antwort überraschte mich: »Ich glaube nicht, daß sich unsere Wege noch einmal kreuzen werden. Übrigens, ich muß Ihnen sagen, daß ich ein englischer Offizier bin.« Auf den Gedanken wäre ich keine Sekunde gekommen. Er erzählte mir, daß er in Reims studiert habe. Als der Zug langsam in den Bahnhof Montparnasse einfuhr, verabschiedeten wir uns. Wir stiegen aus, und jeder ging seines Wegs.

Und da, am Ausgangsschalter, wurde ich plötzlich von Polizisten, die den Schwarzmarkt unterbinden sollten, brüsk angehalten: »Wirtschaftskontrolle. Zeigen Sie, was

Sie in Ihrem Koffer haben!« Ich hielt ihn ihnen hin, während ich begann, mich umzuschauen, um zu sehen, wohin ich entwischen könnte. Tatsächlich lagen in dem Koffer ein Regenmantel, den ich in London gekauft hatte, der Revolver, der uns bei jeder Rückreise nach Frankreich mitgegeben wurde, sowie ein kleiner Beutel mit Zyanidkügelchen. Das perfekte Handgepäck des Illegalen! Sie durchsuchten den Koffer, hoben den Regenmantel und entdeckten den Revolver. Was tun? Erneut schaute ich überall um mich. Ich war auf dem Sprung zu türmen. Schließlich gaben sie mir den Koffer zurück, wobei sie sich begnügten zu sagen: »Keine Butter, keine Eier? Lebensmittelkontrolle ausgeführt, gehen Sie!« In Paris traf ich meine Freunde wieder und war hochentschlossen, die Bewegung, die ich gegründet hatte, den RNPG, zu konsolidieren.

Hat de Gaulle Ihnen Ihre Disziplinlosigkeit in Algier und den Konflikt mit seinem Neffen übelgenommen?

Nicht in dem Maße, wie hier und da berichtet wurde ... Das wird im übrigen dadurch belegt, daß wenige Monate nach unserem Zusammentreffen, am 19. Mai 1944, sein Generalbeauftragter für die besetzte Zone, Alexandre Parodi, verkündete, daß ich von de Gaulle zum provisorischen Generalsekretär für die deportierten und geflohenen Kriegsgefangenen ernannt worden sei, ein Posten, den ich ab der Befreiung von Paris innehatte.

uns feierlich die Hand. Ich stand am Schluß der Reihe. Als er zu mir kam, rief er aus: »Sie schon wieder!« In dieser Bemerkung steckte natürlich auch eine Portion Humor, schließlich hatte er mich ernannt. In seinen Worten war auch gute Laune erkennbar und etwas wie ein Lächeln, das bedeuten mochte: »Offensichtlich kriegt man Sie nicht so leicht los.« So habe ich es verstanden … Und er hatte recht!

Am 1. September 1944 hören Sie als Generalsekretär auf, nachdem die Minister aus Algier zurückgekommen waren und de Gaulle die Regierungsmannschaft umgebildet hatte. Waren Sie darüber verbittert?

Nein. Henri Frenay fand, wie abgemacht, zu einem Ministerium zurück, das mir bis zu seiner Rückkehr nach Frankreich gewissermaßen delegiert worden war. De Gaulle bildete eine neue Regierung, in der er lediglich zwei der provisorischen Generalsekretäre behielt, Robert Lacoste und Alexandre Parodi. Frenay hat mir damals den Posten eines Generalsekretärs des Ministeriums angeboten – eine Verwaltungsstelle. Ich lehnte ab.

Ich war siebenundzwanzig, und mein Ehrgeiz war nicht, Beamter zu werden.

Ich hatte in den verflossenen vier Jahren, seit dem 18. Juni 1940, dem Beginn meiner Gefangenschaft, unendlich viel gelernt. In den Lagern, dann in der Résistance hatte ich gelernt, im Schmelztiegel des französischen Volkes zu leben. Ich hatte über nichts konkretere Vorstellungen, aber ich wollte auf jeden Fall mein politisches Leben nach eigener Entscheidung führen …

Später werden Sie dieses erstaunliche Geständnis machen: »Es war der Anfang einer Epoche, und es war der General de Gaulle. Ich frage mich manchmal, warum diese Stunde mich nicht fester an denjenigen gebunden hat, von dem ich eine solche Lektion erhalten hatte.« Man hat den Eindruck, daß es zwischen Ihnen und de Gaulle eine weitere, verpaßte, Begegnung gab ... Hätten Sie bei der Befreiung Lust gehabt, in seine Fußstapfen zu treten, hätte er Ihnen wichtige Verantwortlichkeiten angeboten?

De Gaulle, seit vier Jahren gewohnt zu regieren, besaß ein erstaunlich sicheres Urteil und eine unvergleichliche natürliche Autorität. Mit ihm befand man sich mitten in der Geschichte. Man lebte sie. Man machte sie. Das sah ich und habe auch gesagt, wie sehr ich bewunderte, daß man so regieren konnte. Aber politisch zu ihm zu stoßen reizte mich nicht. Nein. Ich hätte es tun können. Die meisten meiner Kameraden aus der Résistance sind damals der gaullistischen Bewegung beigetreten. Darunter waren auch Freunde. Doch es gab bei de Gaulle ein bestimmtes militärisches Gehabe, ein Ton, der mir nicht zusagte. Ein Geruch von persönlichem Abenteuer steckte mir in der Nase. Sein Geschmack an der Macht, sein Machtwille schienen mir offenkundig. Und nachdem seine erste – gewiß bewundernswert erfolgreiche – Mission erfüllt war, fürchtete ich das Kommende.

War er Ihnen unsympathisch?

Diesen Ausdruck würde ich nicht verwenden. Sympathisch oder unsympathisch: in bezug auf de Gaulle ist das nicht so klar zu trennen. Er überraschte mich. Ich schätzte es, daß er ein wenig gängiges Modell war. Er war autoritär, verstand es aber auch, sich diplomatisch und höflich zu geben. Seine Kontrolle, seine seelische Stärke zogen mich an. Aber er betrachtete Frankreich als seine Sache und das stieß mich ab. Seine Identifizierung mit der Macht war so, daß kein Raum mehr blieb für das Erwecken der Demokratie, ein Erwecken, für das er doch verantwortlich war. Er ertrug nur schwer, daß seine Ansichten diskutiert wurden. Keiner war weniger geeignet als er für die beginnende Periode, die sein Werk war.

Im Gegensatz zu anderen großen Résistants erhielten Sie nie die Auszeichnung Compagnon de la Libération?

Es stand zur Frage ... Aber das war ein den ausgewiesenen Treuen vorbehaltenes Jagdrevier. Frenay hat mich vorgeschlagen. Am Ende hat de Gaulle den zweiten Mann nach mir vorgezogen, einen guten Typ, Pierre Lemoign, den ich im Lager von Ziegenhain in der Baracke der Geflohenen kennengelernt hatte, den ich mochte und respektierte.

War im Grunde Ihr einziges Mittel zu existieren nicht sehr früh schon, auf Konfrontationskurs zu de Gaulle zu gehen, sich von ihm abzusetzen ...?

Diese Erklärung ist nicht selten vorgebracht worden. Sie ist nicht völlig falsch. Ich habe nicht das Temperament eines »Nachbeters«. So wird die Geschichte nicht gemacht. Sie ist Konfrontation und Selbstbestätigung. Ich habe mich de Gaulle gegenüber nie als Diener oder Gefährte verhalten. Das hat unsere Beziehungen nicht erleichtert. Was außerhalb seiner selbst existierte, irritierte ihn, störte ihn. Aber auch wenn es stimmt, daß meine Opposition zu de Gaulle mich vom Gängigen absetzte, mich vereinzelte, so denke ich doch, daß ich über die Mittel verfügte, mit oder ohne ihn zu existieren.

Zwanzig Jahre später treten Sie de Gaulle bei der Präsidentenwahl von 1965 gegenüber und zwingen ihn, zu seiner großen Enttäuschung, zu einem zweiten Wahlgang. Hätten Sie sich das 1944 vorstellen können?

Warum denn? Das Leben hat sich in dieser Weise entwickelt, aber ich habe diese Situation mir nicht im Geiste vorgestellt, bevor sie eintrat. Sagen wir einfach, ich war dazu prädestiniert, diesen Kampf zu führen.

Selbst nach der Befreiung von Paris kümmern Sie sich weiter um die Kriegsgefangenen, auch nach Ihrem Weggang vom Ministerium Anfang September. In einem Interviewband behauptet Jacques Foccart, Anfang 1945 bei der Planung einer Operation beteiligt gewesen zu sein, bei der französische Soldaten und Agenten mit dem Fallschirm über den Gefangenen- und den Konzentrationslagern abspringen sollten. Und Sie seien deren Initiator gewesen. Stimmt diese bisher unbekannte Episode?

Das Gedächtnis von Jacques Foccart ist sehr selektiv und sollte mit Vorsicht behandelt werden. Er schmückt diese Operation aus, vergißt aber zu sagen, daß es tatsächlich General de Gaulle war, der mich mit einer besonderen Aufgabe während der Öffnung der Lager betraute …

In der Tat greift de Gaulle erneut April 1945 auf Sie zurück, als es darum geht, das Lager von Dachau zu öffnen …

Ja. Die alliierten Truppen befreiten nacheinander die Konzentrationslager. Nach dem Willen de Gaulles sollte ein Franzose an der Seite des amerikanischen Generals Lewis stehen, der von seinem Land den Auftrag hatte, die Lager zu öffnen und deren Kontrolle zu übernehmen. De Gaulles Wahl fiel auf mich. Am 29. April 1945 nahm ich also, zusammen mit den Amerikanern, Besitz von den beiden Lagern Landsberg und Dachau. Ich habe es berichtet, und ich habe es geschrieben: Was wir sahen, war schlimmer als alles, unbegreifbar, grauenhaft.

Es war ein Tag des Wahnsinns.

In Landsberg: kein einziger Überlebender. Zu Tausenden mit Flammenwerfern verbrannte Leiber. Wir öffneten Gräben, in denen Tausende von Leichen zu dritt aufgereiht nebeneinander lagen. Acht- bis zehntausend. Die Gesichter verschmolzen bereits mit der Erde.

In Dachau war der Tod überall: die Gehängten, Vergasten, die Krematorien, die Erschossenen. Zu den Qualen der Überlebenden kam noch eine Typhusepidemie hinzu. Ich war dabei, als deutsche Soldaten, die bei der Ankunft der Amerikaner festgenommen worden waren, hingerichtet wurden. Bei jedem Feuerstoß warfen die Deportierten ihre Mützen in die Luft und johlten vor Freude. Ich sah zu, wie zwei junge deutsche Soldaten erschossen und dann in Löcher geworfen wurden. Ich trat näher heran: sie röchelten noch, stöhnten, und zur gleichen Zeit gab es irgendwo in Deutschland jemand, der sie liebte, für sie betete und hoffte. Dieser Schmerz war gewiß nichts im Vergleich zu den Qualen, die die Deportierten hatten ertragen müssen. Aber ich konnte nicht anders, ich mußte daran denken.

In Dachau habe ich dann auch gleichsam durch Vorsehung Robert Antelme wiedergefunden, der am 1. Juni 1944 mit anderen Kameraden unserer Gruppe festgenommen und deportiert worden war. Es ging ihm so schlecht, daß er bereits zu den Toten geworfen worden war. Als wir über die Leichen gesprungen sind, hat er mich gesehen, meinen Namen gerufen, vielmehr meinen Vornamen. Pierre Bugeaud, der mich begleitete, hat es gehört, sich zu mir gewandt und gesagt: »Ich glaube, man ruft Sie.«

Aufgrund der Typhusepidemie erhielt ich von General Lewis nicht die Erlaubnis, ihn noch am selben Abend mit in unserem Flugzeug zurückzunehmen. Nachdem ich nachts in Paris gelandet war, habe ich sofort Dokumente drucken lassen, die denjenigen ähnelten, mit denen ich das Lager hatte betreten dürfen. Für derartige Aktionen hatten wir eine gewisse Geschicklichkeit erworben. Drei meiner Kameraden, Dionys Mascolo, Jacques Benet und Georges Beauchamp, sind in einen Wagen gesprungen und haben Dachau in einer Gewalttour erreicht. Sie fanden Antelme an der angegebenen Stelle. Er lebte noch. Sie zogen ihm GI-Kleidung an und trugen ihn wie einen Betrunkenen. Durch ein verstecktes Tor kamen sie ungehindert hinaus.

In Straßburg wähnten sie ihn schon tot. In der Klinik wurde er wiederbelebt. Er glich einer kaputten Marionette, als er die Schwelle des Hauses in der Rue Saint-Benoît Nr. 5 überschritt, wo ihn seine Frau, Marguerite Duras, und ich erwarteten. Nach Einschätzung der bereits anwesenden Ärzte gab es keine Hoffnung, ihn zu retten. Schließlich erholte er sich, und ihm ist, einige Jahre später, eines der eindrucksvollsten Bücher über die Deportation zu verdanken: *Das Menschengeschlecht.*

Die Entdeckung der Konzentrationslager spielt eine entscheidende Rolle in der Bewertung des Nazismus, ja selbst Deutschlands. Das erklärt die heftigen Reaktionen auf Ihre Rede vom 8. Mai 1995[1]; Ihre Gegner werfen Ihnen vor, sich in dieser Ansprache zu nachsichtig gegenüber dem einstigen Feind gezeigt zu haben.

Dieser Streit ist sinnlos. An Ort und Stelle, in Berlin, gab es keinen Widerspruch auf meine Äußerungen. Ich

1 Die Rede ist abgedruckt in: François Mitterrand, *Über Deutschland*, Frankfurt am Main und Leipzig: Insel, 1996, S. 194ff. [A. d. Ü.]

wußte, daß diese Rede, die vollständig vom staatlichen Sender France 2 übertragen wurde, von den Zuschauern und Zuhörern mit Ergriffenheit und Ernst aufgenommen worden war. Ich verstehe nicht oder, vielmehr, ich verstehe recht gut, was meine Kritiker antrieb. Ihnen ging es um eine Demonstration, sie wollten etwas vorführen. Die Wahrheit war, wie gewöhnlich, ihre letzte Sorge. Doch kommen wir auf die Ansprache selbst zurück. Ich war der letzte Redner, nach Al Gore, dem amerikanischen Vizepräsidenten, dem deutschen Bundespräsidenten Herzog, John Major und dem russischen Premierminister Viktor Tschernomyrdin. Mein Beitrag war eher kurz. Ich hatte keine ausgefeilte Rede geschrieben, mir nur einige Stichworte notiert. Das mache ich häufig so. Ich improvisiere nicht wirklich, lerne aber auch nicht meine Texte auswendig, wie General de Gaulle es tat. Ich lese auch nicht ab. Ich habe meine Notizen, schweife ab, komme wieder darauf zurück und so weiter.

Ich hielt also meine Ansprache, und man hat nichts Besseres gefunden, als mir vorzuwerfen, ich hätte darin eine Apologie des Nazismus geliefert, nichts weniger als das! Nach dem »Pétainismus«, den man mir unterstellte, und meiner »Freundschaft« mit René Bousquet schien dies eine Bestätigung mehr, daß ich kein Patriot war und im Grunde Sympathien für das Naziregime gehabt hatte. Um sich eine genauere Vorstellung davon zu machen, muß man sich den Text anschauen, besonders die Stelle, die die Polemik ausgelöst hat. Was steht da? Ich spreche von den deutschen Soldaten: »Sie waren tapfer ... Für eine schlechte Sache.« Hätte ich nur von der Tapferkeit der deutschen Soldaten gesprochen und ausgelassen zu präzisieren, daß es für eine schlechte Sache war, hätte ich verstanden, wenn man mir den Prozeß macht. Aber dafür gab es keinen Stoff.

Vergegenwärtigen wir uns auch noch einmal das

Klima, in dem sich diese Zeremonie abspielte. Wir waren in Berlin, der Hauptstadt Deutschlands, um den Sieg der Alliierten zu feiern, das heißt die Niederlage unserer Gastgeber. Und sie begingen diese Feierstunde mit uns. Ich war mir dieser Umstände bewußt und der bösen Erinnerungen, die damit geweckt wurden, nicht nur bei uns, auch bei ihnen. Ich betrachte diesen Text als ein Manifest der französisch-deutschen Aussöhnung, dessen Worte sorgfältig abgewogen waren und an dem meiner Einschätzung nach nichts zurückzuziehen ist.

Hier erneut vergessen jene, die mir diesen betrügerischen Prozeß machen, daß de Gaulle im September 1962 bei der Einweihung der Militärakademie in Hamburg noch weiter gegangen war, als er die deutschen Traditionen gelobt und erklärt hatte: »Es ist bei den Franzosen und bei den Deutschen eine Tatsache, daß sie – in nationaler wie internationaler Hinsicht – nie etwas Großes vollbracht haben, ohne daß bei den einen wie bei den anderen das Militärische dabei an herausragender Stelle beteiligt war.« Gegen diese Rede hatte man nichts einzuwenden. Kuriose Milde meiner Zensoren im Hinblick auf de Gaulle? Und dann, kurze Zeit nach seiner Ansprache in Hamburg, am Vorabend der Unterzeichnung des französisch-deutschen Vertrags am 22. Januar 1963, kam von niemandem der Einspruch, als de Gaulle Odberg, den Chef der Gestapo in Frankreich, begnadigte, während unter meiner Präsidentschaft 1985 Klaus Barbie von Bolivien nach Frankreich ausgeliefert wurde, um hier in Haft genommen und abgeurteilt zu werden.

Kommen wir auf das Jahr 1945 zurück. Als Vizepräsident der Fédération nationale des anciens Prisonniers de guerre haben Sie am 2. Juni 1945 ein Treffen in der

Pariser Mutualité organisiert, an dessen Abschiedsveranstaltung mehr als hunderttausend Kriegsgefangene teilnahmen. Danach wurden Sie von de Gaulle empfangen, der Ihnen gedroht haben soll, Sie verhaften zu lassen, wenn diese Bewegung nicht aufhörte. Ist das Wahrheit oder Legende?

Es handelt sich um eine Polemik ohne Fundament. Sie wurde in den sechziger Jahren von Michel Droit lanciert – immer wieder diese Verbissenheit der gaullistischen Bewegung. Es stimmt, am 2. Juni haben wir eine machtvolle Demonstration von Kriegsgefangenen, um die hunderttausend, auf den Champs-Élysées veranstaltet. De Gaulle mochte das gar nicht. Er hat uns, nämlich Georges Cornuau, ein Sozialist, Raymond Thévenin, ein kommunistischer Führer, und mich, am 6. Juni empfangen. Er hat zunächst einen ernsten Ton angeschlagen und uns abgekanzelt: »Wie das? Leute auf der Straße! ... in einer so schwierigen Zeit!« Er hat uns dann beauftragt, den ehemaligen Kriegsgefangenen zu verkünden, daß bald Maßnahmen getroffen werden würden. Aber er hat niemals geäußert, was Michel Droit hinterbracht hat: »Geben Sie den Demonstranten Befehl, sich zu zerstreuen.«

Hat er gedroht, Sie »einzusperren«, wie gesagt wurde?

Nein. Das stimmt nicht. Er war durchaus kein Verächter markiger Sprüche. Und vor allem erzählte er seinen Nächsten sehr gern Dinge, die er sich ausgedacht hatte. Die Unterredung fand in gespannter Atmosphäre statt, aber ohne Drohungen. Wir hätten sie auch nicht hingenommen, und sie hätten nicht gemacht werden können.

Mit der Befreiung von Paris blühte auch die illegale Presse auf: »Combat«, »Franc-Tireurs« ... Ihre Bewegung hat sich ebenfalls ihr Organ zugelegt ...

Ja, wir beschlossen, daß unsere Organisation auch ihre Zeitung haben sollte, *L'Homme libre*. Wir haben dafür Büros beschlagnahmt, Rue du Croissant – der Straße, in der Jaurés 1914 ermordet wurde ... Dort wurden die ersten Nummern von *L'Homme libre* veröffentlicht und meine ersten Artikel, in denen ich den Sinn unseres Kampfes erläuterte und die Rolle, die die entlassenen und geflohenen Kriegsgefangenen darin spielen sollten. Dies war in meinen Augen ein Mittel, den Kampf fortzusetzen. Das interessierte mich, ich fühlte in mir so etwas wie die Seele eines Journalisten. Einen täglichen Leitartikel zu schreiben war so schwer nicht. Hatte man sich erst einmal daran gewöhnt, mußte man sich nur an ein Faktum halten, eine Idee ... nie zwei. Die Wörter flossen ganz natürlich aus der Feder. Aber ich habe sehr rasch gemerkt, daß diese Leichtigkeit mit der periodischen Erscheinungsweise der Zeitung zusammenhing. In einer Tageszeitung war das leicht. In einer Wochenzeitschrift wußte ich nicht, was ich sagen sollte. Bei einer Monatszeitschrift war es verflixt kompliziert. Da man hier nicht die unmittelbare Aktualität behandeln kann, ist man sehr schnell dabei, in jeder Nummer die Welt neu aufzubauen.

In der damaligen Presse war viel von Säuberung die Rede. François Mauriac und Albert Camus haben lange darüber polemisiert. Wem der beiden fühlten Sie sich näher?

Die Polemik zwischen Mauriac und Camus hatte nicht die Bedeutung, die man ihr heute beilegt. Die Säuberung war ähnlich wie die in allen Perioden, die einen Bürgerkrieg abschließen. Sie war vollzogen worden, und häufig schlecht vollzogen worden. Es kam zu Erschießungen bestimmter Personen, die sich, wenn ich so sagen darf, aufzwangen, und es gab Erschießungen, die nicht nötig waren, und dann gab es noch welche, die eigentlich hätten durchgeführt werden müssen …

Wen würden Sie in die letzte Kategorie einordnen?

Oh! Ich werde doch jetzt, fünfzig Jahre später, nicht Leute denunzieren! … Aber dennoch, viele sind durch die Maschen geschlüpft.

Und welche Erschießungen waren Ihrer Meinung nach nicht nötig?

Von Leuten, die keine Spuren in der Geschichte hinterlassen haben. Ein bißchen überall in Paris und mehr noch in der Provinz.

Ab Mai 1945 werden Ihre Beziehungen zu den Gaullisten und zu de Gaulle immer spannungsreicher. Und doch hatten Sie sich im Januar 1945 während des Kongresses des MLN, des Mouvement de libération nationale, der verschiedene Widerstandsorganisationen umfaßte und auf den die Kommunisten ihr Auge geworfen hatten, ihnen zur Seite gestellt.

Ich gehörte tatsächlich dieser Organisation an, freilich ohne große Illusionen. Meiner Ansicht nach hatten die Parteien der einstigen Kämpfer nicht den Hauch einer Chance, erfolgreich zu sein: Ein ehemaliger Kämpfer oder Kriegsgefangener gewesen zu sein, das war kein Glaube, keine Ideologie, kein Grund, zu kämpfen, das war vielmehr ein Moment gemeinsam gelebten Lebens, nichts weiter – was schon nicht wenig war. Aufgrund einer gemeinsamen Erfahrung glaubt man, daß man für immer verbunden bleibt, eine sentimentale Illusion, die unausweichlich zum Scheitern verurteilt ist. Denn bald greifen die Ideologien wieder ein, kommt es zum Gegensatz der Interessen, nimmt das Leben wieder seinen alten Lauf. Das liegt in der Natur der Geschichte. Schauen Sie, was nach dem Ersten Weltkrieg aus den mächtigen Verbänden der ehemaligen Kriegsteilnehmer geworden ist: sie haben sich aufgelöst, wenn nicht sogar ab 1936 in präfaschistische Gruppierungen verwandelt.

Während dieses berühmten Kongresses des MLN wollten die Kommunisten, mit dem Nimbus der siegreichen Roten Armee umgeben, sich der Bewegung bemächtigen, um daraus eine Satelliten-Organisation der Kommunistischen Partei Frankreichs zu machen. Malraux und ich sowie viele andere haben sich erfolgreich gegen dieses Manöver gestellt. Aus einer Spaltung des MLN sollte einige Monate später die UDSR, die Union démocratique et socialiste de la Résistance, hervorgehen. Zu der Zeit waren Malraux und ich uns einig; das hat aber nicht gedauert ...

Diese Begegnung mit Malraux, war sie zufällig oder hatten Sie sich während der Résistance kennengelernt?

Letzteres nein und mit Grund. Er ist der Résistance – wie Emmanuel Berl es Modiano erzählt hat – erst in den letzten Monaten der deutschen Besetzung wirklich beigetreten. Berl hat es plastisch beschrieben. Malraux, der bei ihm im Corrèze wohnte, hatte sich selbst zum Oberst ernannt. Er war eines Morgens weggegangen, und am Abend kam er wieder mit den fünf Litzen als Beweis seiner Ernennung. Beim Kongreß des MLN erschien er übrigens in Uniform, was auf die Beteiligten nicht wenig

Eindruck machte. Malraux war ein großer Schauspieler, und wie alle großen Schauspieler besaß er neben Talent auch einen Fundus an Ernsthaftigkeit.

Seine erste Frau, Clara, habe ich sehr gut gekannt; sie hatte sich, wie erinnerlich, nach der Fusion von 1944 unserer Bewegung angeschlossen. Sie hat hervorragende Widerstandsarbeit geleistet, obwohl sie allein lebte, nur mit ihrer Tochter Florence zusammen, und zweifach gefährdet war: als Widerstandskämpferin und als Jüdin. Während meiner Präsidentschaftskampagnen, sowohl 1965 als auch 1974 und 1981, war sie stets an meiner Seite. Nach ihrem Tod im Dezember 1982 habe ich, traurigen Herzens, ihrer Beerdigung beigewohnt, die nach hebräischem Ritus auf dem Friedhof Montparnasse stattfand.

Clara Malraux war eine nicht zu unterschätzende Schriftstellerin, weniger deklamatorisch, weniger bombastisch als André. Sie schrieb genau, knapp. Ich habe unlängst ihre Memoiren wiedergelesen, *Wer den Ruf vernimmt,* die meiner Ansicht nach beachtlich sind.

Das Zusammengehen mit Malraux war kurz, hat nicht lange gedauert. Haben Sie ihn später wiedergesehen?

Im Sommer 1956 habe ich einige Ferientage mit ihm in der Schweiz verbracht, in Crans-sur-Sierre. Es war reiner Zufall. Wir sind jeden Tag zusammen spazierengegangen und haben stundenlang diskutiert. Es war nicht schwer, mit ihm die Konversation zu gestalten. Er war nervös, verschluckte die Wörter, aber fand sich doch immer wieder zurecht. Er war ein phantastischer Erzähler. Wenn er die Ankunft der mongolischen Pferde in Samarkand beschrieb, hörte ich förmlich den Boden vibrieren. Seitdem bin ich zweimal in Samarkand gewesen, und immer habe ich dabei an Malraux denken müssen, so sehr stand ich noch unter dieser Verzauberung. Mein Schwager, Roger Gouze, versucht seit Jahren mich davon zu überzeugen, daß Malraux einer der großen zeitgenössischen Schriftsteller ist. Überall wird dieser »bedeutende Schriftsteller des Jahrhunderts« gefeiert. Von einigen wird er sogar auf eine Stufe mit Proust gestellt ... Sein Stil ist zu eloquent, er verwendet, wie man bei einem klassischen Autor sagen würde, zu viele Füllsel. Aber welcher Atem! Dazu die bizarren Vergleiche, gewagten historischen Annäherungen, zu denen ihn sein lyrisches Genie und jenes innere Feuer verleitete, das den Flammen keine Zeit zum Verlöschen gab. Ich würde von ihm allenfalls *Die Hoffnung* gelten lassen. *Conditio humana* ist für mich unlesbar geworden. Und die *Antimemoiren* oder *Das imaginäre Museum* für Meisterwerke zu halten gelingt mir einfach nicht. Die letzten Bücher sind dem wirklichen Leben, den Ängsten und dem Elend des Endes näher. Von Malraux bleibt vor allem eine Person, die Gestalt des heroischen Schriftstellers, die er sich selbst zurechtmodelliert hat. Er war auch ein glänzender Redner. Ich habe ihn vor dem Krieg gehört, in der Mutualité, auf antifaschistischen Kundgebungen. Ich habe, wie so viele andere, die Fernsehsendungen gesehen, in denen er sich über Kunst und Literatur ausließ, in denen alles vorkam, Gold wie Asche. Ich frage mich, ob Malraux im Grunde nicht zu jener Kategorie von Schriftstellern gehörte, deren Genius sich im Gespräch zum Ausdruck bringt, im Schreiben dagegen verwässert wird.

Wie beurteilen Sie den Politiker Malraux? Was halten Sie von seinem Gaullismus?

Sein Engagement für de Gaulle war mehr persönlich als politisch. Der Spanische Bürgerkrieg hat viel zu seiner Legende beigetragen. 1936 war er ein junger Schriftsteller und vor allem ein Linksromantiker. Er ist sehr schnell nach rechts gekippt und hat sich de Gaulle angeschlossen, als er von dessen baldigem Sieg überzeugt war. Es handelte sich nicht um irgendeine Rechte, sondern jene Rechte, die ab dem 18. Juni 1940 recht hatte. Das hatte Format! De Gaulle brauchte diese Art Unterstützung, um sich vom Bild des Rechtsextremen, Typ Action française, das an ihm klebte, freizumachen, und daß Malraux sich ihm anschloß, hat ihm viel dabei geholfen.

Malraux war kein traditioneller Gaullist. Er hat de Gaulle bei der Befreiung kennengelernt, kurz nachdem er sich der Résistance anschloß. Dieser frische Gaullismus gab sich wild und argwöhnisch. Ich erinnere mich, wie Malraux 1949, zur Zeit des RPF[2], sein berühmtes Diktum hinausschmetterte: »Morgen wird es in Frankreich nur noch die Kommunisten, uns und sonst nichts geben.« Seine Prophetie hat sich nicht bewahrheitet ... 1965, während der Präsidentschaftskampagne, hat er gegen mich regelrecht gewütet. Vor dem ersten Wahlgang hatte er mich aufgefordert: »Kandidat der Republikaner, lassen Sie die Republik schlafen!« Und über meine künftige Regierung äußerte er: »Die Regierung, die Monsieur Mitterrand uns verspricht, ist Geschichts-Fiktion, so wie es Science-fiction gibt.« Was heißt, daß er nicht wenig überrascht war, als de Gaulle in die Stichwahl gezwungen wurde. Vor dem zweiten Wahlgang hat er am 14. Dezember 1965 eine Mammutveranstaltung im Pariser Palais des Sports organisiert, bei der er nacheinander Vercingetorix, Chlodwig, Jeanne d'Arc, Ludwig XIV., die Soldaten des Jahres II – wen weiß ich sonst noch – bemühte, um den Franzosen zu erklären, daß sie nicht Mitterrand wählen dürften. Diese allgemeine Mobilisierung unserer Geschichte war für mich eher schmeichelhaft ...

2 Rassemblement du peuple français: von General de Gaulle 1947 gegründete politische Bewegung. [A. d. Ü.]

1974, vier Jahre nach dem Tod de Gaulles, hat er sich der unglücklichen Kandidatur von Jacques Chaban-Delmas angeschlossen. Es gab da diese pathetische Szene, als er im Fernsehen auftrat, Verwünschungen ausstoßend, ein alt gewordener und ein bißchen irrer Malraux. Er war wie halluziniert. Man verstand nichts von dem, was er sagte ... Vermutlich hat er gedacht, Gutes zu tun, aber ich bin sicher, dieses Spektakel hat dem von ihm unterstützten Kandidaten einige Unannehmlichkeiten eingebracht.

Kommen wir, wenn Sie gestatten, auf de Gaulle zurück. Wie war Ihre Reaktion auf seinen Rücktritt als Präsident des Conseil im Januar 1946?

Als sich de Gaulle 1946 nach Colombey-les-Deux-Églises zurückzog, war mein Gedanke, daß damit ein Teil der Größe Frankreichs entschwand und daß diejenigen, die sich darüber freuten, allein von ihrem schäbigen Drang beseelt waren, zu ihren kleinen Komplizenschaften zurückzukehren. Mir war dieses lärmende Durcheinander fremd.

Faktum ist, daß General de Gaulle, mit seiner Statur und seiner Legende, nicht die Stiche ertrug, die das neue Parlament ihm beibrachte. Er wurde ständig aufgerufen, kritisiert. Die schlechten Manieren der zu Ende gehenden III. Republik gewannen wieder die Oberhand.

De Gaulle war in Widersprüche verstrickt, die untragbar wurden. Er besaß keine wirkliche parlamentarische Unterstützung mehr, und seine Beziehungen zu den politischen Parteien waren verheerend geworden, während er sich weiterhin, freilich ohne recht daran zu glauben, auf die parlamentarische Demokratie berief. Er hat sich erst nach 1958 zu diesen Widersprüchen bekannt, als für ihn die Zeit der Akkomodierungen begann.

1946 wurde ihm klar, daß er auf das Geschehen keinen Einfluß mehr hatte. Das hat ihn irritiert. Und eines Januartages ist er gegangen. Er muß gedacht haben, man würde ihn spätestens in sechs Monaten wieder holen. Ja, ich glaube, er hoffte, man würde wieder nach ihm rufen. Doch darauf mußte er zwölf Jahre warten! Mich hat es nicht überrascht. Ich erfuhr von seiner Demission in einem Zug von Lille nach Paris. Im selben Abteil fuhr einer der berühmtesten Gefährten de Gaulles, der auch den Ruf als einer der treuesten genoß. Er war unerschöpflich in seiner Freude über diesen Abgang, beharrte auf den Fehlern des Chefs von France libre, der seiner Ansicht nach intolerant und rachsüchtig war. Dieser Meinungsumschwung hat mich über die folgenden Ereignisse aufgeklärt. Das MRP[3], dem nachgesagt wurde, die sicherste Partei für de Gaulle zu sein, hörte nicht auf, ihn zu sticheln. In Wahrheit war de Gaulle nicht assimilierbar und konnte ein Milieu, für das jede Überlegenheit unerträglich wird, nur verunsichern.

Die Franzosen ließen de Gaulle gehen. Heißt das, daß er unpopulär geworden war?

De Gaulle war zu jener Zeit nicht unpopulär. Aber nicht populär genug, um die führende Gesellschaft voranzustoßen und ihr seine Ansichten aufzuzwingen. Nicht nur ihm ist es so ergangen. Winston Churchill, Symbolgestalt des britischen Kampfes gegen die Nazis, wurde am Tag nach dem Militärsieg durch den bescheidenen Vertreter der Arbeiterpartei, Clement Attlee, geschlagen. Das ist der Lauf der Dinge. Ist die Undankbarkeit der Völker zu verurteilen? Clemenceau war es 1920 nicht gelungen,

3 Mouvement républicain populaire: 1944 gegründete christdemokratische Partei. Einige seiner Mitglieder spielten in der IV. Republik eine bedeutende Rolle (G. Bidault, R. Schuman). [A. d. Ü.]

sich zum Präsidenten der Republik wählen zu lassen. Man hatte ihm Paul Deschanel vorgezogen. Es scheint, als wenn die Völker, einmal einen heroischen Akt vollzogen, danach nur noch Erschöpfung, Verdruß empfinden würden: müde ihrer Helden. Aber was wäre ein Held, wenn er vorher nicht ermüdend gewesen wäre?

Der Weggang de Gaulles 1946 hat sich um so einfacher vollzogen, als die französische Bourgeoisie ihn nicht mehr brauchte …

Die Bourgeoisie hat immer ihre Interessen gewählt oder das, was sie für ihre Interessen hielt. Der Patriotismus war Teil dieser Interessen nur unter Vorbehalt. 1940 betrachtete sie de Gaulle als Dissidenten, als Häretiker. Mit wenigen Ausnahmen sah sie in ihm eine gefährliche Person, die ihre Klasse verriet, und hatte sich massiv Pétain und der nationalen Revolution angeschlossen – Ersatz für jene alte moralische Ordnung à la MacMahon, an die sie eine sehnsüchtig-fromme Erinnerung bewahrt hatte.

Als de Gaulle 1944 nach Paris zurückkehrte, hat sie ihn toleriert, nicht mehr. Als er Kommunisten in die Regierung aufnahm, hatte er die erlaubte Grenze überschritten, mit dem Feuer gespielt. Was auch immer er tat, die Bourgeoisie zog ihm ihre klassische Rechte, das Zentrum und den Kreis der Schwächlinge, der Beleibten, vor. Sie brauchte de Gaulle nicht. Und ich glaube, sie hätte ihn in seinem politischen Exil vermodern lassen, hätte die IV. Republik, versunken in institutionelles Chaos und in die Kolonialkriege, nicht so schnell jeglichen Kredit und jegliches Ansehen verspielt. Zwischen de Gaulle und jenen, denen er sich 1940 entgegengestellt hatte, konnte sich der Raum der Versöhnung wieder öffnen. Das war nicht ohne Paradox. Doch die Bourgeoisie hatte begriffen, daß der de Gaulle von 1958 sie zur Rückeroberung der Macht brauchte, so wie sie ihn brauchte, um diese zu behalten.

Woher rührt Ihrer Meinung nach jene gewisse Schlaffheit der Person des Rebellen, als er 1958 wiederkommt ...?

Der Machthunger hatte ihm vermutlich etwas von seiner Unerbittlichkeit, seiner Schärfe genommen ... 1958 sollte ihm erlauben, sich mit jenen zu versöhnen, die er so in Unruhe versetzt und so verachtet hatte. Das dauerte elf Jahre. Häufig wird diese Periode als eine Zeit der Gunst und des Friedens dargestellt. De Gaulle ist nie in Ruhe gelassen worden. Zunächst das Auseinanderbrechen seiner Mehrheit in Europäer und Antieuropäer, dann der Putsch der Generäle in Algier, der Generalstreik, die gescheiterte Requisition der Minenarbeiter, die Krise der Abwertung ... Nichts ist ihm erspart geblieben. Amüsant ist, daß diese Periode heute als goldenes Zeitalter der V. Republik angesehen wird. In Wirklichkeit hat de Gaulle eine der schwierigsten Regierungen dieser Jahrhunderthälfte übernehmen müssen.

Es handelte sich dennoch um ein sehr fragiles Bündnis. Die Bourgeoisie, die ihn nie wirklich in ihren Schoß aufgenommen hatte, wies ihn zurück, sobald er sich an einer ihrer Bastionen vergreifen wollte, dem Senat. Auf diese Weise hat er das Referendum vom 20. April 1969 verloren. Seine Gegner erhielten indirekte Schützenhilfe durch Georges Pompidou, der sich weigerte, zu erklären – wie Malraux es von ihm gefordert hatte –, daß er sich nicht um dessen Nachfolge bewerben werde, und direkte Schützenhilfe durch Valéry Giscard d'Estaing, der zu einem Nein beim Referendum aufrief. Die Bourgeoisie war wieder beruhigt. Der Erbe würde einer der ihren sein.

Markiert de Gaulles Weggang 1946 den Beginn einer neuen Ära?

Die IV. Republik war ein vages Wiederaufleben der III. gewesen, so wie die Restauration das der legitimen Monarchie. Die Zeit zwischen 1946 und 1958 stellte eine Übergangsperiode dar. Die letzte Generation der III. Republik, oder zumindest das, was von ihr übriggeblieben war, klammerte sich noch an die Macht. Die neuen Generationen hatten noch kein Bewußtsein ihrer selbst gewonnen. De Gaulle brauchte Zeit, um wieder zu Atem zu kommen. Man lebte von einem Tag zum anderen.

Hat diese Auferstehung der III. Republik nicht die junge Generation der Résistants frustriert?

Ach! Sie haben sehr schön akzeptiert und wurden sehr schön akzeptiert! Die Generation, die damals die politische Bühne betritt, ohne wirklich an die Macht zu kommen, ist die der Jacques Chaban-Delmas, Maurice Bourgès-Maunoury, der Georges Bidault, Maurice Schuman, Pierre-Henri Teitgen, der Félix Gaillard, der beiden Faure, Edgar und Maurice, meiner Person und vieler anderer. Man sieht, daß ihr nicht Talente, aber vielleicht ehrgeiziges Streben fehlte, ich will damit sagen, das einzige, das etwas taugt, wenn man diesen Weg wählt: das Streben nach Macht. Wobei Macht nicht mit ihren Scheinformen, Oberflächlichkeiten, tagtäglichen Schwindeleien verwechselt werden darf.

Wem fühlten Sie sich während dieser Zeit am nächsten?

Jacques Chaban-Delmas, Maurice Bourgès-Maunoury waren Kriegskameraden. Edgar Faure war der ansprechbare Politiker schlechthin. Maurice Faure war bereits einer meiner Freunde. Zu den anderen hatte ich ein gutes Verhältnis, auch wenn wir politisch unterschiedliche Wege gingen.

Ihr Weg ist geprägt durch Ihre Mitgliedschaft 1945 in einer Organisation, der Union démocrate et socialiste de la Résistance (UDSR), die während der IV. Republik eine große Rolle spielen wird …

Ich betrachte diese Mitgliedschaft nicht als markantes Ereignis in meinem politischen Leben.

Da erneut hat sich, in dieser kleinen, aber doch eine verbindende Position einnehmenden Partei, eine ernsthafte Konkurrenz zwischen René Pleven und mir entwickelt. Konkurrenz, ja, zunächst auf politischer, dann auch auf persönlicher Ebene. Auf politischer Ebene, wie es auf alle aus der Résistance hervorgegangene Parteien zutraf, die sich bald in Anhänger und in Gegner de Gaulles spalteten. Das MRP ging daran zugrunde. Das Schisma der Linken war Ursache für die meisten Schicksalsschläge der IV. Republik. René Pleven, René Capitant, Claudius-Petit blieben dem Chef von France libre tief verbunden. Damit verloren sie alle geistige Unabhängigkeit in bezug auf das Handeln seiner Regierung. Man dürfte erraten haben, daß ich kritischer geblieben war. Unglücklicherweise schlug diese Verbundenheit mit de Gaulle rasch um in bedingungslose Zustimmung zur herrschenden Staatsmacht, oder, um genauer zu sein, zu allen aufeinanderfolgenden Staatsgewalten, und es waren nicht wenige. Dies alles mußte sich zwangsläufig in einem Konformismus niederschlagen, der das Alltagsleben erstickte. Wir haben uns 1958 getrennt. Durch eine Veränderung der Mehrheitsverhältnisse war mir bereits an Stelle von René Pleven der Vorsitz zugefallen, markantes Zeichen einer Entwicklung, die durch die Spaltungen von 1958 bestätigt wurde, da nur vier Abgeordnete aus dieser Gruppe, nämlich Duveau, Dumas, Dubois und ich, gegen die neue Verfassung stimmten. Danach ist jeder seinen Weg gegangen, wobei die Mehrheit der UDSR tendentiell immer mehr mit der konservativen Mehrheit verschmolz, so daß sie am Ende kaum noch zu unterscheiden waren. Die Ereignisse, die dem 13. Mai folgten, ließ diese Gruppe schließlich auseinanderbrechen und verwies jeden an seinen Platz.

Minister unter der IV. Republik

GEORGES-MARC BENAMOU – *Sie treten in dem Augenblick in die IV. Republik ein, in dem de Gaulle sich zurückzieht. Und doch bleibt er bis zum Ende dieses Regimes gleichsam allgegenwärtig!*

FRANÇOIS MITTERRAND – In der Tat. Nach seinem – unwilligen – Weggang 1946 hat er 1947 dieses kuriose Abenteuer RPF gestartet. Ich konnte in der Nièvre damit Erfahrungen sammeln. Einige lokale Parteiverantwortliche hatten mir damals Avancen gemacht. Das hat nicht gedauert. Man mußte sich nur die Mitglieder anschauen. Sie gehörten alle der schlimmsten aller Rechten an: der kleinen, revanchistischen, widerlichen Rechten. Die Bewegung war nach dem Modell der Vorkriegsligen organisiert. Trotz seines Gründers zog sie pétainistische Notabeln an. Die Rechte überwand ihre Streitigkeiten, ohne aber den Ursprung ihrer Zwietracht wirklich zu vergessen. Doch der konservative Reflex war stärker als alle anderen. Der RPF scheiterte, weil er nicht dem Temperament der Franzosen entsprach und auf zu vielen Zweideutigkeiten basierte.

Er beging einen Fauxpas nach dem anderen, betrieb die Politik des Schlimmsten. In bezug auf Indochina hatte sich de Gaulle, gegen die Meinung General Leclercs, an den Optionen des Admirals Thierry d'Argenlieu ausgerichtet, die unvermeidlich in den Krieg führten. In Algerien widersetzten sich seine Anhänger der Anwendung des – gleichwohl doch zaghaften – Statuts von 1947. Und Schwarzafrika: Alles, was ich damals unternahm zur Aussöhnung zwischen den ersten nationalen Befreiungsbewegungen und Frankreich, wurde von der gaullistischen Presse systematisch und vehement angegriffen.

Wenn ich höre, de Gaulle habe eine »afrikanische Politik des Fortschritts und der Emanzipation« geführt, kann ich nicht umhin zu denken, daß hier mit Worten gespielt wird. Diese Politik war bereits zehn Jahre hinter ihrer Zeit. Das typischste Beispiel liefert uns die berühmte Rede von Brazzaville, die derart gefeiert wurde, ohne je gelesen worden zu sein, und in der, entgegen der in Indien von den Briten oder in Indonesien von den Holländern anerkannten Entwicklung, jede Idee eines »self-government« zurückgewiesen wurde.

Man mußte bis 1956 und bis zum Rahmengesetz von Gaston Defferre warten, bis jedes Mitgliedsland des alten Kolonialreichs autorisiert wurde, eine Landesversammlung zu wählen und über eine Exekutive zu verfügen, die der uneingeschränkten Amtsgewalt des Gouverneurs entzogen war. Die großen emanzipatorischen Gesetze wie jenes, mit dem die Zwangsarbeit abgeschafft wurde, das Gesetz von Houphouët-Boigny, wurden nach dem Weggang de Gaulles 1946 angenommen – und scharf von jenen bekämpft, die sich auf ihn beriefen. Die Afrikapolitik de Gaulles stand stets im Widerspruch zur historischen Evidenz und Notwendigkeit. Sie war lediglich eine Abfolge von Fehleinschätzungen, gewürzt mit Komplotten und einigen von Abenteurergruppen gegen die Führungsmannschaften an Ort und Stelle organisierten Winkelzügen. Sicher, die Geschichte hat die Rede von Phnom Penh und vor allem die Friedensregelung in Algerien im Gedächtnis behalten. Aber über die Bombardierung von Sétif und dreißigtausend Tote schweigt sie sich diskret aus. Was ich hier schreibe, mag erstaunen. Man fragt sich, wie ein Mann vom Format de Gaulles, der ansonsten in der Lage war, in so vielen Bereichen antizipatorisch zu denken, die Entwicklung der Kolonialgeschichte derart fehleinschätzen konnte. Selbst die berühmte Konferenz von Brazzaville, die als Modell einer

»sich abzeichnenden« Dekolonisierung herangezogen wird, beruht auf einem Mißverständnis. Die danach folgende Propaganda hat deren Inhalt verfälscht. Als Beleg möchte ich hier lediglich auszugsweise aus den Vorschlägen zitieren, die von dieser sogenannten »Kolonialreichs-Konferenz« angenommen wurden: »Bevor sie den Teil des allgemeinen Programms anschneidet, das ihrer Prüfung vorlag, hat es die Afrikanische Konferenz von Brazzaville als notwendig erachtet, das nachfolgende Prinzip zu postulieren: ›Die Ziele des von Frankreich in den Kolonien vollbrachten zivilisatorischen Werks weisen jede Vorstellung von Autonomie, jede Möglichkeit einer Entwicklung außerhalb des französischen Blocks des Kolonialreichs zurück; der eventuelle, selbst fernliegende, Aufbau von self-government ist abzulehnen.‹« Der schädliche, gefährliche Einfluß der Kreise, auf die de Gaulle sich stützte, ist hier wie andernorts nicht zu übersehen.

Für sie waren Mendès France und ich solche, »die den Ausverkauf des Kolonialreichs betreiben«. Auch nach dreißig Jahren nehme ich nichts von dem zurück, was ich in *Le Coup d'État permanent* schrieb: »Das Verhalten der Gefährten General de Gaulles, Ultras unter den Ultras, offenbarte sich in seiner wahren politischen Identität nirgendwo besser als in Schwarzafrika. Sie säten dort Haß, unterhielten Chaos, schürten den Bürgerkrieg. Auf Madagaskar, im Tschad, im Mittleren Kongo, im Sudan, an der Elfenbeinküste provozierten sie durch ihre Dummheit und Überheblichkeit erst den Aufruhr, um dann aus Rachegelüsten die Repression wiederaufleben zu lassen. Die Gesetze, mit denen mehr Fortschritt, mehr Gerechtigkeit eingerichtet werden sollte, wurden gegen ihre Opposition angenommen. Verbissen verteidigten sie die Privilegien der anmaßenden Minderheiten, der exzessiven Kompagnien, der spekulatorischen Kapitalien.«

So wurden etwa unter dem Druck der Großgrundbesitzer aus dem Mutterland die Produktionskooperativen zwischen afrikanischen Besitzern verboten. Der Preis des »afrikanischen« Kaffees war auf demselben Markt geringer als der des »europäischen« Kaffees. Das Gesetz sah sogar Strafen gegen die vor, die sich dieser Bestimmung widersetzten. Jetzt wird auch die Feindschaft verständlich, die Félix Houphouët-Boigny, einem jungen Arzt und Notabeln aus dem Stamm der Baoulés, entgegenschlug, als er, um gegen diesen Sachverhalt anzukämpfen, begann, den Widerstand der afrikanischen Produzenten zu organisieren.

Man hat den Eindruck, daß die Entdeckung der Kolonialsituation in Schwarzafrika eine entscheidende Rolle bei Ihrer Entwicklung nach links gespielt hat und nicht unerheblich war für die Radikalisierung Ihrer Positionen. Ist das richtig?

Ja. Ich konnte die Allmacht und Schädlichkeit des Kapitalismus in seiner Kolonialgestalt real ermessen, und es hat in mir ein tiefes Gefühl der Revolte ausgelöst. Die französische Politik wurde nicht von den in Paris gewählten Regierungsvertretern bestimmt, sondern von jenen diktiert, die über den Zucker, den Kaffee, den Kakao, die Edelhölzer, die Bananenplantagen herrschten. So stellte ich mir die Politik Frankreichs nicht vor.

Dieser Abstecher ins Ministerium für die überseeischen Gebiete Frankreichs ist gekennzeichnet durch eine Polemik zwischen Ihnen und Missionaren der »Pères Blancs« aus Dakar, die von Ihnen gerichtlich belangt wurden. Ist dies ein Indiz für Ihre definitive Abwendung von der Kirche, die eine solche Rolle in Ihrem Leben gespielt hat?

Ich hoffe, daß mein Abstecher in das Ministerium für die überseeischen Gebiete Frankreichs durch anderes geprägt wurde als durch diesen pittoresken, aber unbedeutenden Vorfall. Diese Missionare – es waren zwei – hatten in einem Konflikt, den sie mit dem Generalgouverneur Béchard ausfochten, gegen das Gesetz über die Veröffentlichung der Gerichtsdebatten verstoßen. Ich habe dafür gesorgt, daß dem Gesetz Achtung verschafft wurde. Die Angeklagten wurden zu fünfzig Francs Bußgeld mit Bewährung verurteilt. Bei den Parlamentswahlen wenig später bestritten meine Gegner aus dem Nivernais ihre Kampagne mit dem Thema: »Man kann keinen wählen, der zwei Missionare hat erschießen lassen.«

Am 28. Januar 1947 wurden Sie zum Minister für die ehemaligen Kriegsteilnehmer ernannt. Von 1947 bis 1958 waren Sie elfmal Minister. Welche Bedeutung hat für Sie diese Abfolge von Ministerien? Wie fühlten Sie sich in dieser Republik?

Nicht sehr wohl. Vergessen Sie nicht, ich hatte gegen die Verfassung von 1946 gestimmt. Ich sah darin die Offizialisierung der Anarchie. Was sich in den folgenden Jahren dann ereignete, hat diese Vorahnung nur bestätigt.

Während der IV. Republik waren Sie das Opfer wilder Kampagnen. Standen hinter alldem die Gaullisten?

An der Affäre des Verrats von Geheimnissen 1954 waren gaullistische und nichtgaullistische Rechte beteiligt. Aber die Gaullisten wußten schon, was sie taten.

Diese Welt bildete einen steten Herd von Anschuldigungen und Invektiven. Ich hatte Gelegenheit, diese Aufwiegler bei allen Komplotten wiederzufinden, die unter der IV. Republik von den Ultras von Algérie française sowohl im Mutterland wie auf der anderen Seite des Mittelmeers angezettelt wurden.

Diese Affäre des Verrats von Geheimnissen hat den wesentlichen Teil des Jahres 1954 eingenommen. Ich war damals Innenminister der Regierung von Pierre Mendès France. Wir waren im Krieg, dem Indochinakrieg.

Alles beginnt im Juli 1954. Das Ende der Affäre kommt 1956 mit der Verurteilung der Schuldigen. In der Zwischenzeit hat es ganz schön gewackelt. Parlamentarier des RPF träumten davon, mich vors Hohe Gericht zu bringen, und nahmen diese Affäre zum Vorwand, um am 4. Dezember 1954 den Sturz der Regierung zu versuchen.

Was warf man mir vor? Nicht weniger, als daß ich der kommunistischen Partei – um nicht zu sagen Moskau, das den Viet-minh unterstützte – eine Kopie der Beschlüsse des Nationalen Verteidigungskomitees der Jahre 1953 und 1954 weitergereicht hätte. Am 2. Juli 1954 hatte sich der Polizeikommissar Jean Dides, durch einen Spitzel in der kommunistischen Partei informiert, zu Christian Fouchet, dem gaullistischen Minister für tunesische und marokkanische Angelegenheiten, begeben und ihm mitgeteilt, daß die stenographische Abschrift des letzten Treffens des Komitees in extenso von Jacques Duclos im Politbüro der Partei vorgelesen worden sei. Die Indiskretion, so Dides, konnte nur von mir kommen. Fouchet ist natürlich sofort zu Mendès France geeilt, den Bericht von Dides in der Tasche.

Mendès France hat die Untersuchung seinem Kabinettsdirektor, André Pelabon, anvertraut. Der hatte keine Eile. Er hat den Bericht im Safe verwahrt. Er hat getrödelt. Keiner hat mit mir darüber gesprochen. Die angebliche Information entschwand. Die Affäre verpuffte. Erst am 8. September wurde der Spionagedienst mit der Untersuchung betraut. Ich wurde sehr rasch entlastet.

Mendès France hat mich seither uneingeschränkt unterstützt.

Dennoch hat man den Eindruck, daß während dieser Indiskretionsaffäre zwischen Ihnen und Mendès France nicht alles idyllisch verlief; das Mißtrauen, das er Ihnen gegenüber angeblich offen an den Tag gelegt hat, soll Ihre Beziehungen zu ihm während der gesamten IV. wie auch V. Republik belastet haben ...

Ich habe unlängst gelesen, Marie-Claire Mendès France habe mir unterstellt, ich würde Ihrem Mann seine Haltung mir gegenüber in dieser Affäre vorwerfen. Das ist falsch. Im Gegenteil: Während dieses gesamten schwierigen Jahres 1954 und dieser peinlichen Kampagne gegen mich, die sechs Monate dauerte, war er vollkommen loyal und solidarisch. Wir schlugen uns mitten in der Indochina-Affäre herum – Dien Bien Phu hatte das bekannte Trauma ausgelöst –, und wir wurden von der Rechten, der Ultrarechten und den Gaullisten beschuldigt – ich betone es noch einmal –, »den Ausverkauf des Kolonialreichs« zu betreiben, die »Totengräber des Staates«, die »Feinde Frankreichs« zu sein. Wir fühlten uns – und waren es tatsächlich auch – sehr verbunden, sehr nahe, sehr solidarisch, da wir diesen aus derselben Ecke kommenden und unerhört gewalttätigen Attacken gemeinsam ausgesetzt waren.

Sicher, er hat Zeit verstreichen lassen, bevor er mir von diesen böswilligen Anschuldigungen berichtete ... Er zog es vor, diesen mich beschuldigenden Bericht zur Seite zu legen, statt mich darüber zu unterrichten. Aber in diesem Jahr hat er mich in zwei ganz besonders wichtigen Momenten unterstützt.

Der erste war vor dem Ausbruch der Indiskretionsaffäre, aber nicht ohne Bezug zum danach Folgenden.

Wir waren Anfang Sommer 1954, genauer: am 10. Juli, in Büro des Präsidenten der Republik René Coty. Es war Mittwoch, kurz vor der Sitzung des Ministerrats. Ich hatte, kaum zum Innenminister ernannt, beschlossen, den Polizeipräfekten, Jean Baylot – dessen früherer Mitarbeiter übrigens Jean Dides war –, zu ersetzen. Mir war noch im Gedächtnis, wie die vorjährigen Kundgebungen am 14. Juli verlaufen waren. Etwa fünfzehn Opponenten der Politik Joseph Laniels – Vietnamesen und Angehörige von Maghrebländern – hatten unter den Schlägen der Ordnungskräfte und unter allgemeiner Gleichgültigkeit den Tod gefunden. Ich fürchtete, daß das nur eine Wiederholung sei und daß die Übernahme der Regierungsgewalt durch die Mannschaft von Mendès France mit einigen noch mörderischeren Salven begrüßt würde. Ich drang darauf, daß auf die Tagesordnung des Ministerrats die Ernennung eines neuen Polizeipräfekten gesetzt wurde. Diese Nacht konnte ich nicht schlafen. Von überallher, von allen einflußreichen Kreisen wurde ich angerufen und mir der Rat erteilt, meinen Vorschlag zurückzunehmen. Am Polizeipräfekten zu rühren war eine nicht hinnehmbare Anmaßung und gefährdete die Republik. Früh am Morgen erhielt ich eine Vorladung vom Präsidenten der Republik, mich eine Stunde vor der Sitzung des Ministerrats im Élysée-Palast einzufinden. René Coty empfing mich mit äußerst schlechter Laune und unterrichtete mich ohne Umschweife, daß er es ablehnen würde, meinen Vorschlag auf Absetzung von Jean Baylot in Erwägung zu ziehen. Ich hielt ihm entgegen, daß er dazu kein Recht habe. Er antwortete, er nehme es sich. Daraufhin sagte ich ihm, daß ich meinen Rücktritt einreichen würde, aber daß ich, kaum daß ich meinen Abgeordnetensitz wieder eingenommen hätte (dies war Brauch unter der IV. Republik), noch am selben Nachmittag auf die Tribüne der Abgeordnetenversammlung treten und seine eigene Absetzung wegen Verstoßes gegen seine verfassungsmäßigen Pflichten verlangen würde. Der Ton wurde hitziger. René Coty wandte sich nun an Mendès France, der zur gleichen Zeit wie ich gekommen war und bisher stumm der Szene beigewohnt hatte, und forderte ihn auf, sich ihm anzuschließen. Ohne zu zögern antwortete der Chef des Ministerrats knapp und bündig: »Ich werde billigen, was der Innenminister tun wird.« In diesem Sinne wurde der Beschluß gefaßt. Ich aber hatte die Standfestigkeit und Solidarität meines Präsidenten des Ministerrats ermessen können: Mendès gab nicht nach. Coty jedoch mußte angesichts unserer Entschlossenheit dann doch klein beigeben.

Der andere Moment, in dem Mendès France sich sehr solidarisch erwies, war im Oktober 1954. Ich hatte die Festnahme von Kommissar Jean Dides gefordert, von dem das Komplott gegen mich ausgegangen war. Denn nachdem die Untersuchung beendet und meine Unschuld erwiesen war, hatten die Abwehrleute begonnen, Dides zu beschatten. Ich wurde über die während der Untersuchung gesammelten Ergebnisse und Informationen auf dem laufenden gehalten. Meine Verblüffung war groß, als ich erfuhr, daß Dides sich am 18. September erneut zu Fouchet begeben und ihm Dokumente ausgehändigt hatte, die meine Schuld »bewiesen«. Das ging nun zu weit. Ich überzeugte Mendès, ihn verhaften zu lassen. Ich brauchte nicht zu insistieren.

Das Ganze war ein leichtes Spiel ... Der Urheber des Komplotts kam hinter Gittern, ungeachtet der vehementen Pressekampagne von *Figaro* und *Aurore*, die »die Willkür des Innenministers« anprangerten ... Doch das war in diesem Augenblick unerheblich, Dides war außerstande gesetzt worden, weiter zu schaden, und seine Informanten – zwei Mitarbeiter des ständigen Generalsekretärs der Verteidigung – enttarnt!

Dennoch ist seit jenem Jahr auf Unvereinbarkeiten zwischen Ihnen und Mendès France verwiesen worden …

Wir waren damals zwei junge Minister – er Präsident des Ministerrats und ich, acht Jahre jünger, sein Innenminister. Man muß sich das Klima während der IV. Republik vergegenwärtigen, das vergiftet war durch das Bündnis zwischen den Kommunisten und den Gaullisten. Wir waren atypisch – er von der radikalen Partei, ich vom UDSR –, und mißfielen um so mehr den Reaktionären der Epoche, insbesondere der mächtigen Koloniallobby. Dies hätte, wäre es denn nötig gewesen, genügt, uns einander nahezubringen.

Trotz Anerkennung Ihrer Unschuld, hat diese unglückselige Verratsaffäre Folgen gehabt?

Wie immer in solchen Fällen. Ein vager Verdacht blieb. Und dann geht die Zeit vorüber und man denkt an anderes.

Am Ende der Affäre hat Kommissar Dides dem Polizeipräfekten einen Brief zukommen lassen, der Ihre Unschuld bestätigte. Der Präfekt gibt ihn Pierre Mendès France. Doch der informiert Sie nicht. Warum nicht, Ihrer Meinung nach? Ein solcher Brief hätte das Ansehen der Feinde des Regimes ruinieren können …

Ich bin über den Gesinnungswandel von Kommissar Dides nicht unterrichtet worden.

1954 waren Sie recht einsam. Uneingeschränkte Unterstützung erhielten Sie von François Mauriac in dessen Rubrik »Bloc-Notes« in der Wochenzeitung »Express«. Können Sie uns etwas über Mauriac erzählen? Wie haben

Sie ihn kennengelernt? Wie waren Ihre Beziehungen zu ihm?

Mauriac war ein Freund meiner Mutter, deren Bruder, Robert Lorrain, er während seines Studiums in Bordeaux und Paris kennengelernt hatte. Mein Onkel ist mit zwanzig Jahren gestorben. Dieses Drama hat Mauriac stark geprägt, er kam regelmäßig nach Jarnac und begrüßte meine Mutter. Als ich Student wurde, hat mich meine Mutter angesichts der Gefahren, die in ihren Augen das Leben in Paris barg, vier angesehenen Briefpartnern anempfohlen: dem General Guillaumat, mit dem wir verwandt waren; Pierre Marcilhacy, Vater des späteren Senators der Charente und Generalrat von Jarnac; Pierre Jouanneau, Präfekt von Versailles, Freund meiner Familie aus dem Limousin – meine Großmutter väterlicherseits stammte aus Séreilhac, im Haute-Vienne – und François Mauriac. Bei den drei erstgenannten machte ich einen Höflichkeitsbesuch und vergaß sie dann sehr rasch; mit François Mauriac entwickelte sich eine Freundschaft, die bis zu seinem Tod 1970 gedauert hat. Wir aßen jede Woche zusammen. Sprachen miteinander. Ein fortwährender Gegenstand von Meinungsverschiedenheiten war unsere gegensätzliche Einschätzung des gaullistischen Experiments, der Erfahrungen mit dem Gaullismus. Es kam auch vor, daß wir darüber lachten.

Meinen Sie nicht, daß Sie ungerecht waren, als sie von Mauriac als einem »regionalistischen« Schriftsteller sprachen?

Ja, sicher. Das war eine Art und Weise, auf seine politischen Sticheleien zu antworten: er war über meine Opposition gegenüber der V. Republik sehr verärgert. Ich traf ihn an einem empfindlichen Punkt, als ich ihn »unseren besten regionalistischen Schriftsteller« nannte. Er konnte das gar nicht ab und war sehr verletzt darüber. Ich bedaure es heute, ihm derart Kummer bereitet zu haben. Ich verdanke ihm viel Freundschaft und Treue.

Unter der IV. Republik sind Sie gemeinhin kritisch gegenüber dem Kolonialismus. Und doch, 1954, Sie sind Innenminister und zuständig für Algerien, bekräftigen Sie die Zugehörigkeit Algeriens zu Frankreich. Man hat Ihnen lange den Ausspruch vorgehalten: »Algerien ist Frankreich.« Was bedeutete er zu jener Zeit?

Er war nach dem Gesetz richtig, da Algerien aus drei französischen Departements bestand. Politisch war er verfehlt.

So sehr Sie die in Schwarzafrika vor sich gehenden Umwälzungen richtig eingeschätzt haben, so sehr scheinen Sie die Bewegung der Geschichte, das Unabhängigkeitsstreben in Algerien falsch beurteilt zu haben. Sind Sie auch der Ansicht, hinsichtlich der Algerien-Frage ein mangelhaftes Urteilsvermögen bewiesen zu haben?

Ja und nein. Ebensowenig wie Mendès France habe ich mich den Anhängern der Unabhängigkeit zugerechnet. Die politischen Umstände in Frankreich gestatteten es nicht. Heute ist es sehr viel leichter, für etwas bereits Entschiedenes Partei zu ergreifen! Aber ich habe gegen die vielfältigen Exzesse angekämpft, in die uns dieser Krieg führte.

1956/1957 bleiben Sie bis zum bitteren Ende Minister der tristen Regierung Guy Mollet. Dabei verlassen sie eine Großzahl von Linken oder kündigen ihr ihre Unterstüt-

zung auf, um so gegen ihre Algerienpolitik zu protestieren: Mendès France, Alain Savary, Édouard Depreux oder Daniel Mayer ... Denken Sie nicht, daß Sie einen moralischen und politischen Fehler begingen, als sie ungeachtet dessen geblieben sind?

Politisch wäre das klüger gewesen. Aber ich war wegen der Kolonialfrage schon einmal aus einer Regierung ausgetreten und wollte mich nicht darauf abonnieren. Wie auch immer, das Angebot von Bourgès-Maunoury, dem Nachfolger Guy Mollets, auf meinem Posten zu bleiben, habe ich wegen des Umgangs der Regierung mit dem Algerienproblem ausgeschlagen.

1956, da sind Sie Justizminister und überlassen den Militärs die Justizfragen. War das ein Fehler? Liegt hier ein Motiv für Ihr Ausscheiden?

Sicher ein Fehler.

Nicht nur die Gaullisten gefährdeten die IV. Republik. Die Kommunisten ebenfalls ...

Während der IV. Republik findet man häufig ein objektives Bündnis zwischen Gaullisten und Kommunisten, die gewichtige parlamentarische Gruppierungen bildeten und die, indem sie sich bei bestimmten ausgewählten Schlachten zusammentaten, mit den Widersprüchen der IV. spielten. Gemeinsam war ihnen die Tendenz, die Résistance für sich zu reklamieren, und gemeinsam war ihnen die Feindschaft gegen ein vereinigtes Europa, ob föderal oder nicht. Aufgrund ihrer Zahl in der Nationalversammlung konnten sie über die Lebensdauer von Regierungen entscheiden und waren in der Lage, jene chronische Instabilität gleichzeitig zu provozieren und zu denunzieren, die schließlich dazu geführt hat, daß das System in Verruf kam und weggefegt wurde.

Waren Sie zu diesem Zeitpunkt ein europäischer Föderalist, wie die Christdemokraten?

Das Wort »Föderalismus« setzt die Zustimmung zu einem Konzept voraus, zu einem Typ von Struktur, der noch nicht gründlicher geprüft war. Ich würde mich darauf beschränken zu sagen, daß wenn ich zu einem Organisationstyp des vereinten Europas neigte, dann zu diesem. Über die europäische Frage ist die Linke traditionell gespalten gewesen.

Haben Sie sich in der Folgezeit zum Föderalismus hin entwickelt?

Ich bin nicht Föderalist geworden, da ich der Ansicht war, daß sich die Realität der Nationen nicht durch die Magie einer juristischen Formel aus der Welt schaffen läßt. Aber ich habe mich dem föderalistischen Denken angenähert, durch logisches Überlegen und indem ich – sicherlich mehr, als erlaubt ist – die Langsamkeit des historischen Prozesses vernachlässigte.

Der Impuls für den Aufbau Europas, den die IV. Republik gegeben hat, ist erheblich, aber nahezu unbekannt. Sie haben 1948 am Den Haager Kongreß teilgenommen. Welche Erinnerungen haben Sie noch an dieses wichtige Ereignis? Kann man sagen, daß dieser Kongreß den Weg geöffnet hat für die Unterzeichnung der Römischen Verträge?

Der Den Haager Kongreß war der erste seiner Art. Er brachte, unter dem Vorsitz von Churchill, die Hauptfeinde von gestern zusammen. Ich habe dort die meisten europäischen Regierungsvertreter gesehen, Deutsche, Italiener, Franzosen, Briten. Ich denke, dort waren all jene, die später als die »Gründerväter« Europas bezeichnet wurden: Monnet, Schuman, Gasperi, Adenauer, Spaak usw. Ich kam ein wenig durch Zufall dahin. Durch eine Einladung, von der ich nicht weiß, auf welchen Umwegen sie zu mir gelangt ist. Aber ich spürte die Wichtigkeit dieser Zusammenkunft an der Wende der Zeiten, nur zwei Jahre nach dem Ende des grausamsten Krieges in Europas.

1958 steckt das Regime in einer totalen Sackgasse. Sie sind nicht mehr in der Regierung. Ahnten Sie, daß die IV. Republik nur noch wenige Wochen leben sollte?

Ja. Das war leicht zu sehen.

Wie haben Sie diese Periode erlebt? Wie haben Sie sich Ihre Zukunft vorgestellt?

Ich war Republikaner, litt für die Republik. So oder so, ich hatte nicht die Absicht, den Kampf aufzugeben.

Am 31. Mai 1958 kam de Gaulle dank des Putsches der Generäle in Algier wieder an die Macht. Haben Sie ihn damals getroffen?

Am 31. Mai 1958 hat de Gaulle, letzter Ministerpräsident der IV. Republik, bevor er seine Regierung bildete oder, genauer, während René Coty bei ihm deswegen vorfühlte, die Führungsleute der politischen Formationen der Zeit, mit Ausnahme der Kommunisten, versammelt. Als Präsident des UDSR war ich wie die anderen geladen. De Gaulle berief uns also ins Hotel Pélouse, wo er abstieg, wenn er in Paris war, um uns zu verkünden, daß er sich der Nationalversammlung präsentieren werde, und wollte nun wissen, was wir darüber denken.

Wir waren also folgsam zusammengekommen, eine kleine Truppe von etwa vierzig Vertretern aus Nationalversammlung und Senat, auf Rohrstühlen sitzend im Saal eines Restaurants, das nicht mehr in Betrieb war. Vor uns: de Gaulle, ein majestätischer de Gaulle, freilich gekleidet in einen etwas verknitterten Sommeranzug. Mit der ihm eigenen großen Höflichkeit stellte er den einzelnen Fragen. Die gesamte IV. Republik war anwesend: Mollet, Pinay, Ramadier, Duchet, Queuille, Daladier, Mendès France, die Vertreter des MRP. Die Parteiführer, die ehemaligen Ministerpräsidenten, die alten parlamentarischen Glanzlichter, die ihn seit zwölf Jahren wütend bekämpft hatten, überschlugen sich förmlich vor Bücklingen. Die noch am Morgen geschworen hatten: »De Gaulle, nie!«, sie machten vor ihm den Kotau, neue Bürger von Calais gleichsam – das Bild stammt, glaube ich, von Viansson-Ponté –, die sich beeilten, die Schlüssel des dahinsterbenden Regimes in die Hände des Mannes zu legen, den die Vorsehung geschickt hatte. Ich, der ich während all der Jahre weniger antigaullistisch gewesen war als sie, mich berührte dieses Gekrieche peinlich. Ich rate Ihnen, in diesem Zusammenhang die höchst erbauliche Korrespondenz zwischen Mollet und de Gaulle zu lesen. Eine einzige markante Persönlichkeit fehlte: Präsident Auriol. Dabei war sein Einfluß bei der Rückkehr des Führers von France libre entscheidend gewesen, wie er schon bei dessen Weggang 1946 eine ausschlaggebende Rolle gespielt hatte.

De Gaulle spielte den Zeremonienmeister, den aufmerksamen Gastgeber, auf das Wohl seiner Gäste bedacht. Er fragte bei den einen und den anderen nach, beruhigte seine Rechte hinsichtlich der algerischen Angelegenheiten, besänftigte das Zentrum bezüglich Europas und der Römischen Verträge, schmeichelte der Linken mittels vager sozialer Versprechen, aber nur kurz, ohne sich länger aufzuhalten, ohne je in Details zu gehen und vor allem: ohne sich je zu verpflichten. In dieser verschwommenen Zustimmung zu allem und jedem mischten sich Gleichgültigkeit und Verachtung. Erstaunlich, daß ich nahezu der einzige war, dem dies auffiel. Für ihn war dieses Treffen mit den Parteien lediglich eine Formalität, der er sich unterzog, weil er sich auf immer von ihr befreit wußte. Dieses letzte Zugeständnis kostete ihn nicht viel. Das Schauspiel, das man ihm bot, entschädigte ihn weitgehend dafür. Nach einiger Zeit, entschlossen, dem Ganzen ein Ende zu bereiten, fragte er uns: »Gut ... Also? Können Sie sagen, ob Sie zentrale Einwände gegen mich haben werden, wenn ich mich vor Ihnen präsentiere?« Schweigen. In diesem Moment stand ich auf. Etwas schüchtern ergriff ich das Wort – ich dürfte der Jüngste der Versammlung gewesen sein, auch der Unbedeutendste, der bescheidene Vertreter einer kleiner parlamentarischen Gruppe, der UDSR: »Mein General«, warf ich in den Raum, »ich werde solange nicht für Sie stimmen, solange Sie nicht öffentlich die Wohlfahrtskomitees in Algier und den Aufstand des Militärs verurteilt haben. Aus der Nötigung eines Putsches kann kein republikanisches Regime hervorgehen.«

De Gaulle hatte geschickt diese Gefahr geschwenkt: Seit Monaten hatten sich seine Emissäre in alle Himmelsrichtungen zerstreut, allerorten sah man Komplotts – die sie sich selbst zuschrieben oder die ihnen zugeschrieben wurden. Die aufrührerischen Militärs hatten sich gerade Korsikas bemächtigt. Während einer Pressekonferenz hatte de Gaulle sogar gewagt zu erklären: »Die Ereignisse von Algier könnten den Beginn eines Wiederauflebens markieren ...« Niemand hatte darauf reagiert.

Wenn Angst die Vertreter der Nationalversammlung ergreift, würden sie sogar in ein Rattenloch flüchten. Man trifft nicht jeden Tag auf einen Mirabeau, der die Rattenfalle schließt.

Unter dem Stuck seiner Pariser Residenz stand de Gaulle da, schweigend, und sah mich von oben bis unten an. Ich nutzte die Gelegenheit und fügte hinzu. »Wir drohen in die Ära der militärischen Pronunziamientos einzutreten ... Nach den Generälen wird es die Stunde der Kolonisten sein ... Und dann, mein General, Sie sind sterblich.« Wenn ich daran zurückdenke, erstaunt mich, daß er so seltsam reagierte. Trocken, ohne auf Antwort meinerseits zu warten, warf er mir hin: »Sie wollen also mein Verschwinden, Sie wollen meinen Tod, ist es das?« Unser Wortwechsel ging in einem allgemeinen Lärm unter. Als wir uns trennten, begnügte er sich mit dem Hinweis, daß er sich auf jeden Fall der Wahl in der Nationalversammlung stellen werde – was er dann auch bereits am nächsten Tag tat. Seine Antwort hatte mich irritiert, sie war augenscheinlich ohne Bezug zu meiner Frage. Er mußte an anderes gedacht haben. Ich sollte ihn nicht wiedersehen.

War die Rückkehr de Gaulles an die Macht eine Überraschung?

Sicherlich für ihn, wenn man sich den de Gaulle der frühen fünfziger Jahre vor Augen hält. Er hatte damit gerechnet, daß es für ihn vorbei sei. Nach der Selbstauflösung des RPF 1953 hatte er sich hinter stolzer Einsamkeit verschanzt, überzeugt, daß man ihn nie mehr rufen würde. Er hatte aufgehört zu hoffen und sich in sein Schicksal ergeben. Er wollte sich nur noch seinen Kriegsmemoiren widmen.

Doch dann hatten die zunehmende Schwäche des

Regimes, die Verschlechterung der Lage in Algerien und die allenthalben in Algier, Paris, Rabat geschürten Komplotte ihm wieder neue Hoffnung gegeben. Selbst wenn er es sorgsam vermied, sein Spiel aufzudecken, schien die Hypothese seiner Rückkehr in die Politik nicht mehr ausgeschlossen.

De Gaulle hielt sich, er hat es nie abgestritten, auf dem laufenden über die von den Militärs in Algerien und den Algerien-Franzosen, den *pieds-noirs*, angezettelten Putschvorbereitungen. Er modulierte sie je nach Stunde und Verlauf der Ereignisse. Er verfügte zu diesem Zweck über vielfache Helfershelfer, er hielt die Fäden der Intrige in den Händen. Olivier Guichard, einer seiner nächsten Mitarbeiter, hielt permanenten Kontakt zu Michel Debré und den anderen Verschwörern. General Duval hielt die Verbindung zwischen Algier und Colombey aufrecht. Ein weiterer General, Ganeval, unmittelbarer Mitarbeiter des Ministerpräsidenten Coty, erfüllte dieselbe Aufgabe von seinem Büro im Élysée aus. Ohne an diesem würdelosen Verhalten nach außen hin gelitten zu haben. Alles war minuziös vorbereitet, inszeniert. Alle nahmen am selben Komplott gegen die IV. Republik teil. Bald wird die Gefahr von Gewaltanwendungen in den Vordergrund gerückt, mit der Ankündigung der militärischen Landung im Mutterland, eines allgemeinen Aufstands oder der Belagerung von Paris durch Panzer aus Versailles, bald wird auf die sanften Pedale gedrückt und auf die letztlich stattfindende Kapitulation der Parlamentarier spekuliert. De Gaulle, scharfsichtig wie er war, setzte auf die Unterwerfung, aber hielt sich zugleich für alle anderen Eventualitäten bereit. Der augenscheinliche Respekt der Legalität hatte für ihn den enormen Vorteil, daß er damit vor den Augen der Geschichte als Restaurateur einer Republik dastand, die ihres Namens würdig war. Der Putsch, den er nicht abgelehnt hätte, wäre er nötig gewesen, hätte seine Pläne über den Haufen geworfen, sein öffentliches Bild getrübt. Deshalb machten ihn Leute wie ich wütend, die von kaschiertem Staatsstreich sprachen. Ich vergriff mich an der Legende, die gerade am Entstehen war. Nichts war weniger entschuldbar.

Sie erwähnten sein Bestreben, sich an die republikanische Legalität zu halten. War er Ihrer Meinung nach ein echter Republikaner?

Ein zumindest ambivalenter Republikaner, wenigstens bis zu dem Zeitpunkt, da er selbst die Republik wurde: Ich habe es Ihnen bereits gesagt, es gab zwei de Gaulles, und jeder schmiedete sein Schwert. Aber der wahre de Gaulle hatte ein Gespür für die Geschichte, und er fürchtete, gezwungen zu sein, nach einem Gewaltstreich wieder in die Politik zurückkehren zu müssen. Er konnte zu diesem Zweck auf seine taktische Überlegenheit zählen, auf die Trümpfe, die er aufgrund der allgemeinen Feigheit in Händen hielt, auf seine Menschenkenntnis und darauf, daß ihr Widerstand bald an seine Grenzen stoßen würde. Daß eine derartige Bewegung sich um ihn scharen würde, hat seine kühnsten Erwartungen übertroffen. Die Abgeordneten und die meisten Parteien mußten nur ihrer Natur nachgeben, brauchten sich nicht zu zwingen. De Gaulle hatte nichts weiter zu tun, als sich die Legalität in die eigene Tasche zu stecken.

Am 1. Juni 1958, am Tag nach dem Treffen mit de Gaulle, vertraut Ihnen Präsident Coty an, daß er beinahe Sie als Ministerpräsidenten vorgeschlagen hätte. Sie waren seit Monaten für diesen Posten im Gespräch. Hofften Sie tatsächlich auf diese Ernennung?

Ich hatte mit René Coty, der sich mir im Élysée-Palast anvertraute, einen absurden Dialog. Er begann mit den Worten: »Ich habe wegen der Bildung einer Regierung viel an Sie gedacht. Aber Ihre Positionen sind bekannt. Sie hätten die Kommunisten gerufen. Und es hätte in Algier Zwischenfälle gegeben.« Ich bewunderte den Gebrauch des Wortes »Zwischenfälle« und des Konditionals. Es war Anfang Juni. Die Revolte in Algier hatte am 13. Mai stattgefunden. Die »Zwischenfälle« lagen hinter uns. Doch dieses zentrale Ereignis unserer Geschichte auf »Zwischenfälle« zu reduzieren unterstrich die stillschweigende, vielleicht unbewußte Übereinkunft der politisch Verantwortlichen in Paris, und in erster Linie des Präsidenten der Republik, mit den Aufständischen. Coty war schockiert über die schlechten Manieren der Generäle, die das Volk von Algier zur Revolte aufriefen, aber schockiert tatsächlich nur zum Schein. Das waren nur Zwischenfälle. Man blieb unter seinesgleichen. Er fühlte sich diesen »Männern der Ordnung« näher als jenen, die sich ihnen entgegenstellten.

Als ich ihm sagte, daß mir die Mitarbeit der Kommunisten in der Tat für unabdingbar, ja für heilsam erscheinen würde, malte sich auf seinem Gesicht Empörung ab. Ich glaube nicht, daß er im Ernst daran gedacht hat, mir die Regierungsverantwortung anzuvertrauen. Aus professionellen Überlegungen heraus spielte er alle Hypothesen durch. Die meine hatte sich von selbst erledigt. Indem ich die mögliche Präsenz von Kommunisten erwähnte, hatte ich selbst den Schlußstrich gezogen.

Hoffte ich wirklich auf diese Ernennung? Es wäre in der Tat eine noble Aufgabe gewesen. Aber ich wußte, daß sie nicht zu verwirklichen war. Ich hätte nur eine beschränkte Zahl von Stimmen in der Nationalversammlung auf mich vereint. Der republikanische Atem hatte die offiziellen Orte verlassen. Niemand glaubte mehr daran, niemand wollte ihn mehr. Jeder fand sich mit einem glücklichen, scheinbar klassischen Ausgang ab, auch wenn viele spürten, daß es sich um das Ende einer Zeit handelte und vermutlich der ihren. Doch die Wendigen beherrschten weiter die Flure, beruhigten, indem sie sich selbst beruhigten, verkündeten, höchste Bürgschaft, in der nächsten Regierung dabei zu sein: man hatte es ihnen fest zugesagt. Und so wohnte man dem höchst komischen Schauspiel von Menschen bei, die, im Glauben, sich damit ihre Karriere zu bewahren, als die Retter des Regimes auftraten, das sie verrieten. Dazu wurden sie nicht müde, überall und immer wieder zu erklären: »Er [de Gaulle] macht es keine sechs Monate.« Sie wähnten sich einer jener ministeriellen Krisen gegenüber, wie sie seit zehn Jahren geregelt wurden: gütlich, wie unter Freunden. Kurz, sie stutzten de Gaulle auf ihre Größe zurecht, und wenn sie, *in petto*, auch fürchteten, daß dem womöglich nicht so war, so machten sie es doch glauben.

Woran ist diese Ernennung letztlich gescheitert? Daran, daß Sie die kommunistischen Stimmen in der Nationalversammlung akzeptiert hätten? Wegen Guy Mollet? Oder wegen der Aktivisten von Algier?

Sie nennen da drei Erklärungen, die sich ergänzen. Das Akzeptieren der kommunistischen Stimmen erschien – für lange – als das Verbotene schlechthin. Gegen meinen Rat hatte Pierre Mendès France diese Unterstützung zweimal ausgeschlagen. Das eine Mal, 1953, mündete es in das Debakel bei der Vorstellung seiner Regierung, das andere Mal, 1954, gelang es ihm zwar, daß ihm das Vertrauen ausgesprochen wurde, aber ohne wirkliche Mehrheit, womit er der Gnade der Rechten und zumal der Kolonialrechten ausgeliefert war, die nach sieben Monaten Regierung auch nicht versäumten, das auszunutzen.

1958 war es die erste Sorge der Machtanwärter, jede derartige Mutmaßung, sie könnten auf die Kommunisten zählen wollen, zu zerstreuen. Meine Stellungnahme mußte mich unweigerlich ins Aus setzen.

In den folgenden Jahren habe ich an meinen Wahlentscheidungen festgehalten. Nicht daß ich mich der Ideologie oder den Praktiken der kommunistischen Partei gebeugt hätte. Ganz im Gegenteil. Aber schon damals war meine Einschätzung, daß es für die Linke nur in ihrer Vereinigung eine Zukunft gab. Das setzte ein langwieriges und schwieriges Vorgehen voraus. Die Franzosen waren noch nicht bereit, sich in die Hände einer von den Kommunisten dominierten Linken zu begeben, was bis 1978 der Fall war. So bestand die Aufgabe zugleich darin, der sozialistischen Linken die einstige Stärke wiederzugeben und die Chancen offenzuhalten für die Einheit mit einer kommunistischen Partei, die wie eh und je dominieren wollte und argwöhnisch war. Guy Mollet kam aus seiner gleichsam körperlichen Ablehnung dieses sogenannten »widernatürlichen« Bündnisses nicht hinaus, trotz des Einheitsgefasels am Abend vor jeder Wahl. Was die Aktivisten von Algier in diesem Zusammenhang betrifft: darüber braucht man gar nicht erst zu reden. Der Antikommunismus war ihr ureigener Antrieb.

Dachten Sie in diesem Moment, daß die IV. Republik noch zu retten sei? Oder war das Regime unwiderruflich verurteilt?

Die objektiven Gegebenheiten belegten, daß die IV. Republik nicht gerettet werden konnte. Daß sie es selbst nicht einmal wollte, außer um die errungenen Posten und Positionen zu bewahren, die natürlich verloren waren. Im Laufe dieser fiebrigen Stunden habe ich oft an das Gespräch zwischen Hugo und Proudhon denken müssen, die sich am 3. Dezember 1851 auf der Brücke Pont-Neuf trafen. Proudhon, der in Mazas inhaftiert war, hatte eine Ausgeherlaubnis. Er betrachtete spöttischen Blicks die Agitation der von Louis-Napoleon verjagten Parlamentarier. Und Hugo, der ihn überzeugen wollte, sich ihnen anzuschließen, gab er zur Antwort: »Warum? Was kommen wird, wird nicht schlimmer sein als das, was ist.« So reagierte ein Großteil des französischen Volkes und nicht wenige seiner gewählten Vertreter von der Linken. Ich jedoch war der Ansicht, daß der Ehre wegen schon nein gesagt werden mußte und das Kommende vorzubereiten sei, von dem klar war, daß es lange auf sich warten lassen würde.

Am 1. Juni 1958 halten Sie eine berühmte Rede, um zu erklären, daß Sie nicht für de Gaulle stimmen. Diese Rede enthält eine interessante Passage. Sie sagen: »Aber jemand hat mir gerade gesagt: ›Werden Sie sich in einiger Zeit nicht auch anschließen?‹ Aber ja, meine Damen und Herren, wenn General de Gaulle Stifter einer neuen Form von Demokratie wird. Wenn General de Gaulle zum Befreier des afrikanischen Volkes wird, der Garant der Präsenz Frankreichs jenseits der Meere, wenn er der Restaurateur der nationalen Einheit, wenn er Frankreich gewährt, was es an Kontinuität und Autorität bedarf, dann schließe auch mich an, allerdings nur unter einer Bedingung …« Der einsetzende Radau Ihrer Gegner hat verhindert, zu erfahren, worin diese Bedingung bestand. Könnten Sie sie uns heute präzisieren?

Ich glaube, es war Emmanuel d'Astier de la Vigerie, der den Einwurf machte. In seinem »werden Sie sich anschließen« schwang ein Ton, den ich nicht ertrug. So als wollte er sagen: »Sie werden auch Verrat begehen.« Erlauben Sie mir, daran zu erinnern, daß ich meine Rede mit folgenden Worten begonnen hatte: »1940 hatten Sie zwei Gefährten, die Ehre und das Vaterland. Heute heißen diese Gefährten Gewaltstreich und Aufruhr«, eine Einleitung, die einer Zustimmung danach kaum mehr Raum ließ. Aber es stimmt, meine Erziehung verwies mich allzuleicht auf den Begriff der Todsünde, und was ich im Akt vom 13. Mai anprangerte, war gleichsam eine Todsünde, also unverzeihbar, untilgbar, gegen die Demokratie. Täuschte ich mich? De Gaulle hatte eine derartige Statur, daß ich zugleich recht und unrecht hatte.

Sie sind gegenüber de Gaulle sofort frontal auf Gegenkurs gegangen, haben ihm keine Chancen gelassen, während die Sozialisten mit Mollet sich ihm anschlossen ...

Mollet hatte sich ergeben, nachdem er die großen Vorfahren beschworen und sein Opfer – im Stile Baudins oder Delescluzes – auf imaginären Barrikaden angekündigt hatte. De Gaulle hatte sich darin nicht getäuscht und auf diese Prahlereien auf die freundlichste Art geantwortet. Resultat: Mollet war wieder in der Regierung. Ich erinnere mich an eine lustige Anekdote: Kaum zum Staatsminister ernannt, rief er in seinem neuen Amtssitz den letzten Rest von Opponenten, darunter mich, zu sich und gab uns ohne den Schimmer von Ironie den Rat: »Seien Sie wachsam wie nie.« Darüber muß ich immer noch lachen. Ich zog es vor, der Komödie, zu der man mich einlud, ein Ende zu machen, und hörte auf, das Reich des Doppelspiels zu besuchen. Mit Leidenschaft verfolgte ich dagegen, da interessanter und ernsthafter als diese Intrigen, das dialektische Verhältnis von de Gaulle und herrschender Klasse.

Der Drang, um jeden Preis wieder zur Macht zu gelangen, machte den de Gaulle von 1958 zum Gegensatz des de Gaulles von 1940. Die Bourgeoisie von 1940, die sich entschlossen hatte, sich Pétain und seiner nationalen Revolution anzuschließen, sah in de Gaulle einen illoyalen Soldaten, von Ehrgeiz in die Irre getrieben, einen Verräter an seiner Klasse. 1944, sie hatte sich gerade von ihren Ängsten erholt und de Gaulle hatte gesiegt, tolerierte sie ihn. Aber sah in ihm immer noch einen Häretiker: der Eintritt der Kommunisten in die Regierung erschreckte sie. Er spielte mit dem Feuer. Er verstörte die Konformisten. Ich wiederhole es: Die Bourgeoisie hat noch nie gezögert, wenn ihre – tatsächlichen oder vermeintlichen – Interessen auf dem Spiel standen. Ab 1946 war sie der Ansicht, es sei sicherer, zur Wahrung ihrer Positionen sich auf die traditionellen Parteien der Rechten und des Zentrums zu stützen. Sie rechnete mit dem Erfolg der IV. Republik und ihrer Verfassung, ein Schmuckstück aus Unvereinbarem, das ihr aufs wunderbarste stand. Sie brauchte ihn also nicht mehr.

Doch die IV. Republik versank schnell in institutionellem Chaos und in den Kolonialkriegen, verlor jeden Kredit und jedes Ansehen. Zwischen de Gaulle und der Führungsklasse begann sich ein neuer Raum der Versöhnung zu öffnen. Freilich auf der Grundlage eines Kompromisses, der de Gaulle jeden ernsthaften Übergriff auf die Risikobereiche untersagte. Aber das war de Gaulle. Dank dieses Kompromisses und um den Preis eines kostspieligen und zerbrechlichen Bündnisses blieb er elf Jahre an der Macht. Er setzte durch, er verzichtete. Er setzte seine konstitutionellen und strategischen Ansichten durch, was nicht gering war, zugegeben. Er verzichtete auf den Umbau des Sozialbereichs. Und auch das war keine Bagatelle. Er war sich durchaus bewußt, daß ihn die Bourgeoisie nicht adoptiert hatte und daß sie sich seiner mangels Besserem bediente. Sie wies ihn zurück, sobald sich ihr die Gelegenheit bot – oder vielmehr:

sobald er ihr aus Überdruß die Gelegenheit dazu bot. So wurde er beim Referendum vom April 1969 geschlagen. Die Bourgeoisie fühlte sich nun befreit: der Abgang de Gaulles würde keine Krise des Regimes heraufbeschwören. Georges Pompidou war da, der auf der Lauer lag, bereit, das Erbe zu übernehmen und Frankreich zu führen. Die Bourgeoisie, erleichtert, gab dem alten Rebellen schlicht und einfach den Laufpaß.

Die Zeit der Opposition

GEORGES-MARC BENAMOU – *Nach der Rückkehr de Gaulles sind Sie ein Mann der IV. Republik, eine Art Pestkranker ... War diese Einsamkeit, diese Isoliertheit schwer für Sie?*

FRANÇOIS MITTERRAND – Eine gewisse Gewohnheit ... und vielleicht ein heimliches Vergnügen machten die unangenehmen Seiten daran wieder wett. Das Ganze war um so verwunderlicher, als ich doch gegenüber der IV. Republik, ihrer Kolonialpolitik, ihren Institutionen, eine schwache Kopie der III. Republik, deren Fehler sie vor allem übernommen hatte, sehr kritisch gewesen war. Von Anfang an hatte ich die Risse, die Widersprüche dieses Systems wahrgenommen und gegen die Verfassung von 1946 gestimmt. Jene, die aus den offiziellen Kreisen des dahingeschwundenen Regimes aus diesen oder jenen Gründen von der Macht verdrängt worden waren, nährten mir gegenüber eine starke Animosität ...

Es stimmt, ich war in jenen Zeiten recht einsam. Aber das war sehr viel einfacher zu ertragen, als Sie es sich vorstellen mögen. Sehr viel einfacher, als wenn ich mich unter die Meute der neuen Höflinge gemischt hätte. Gegen de Gaulle zählten nur wenige in dieser Epoche: die Kommunisten, die Leute der kleinen Linken, einige minoritäre Sozialisten, Mendès France und ich. Es gab gewissermaßen keine linke Presse: die großen Tageszeitungen waren mit der Macht versöhnt. Es gab keinen freien Funk und kein freies Fernsehen, überall hörte man nur »die Stimme Frankreichs«. Alles war verriegelt. Das hat bis zu der Präsidentenwahl von 1965 gedauert, die unter diesem Gesichtspunkt befreiend gewirkt hat.

Seit meiner Rede vom 1. Juni 1958 in der Nationalversammlung, in der ich mich gegen die Vollmachten für de Gaulle ausgesprochen hatte, war ich für das neue Regime (von dem vergessen wird, wie hart und willkürlich es anfangs agierte) einer, den es niederzumachen galt. Und so bin ich, ich, der als obligater Partner jeder Regierung geschmäht wurde, als typischer Opportunist, vierundzwanzig Jahre in der Opposition geblieben. Aber aus eigenem, freiem Willen. Vierundzwanzig Jahre, in denen ich weder von nah noch von fern Umgang mit der Macht gepflegt habe; vierundzwanzig Jahre, in denen ich mich nie an die offiziellen Orte begeben habe, keine Minister empfangen, mich nicht mit dem Regime, das ich bekämpfte, kompromittiert habe. Das hatte seine Vorteile: ich war auf diese Weise von einigen langweilen Zeremonien befreit. Das hatte auch seine Nachteile: überhaupt keine oder weniger Kredite für die Nièvre; Polizeiüberwachung; kein Zugang zu Radio und Fernsehen. Zu jener Zeit mit de Gaulle im Clinch zu liegen war kein Zuckerschlecken!

Der politische Horizont war versperrt, Sie waren allein. Kam da nicht ein gewisser Zweifel auf? ...

Ich wußte instinktiv, daß ohne Zeit sich nichts entwickeln würde. Ich habe nicht gezweifelt, da ich von niemandem etwas erwartete. Was geschah, lag in der Natur der Dinge. Ich baute auf mich und eine kleine Gruppe treuer Freunde. Ich fühlte mich als Träger einer grenzenlosen Geduld. Eine Belohnung für diese Anstrengung erhoffte ich mir nicht für mich selbst. Die Wahl von 1981 hat mein Gefühl Lügen gestraft. Aber ich war bereit, bis zum Schluß an meinen Positionen festzuhalten, ich war sicher, recht zu haben, das heißt, ich war sicher, daß die Linke gewinnen würde. Mag man mir glauben oder nicht, aber ich war wirklich der Meinung, daß der Sieg erst nach mir eintreten würde. Als ich von der Macht Abschied nahm oder, vielmehr, von dem, was sie nach außen hin zeigt, das heißt, von der Regierung, da war ich einundvierzig Jahre. Zum Präsidenten der Republik wurde ich mit vierundsechzig Jahren gewählt. Das ist kein Alter, in dem man anfängt zu träumen.

Alle Macht lag in den Händen der Gaullisten, und so würde es noch lange sein, dachte man. Unter diesen Umständen mußte man Geduld aufbringen, sich erklären, sprechen, schreiben ... Aber tief in meinem Inneren war ich mir ziemlich sicher. Ich wußte, daß meine Opposition sich ihren Weg bahnen würde, wenn es ihr gelingen würde, sich zu erneuern, ihre Ideen zu modernisieren, ihre Mannschaften zusammenzustellen, wenn sie es fertigbringen würde, eine militante Kraft im Land auf die Beine zu stellen.

Waren Sie und Mendès France ab 1958 Rivalen?

Er war der ältere von uns beiden und ich respektierte ihn. Sein Leben, die Entscheidungen, die er getroffen hatte, prädestinierten ihn zur Führungsrolle. Sein intellektueller und moralischer Mut machten ihn zu einer namhaften Gestalt unseres nationalen Daseins; er war einer der wenigen, ich habe es bereits gesagt, der sich 1958 de Gaulle entgegenstellen konnte, der 1965 mit ihm rivalisieren konnte – was er nicht für gut erachtete und unterließ. Er konnte de Gaulle legitimerweise gegenübertreten. Er war sein wirklicher Rivale. Doch in jenem Augenblick verschanzte er sich hinter seiner Ablehnung. Er war gleichsam instinktiv gegen die Verfassung von 1958 und die allgemeine Wahl des Präsidenten der Republik – die ihn an den mißlichen Präzedenzfall von 1848 erinnerte. Er verrannte sich in die unwiderrufliche Verurteilung des Regimes, sah, Legist, der er war, das Böse in den Institutionen selbst, während das Problem doch in deren Praxis bestand.

Wir waren damals nur eine Handvoll gegen de Gaulle: er, ich, einige andere. Wir waren allein, aber wir waren zusammen. Erst danach, bei der Frage der Oppositionsstrategie gegen de Gaulle, trat der Dissens auf: die Opportunität der Vereinigung der Linken. Er und ich haben unterschiedliche Wege gewählt. Doch trotz aller Umschwünge in unser beider politischer Leben haben wir doch immer gute persönliche Beziehungen bewahrt.

Sie scheinen sagen zu wollen, daß Mendès France nicht die entscheidende Wende begriffen habe, die 1958 darstellte ...

Nein. Das sage ich nicht. Aber er glaubte nicht an die unwiderstehliche Kraft einer Volksbewegung, die niemand aus ihren Rängen ausgeschlossen, die die Mitarbeit, die Präsenz der kommunistischen Partei anerkannt hätte.

Wann sind Sie sich der Notwendigkeit einer Allianz mit den Kommunisten bewußt geworden und haben für die Union de la gauche, die Vereinigung der Linken, optiert?

1958. Zum Zeitpunkt der Regierung Mendès France, vier Jahre früher, habe ich zwar den Ausschluß der Kommunisten – worein sie sich mühelos schickten – bedauert, bin aber noch nicht so weit gegangen, ein Bündnis in Erwägung zu ziehen. Es gab keine Beziehungen zu ihnen, kein Einverständnis, außer einigen heimlichen Brutstätten, wo obskure, von den Führungsstäben delegierte Boten sich trafen und die Wege in die Zukunft sondierten, um sie desto besser wieder zu versperren. Vier Jahre später, angesichts von de Gaulle, angesichts vor allem aber auch der wieder allmächtig gewordenen konservativen Kräfte, war diese Vereinigung meiner Einschätzung nach notwendig, unabdingbar. Die Spaltung der Linken in drei oder vier Parteien, die Spaltung der Gewerkschaften, der intellektuellen Kreise, und in all diesem Chaos die kommunistische Dominanz: all das machte jeden politischen Sieg unmöglich. Ich sah kein Ende dieser Situation, es sei denn durch einen Schock, der allerdings schwer vorstellbar war. Die einzige mögliche Haltung bestand also in einem bescheidenen, tagtäglichen, pädagogischen Vorgehen.

Die Vereinigung der Linken habe ich erstmals in der Nièvre verwirklicht, beim zweiten Wahlgang zu den Kammerwahlen im November 1958. Das war im Tagesclinch nicht ohne Schrammen abgegangen. Die Kommunisten und ich waren in den vorangegangenen Wahlen mächtig aneinandergeraten. Ich hatte sie in diesen Jahren zu kennen gelernt. Ich hatte während der Résistance mit ihnen verkehrt, auf der praktischen Ebene ... Ich ließ sie nicht einfach machen. Ich ließ nicht mit mir umspringen. Es war, trotz der persönlichen, oft herzlichen Beziehungen zwischen uns, eine Welt für sich, ein geschlossener Kreislauf. Dennoch gelangten wir in der Nièvre zu einer Abmachung hinsichtlich der Kammerwahlen. Der kommunistische Kandidat trat vor dem zweiten Wahlgang zu meinen Gunsten zurück, während der Vertreter der SFIO seine Kandidatur aufrechterhielt. Also machte ich eine gemeinsame Kampagne mit den Kommunisten. Es war eine persönliche, lokale Initiative, die mit einer Niederlage endete: ich verlor meinen Abgeordnetensitz.

Das hat mich weder entmutigt noch den Glauben geraubt an die Notwendigkeit einer vereinigten Linken. Ich war überzeugt, daß dies die einzige mögliche Strategie war, wollte die Linke eines Tages die Macht gewinnen. Und so habe ich im März 1959 bei den Kommunalwahlen in Château-Chinon erneut eine Liste mit Kommunisten aufgestellt. Dieses Mal siegten wir. Bei dieser Gelegenheit habe ich direkte Kontakte zu den wichtigen kommunistischen Führungsleuten geknüpft. Doch ihre wahre Dimension hat die Politik der Vereinigung der Linken erst 1964, bei den Vorbereitungen zur Präsidentenwahl, gewonnen.

Wie war es damals mit dem Bewußtseinsstand der Linken bestellt? Wurde Ihre Einschätzung von der Mehrheit geteilt?

Sicher nicht in den Parteiapparaten. Die durch Mendès France oder Rocard inspirierten Klubs waren vehement dagegen. Die SFIO ebenso. Der berühmt-berüchtigte alte Streit zwischen Sozialisten und Kommunisten setzte sich fort, in seinem Gefolge die unablässig wiedergekäuten Ressentiments mit sich schleppend. Außerhalb Frankreichs war in den meisten sozialdemokratischen Parteien dieselbe Tendenz vorherrschend. Auf den Kongressen der Sozialistischen Internationale wurde ich neugierig und mißtrauisch begutachtet.

Diese Strategie der Vereinigung der Linken stand in totalem Bruch zu der von Mendès France, unter dem Sie 1954 Minister gewesen waren. Wie hat er reagiert?

Totaler Bruch: etwas große Worte. Ich habe vor wenigen Augenblicken daran erinnert, daß er 1954, als er ein in Schwierigkeiten geratener Ministerpräsident war, es trotz meiner Fürsprache abgelehnt hatte, die Stimmen der kommunistischen Abgeordneten zu seinen Gunsten zu zählen. Ich hatte deshalb gleichwohl den Posten als Innenminister, den er mir anbot, akzeptiert, und unsere Beziehungen hatten sich in keiner Weise verändert.

Seine Geste, die durchaus etwas Spektakuläres hatte, war politisch steril. Ergebnis: nach sieben Monaten Regierung war er gestürzt, sieben Monate, die mythische Dimensionen gewannen, es Mendès France aber nicht ermöglicht hatten, seine immensen Qualitäten auszuspielen. Trotz der zahllosen Gespräche, die wir beide zu diesem Thema führten, vermochte ich ihn nicht zu überzeugen.

Diese Diskussion spitzte sich 1965 zu, als ich nach dem Rückzug Gaston Defferres meine Kandidatur anmeldete. Ich schlug ihm zunächst vor (und war nicht der einzige, der in dieser Richtung auf ihn eindrang), selbst zu kandidieren. Er lehnte ab. Zwei Argumente waren dafür ausschlaggebend: Jede Wahl dieses Typs war von Natur aus plebiszitär, und dafür wollte er sich nicht hergeben. Zumal er dem Linkskandidaten keine Chance einräumte, eine ausreichende Zahl von Stimmen auf sich zu vereinigen. Zum anderen geprägt durch die Erfahrung mit Léon Blum, befürchtete er, daß sein Auftreten im Wahlkampf wieder den Antisemitismus aufwecken könnte. Das Bündnis mit den Kommunisten hatte sich noch nicht gestellt. Mit ihm stellte es sich auch nicht. Die Linke fand sich ohne Kandidat wieder. Ich beschloß, selbst zu kandidieren.

Nach Mendès France konsultierte ich Daniel Mayer, Gaston Defferre, Maurice Faure und Guy Mollet. Mendès France empfing mich, wie es ihm gegeben war: mit Großzügigkeit und Strenge. Er fragte mich nach meinen Absichten in bezug auf die Kommunisten. Ich antwortete ihm, daß ihre aktive Präsenz im Kampf notwendig sei, daß sie nicht in der Lage seien, ihre Bedingungen zu diktieren, daß Waldeck-Rochet[1] versöhnlerisch gestimmt sei.

1 Waldeck-Rochet bzw. Waldeck Rochet (1905-1983): 1964 als Nachfolger von Maurice Thorez Generalsekretär der Kommunistischen Partei Frankreichs. [A. d. Ü.]

Bestimmte Fakten belegten dies, seit seiner Ernennung zum Generalsekretär war ein unbestreitbares Bemühen um Klärung und Modernisierung eingeleitet worden. Ich kannte Waldeck-Rochet. Ich schätzte seinen Charakter, seine bedächtige Art zu überlegen, mir gefiel sein starker burgundischer Akzent, der mir aus der Nièvre vertraut war. Ich hatte gute Beziehungen zu ihm geknüpft. Er hatte mir erzählt, wie er der kommunistischen Partei beigetreten war, geleitet von den Lehren seines Vaters, eines Republikaners der alten Schule (von daher der Vorname, den er seinem Sohn gab: Waldeck), aber gefangengenommen von den Schriften der großen Theoretiker des Sozialismus und Marxismus, die er las, während er auf dem Karren saß mit dem Frühgemüse, das er auf dem Markt von Chalon-sur-Saône verkaufte. Ihn hatte der Prager Coup[2] schwer getroffen, und auch für die spätere Kaltstellung Dubceks fühlte er sich irgendwie persönlich verantwortlich, da er an die Moskauer Versprechen geglaubt hatte. Ein gewisser Groll blieb bestehen. Ich denke, daß er der erste Verantwortliche gewesen ist, der wirklich und ernsthaft für die Entstalinisierung gewonnen war. Doch die Präsidentenwahl sah er nicht ohne Sorge nahen, da er zugleich befürchtete, daß seine Partei enttäuschend abschneiden und man die Gelegenheit verpaßt haben würde, eine Dynamik der Vereinigung in Gang zu setzen. Wir haben uns zwei- oder dreimal darüber unterhalten, bei Roland Dumas auf der Ile Saint-Louis und im Beisein des Rechtsanwalts Jules Borker, von dem wir wußten, daß er unserem Vorgehen gegenüber aufgeschlossen war. Waldeck-Rochet verhehlte seine Präferenz für eine einheitliche Kandidatur der Linken nicht – und daß es meine sein sollte.

2 Die endgültige Übernahme der Macht durch die tschechoslowakischen Kommunisten 1948. [A. d. Ü.]

Durch diese Zustimmung gestärkt, versuchte ich Mendès France für diese Perspektive zu gewinnen, unterstützt durch Roland Dumas und Claude Estier, die beide unterrichtet waren. Nichts zu machen. Mendès France blieb bei seinen Vorbehalten, unterstellte, wir wären Spielzeug in den Händen der Stärkeren als wir, es gäbe einen solchen Wesensunterschied zwischen dem vom Leninismus und Stalinismus geprägten Kommunismus und dem demokratischen Sozialismus, daß es eine Irreführung der Linken wäre, sie in dieses Abenteuer zu stürzen. In diesen Worten von Mendès France kam eine tiefsitzende Überzeugung zum Ausdruck, aber man spürte bei ihm doch auch so etwas wie Verletztheit. Er war noch nicht von den Erinnerungen an 1954 losgekommen und reagierte als Mensch seiner Generation, der noch von den verleumderischen Attacken eines Thorez zu Zeiten der Volksfront gezeichnet war. Vielleicht schrieb er mir auch zu, aus reinem Ehrgeiz den Kampf der Linken gegen de Gaulle führen zu wollen, was sehr genau dem Bild entsprach, das von mir verbreitet wurde und das geeignet war, mein Vorgehen zu diskreditieren. Angesichts meiner Entschlossenheit wünschte er mir guten Erfolg, konnte aber nicht versprechen, mit mir weiter zu kooperieren als bis dahin, wo sein Gewissen es ihm diktierte: für die Linke kämpfen, aber ohne zur Verwirrung beizutragen, die aus der Präsenz von Kommunisten erwachsen würde.

Ich blieb bei meinen Positionen. Unser Dissens über diesen zentralen Punkt nahm nicht ab, im Gegenteil, er verstärkte sich noch anläßlich des gemeinsamen Programms, das Mendès France unter wirtschaftlichen und politischen Gesichtspunkten verurteilte. Letztlich hat er niemals geglaubt, daß die Kommunisten im Rahmen dieser Kraftprobe, die die Vereinigung der Linken darstellte, ihren Arm senken könnten zugunsten der minder schlagkräftigen Gruppe, an deren Spitze ich stand. Er unterschätzte die meiner Meinung nach unwiderstehliche Dynamik der Volksbewegung und blieb gefangen im traditionellen Schema politischer Kämpfe, wo die Überlegenheit an Zahl wie Disziplin der Kommunisten festgestellt wurde, gegenüber einem bestimmten Niedergang der Sozialisten, der 1936 eingesetzt hatte und den die seit 1945 praktizierten Bündnisse des Typs »dritte Kraft« nur noch verschärften.

Ich war demgegenüber sicher, daß es möglich war, die Beweislast umzukehren, daß die kommunistische Partei ihre Umgestaltung erst in Ansätzen vollzogen hatte, daß sie gezeichnet blieb vom Brenneisen des Stalinismus und daß sie keine Chance auf einen Sieg in Frankreich hatte. Daß sie weiterhin dominant blieb, machte die Linke steril und bewirkte, daß sich die Hoffnung des Volkes von ihr zurückzog. Das hatte Waldeck-Rochet sehr genau gespürt und begriffen. Aber er startete von zu weit, war mit zahlreichen inneren Oppositionen konfrontiert und hatte nicht mehr die Zeit, den Richtungsverlauf vor der Präsidentenwahl zu ändern. Das war unsere Chance. Der Linken wieder den Atem zu geben, den sie brauchte, sie aus der vorab zum Scheitern verurteilten Dauerdebatte zu ziehen zwischen den kommunistischen und den sozialistischen Parteiapparaten, gewöhnt an jene Art Übung, bei der sie immer wieder die gleichen Kunstkniffe anwandten, um eines trügerischen Photos willen, das die (seltenen und kurzen) Erinnerungen an den Jubel der Einheit wiedererweckte – und das ihnen genügte. Man mußte taub sein, um nicht das Gären einer sich in Bewegung setzenden Geschichte zu hören.

Ich empfand dies um so dringender, als das Manifest von Champigny, das die Handschrift Aragons trug, sein Stil und seine Ideen belegten, daß bei den Kommunisten der Wettlauf mit der Zeit begonnen hatte. Die Linke erwartete eine neue Sprache. Sie würde sich dem zuwenden, der zu ihr sprach. Ich hatte den entsprechenden Ehrgeiz, ich fühlte mich dazu befähigt und in der Lage, dem Sozialismus die ihm eigene Identität zurückzugeben und, wie ich hoffte, seine Einheit, und zwar, indem der durch den Sieg des Leninismus provozierte Bruch überwunden und der Lauf des Sozialismus wieder seiner natürlichen Bestimmung zugeführt wurde: dem Primat der auf neuen wirtschaftlichen und sozialen Verhältnissen basierenden Freiheit. Aber das alles mußte über das anfängliche Bündnis mit einer starken und geschlossenen kommunistischen Partei laufen, die, an eines der beiden Weltimperien angelehnt, entschlossen war, ihre Positionen zäh und verbissen zu verteidigen.

Die Wette schien verrückt zu sein. Aber sie war es nicht, wenn man die Analyse weiter trieb als bis zum sichtbaren politischen Spektrum. Man hat mir immer taktische Überlegungen nachgesagt und dies mitleidlos mit dem Vorgehen der Ideologien verglichen. Ich gebe zu, daß ich mich nicht lösen kann von dem, was meiner Meinung nach die sicherste Methode zum Erreichen des gewünschten Ziels darstellt. Aber das Ziel selbst blieb immer fest. In der großen Entwicklung der Ideen, die den Sozialismus seit seinem Ursprung getragen, die ihn gespalten, zerstückelt, in sich zerrissen hat, sind einige erstrangige, grundlegende Themen lebendig geblieben, die schon immer die Hoffnung der ausgebeuteten Klassen zum Ausdruck gebracht und deren Willen mobilisiert haben. Diese Erfahrung und diesen Willen hatte der Marxismus-Leninismus, der selbst durch die stalinistische Diktatur entstellt worden war, an sich gerissen. Aber war es nicht auch Schuld der Sozialdemokraten, die sich von ihrer Mission abgewandt hatten? Und war es denn so sicher, daß die Partie für sie bereits verloren war, wenn sie nur wieder die Wege zum Vertrauen des Volkes zurückfinden würden?

Da sich derselbe Dialog mit Mendès France endlos wiederholte, war es sinnvoller, wenn jeder entsprechend seiner Auffassung handelte. Was wir dann taten. Und ohne daß wir je dieses etwas rauhe, aber doch wohltuende Band zerbrachen, das jedes Gespräch mit diesem überlegten, extrem feinsinnigen und stets sich selbst gegenüber ehrlichen Geist in sich barg. Zumal unsere unterschiedlichen Ansichten zur Präsidentenwahl nur einen spezifischen Bereich unserer Beziehungen betrafen. Ich hatte mich ihm einige Jahre zuvor genau wegen dieser ungeheuren intellektuellen und moralischen Rigorosität angeschlossen, die, in Ergänzung zu seiner politischen Statur, ihn gemeinsam mit de Gaulle zu einer in dieser Epoche beispiellosen historischen Person machte. Wir teilten die Analyse der Entwicklung des Kolonialismus, waren uns auch einig über die Art und Weise, wie mit diesem Problem umzugehen sei, wobei die französische Gesellschaft zwangsläufig davon getroffen werden mußte, die Stärke unserer Mittel aber am herrschenden Konformismus bemessen sein sollte.

Bisher hatte ich mit ihm nur eine wirkliche grundlegende Meinungsverschiedenheit gehabt – und auch das war zunächst nur eine Vermutung von mir, da sie nie zwischen uns konkret benannt worden war: der Aufbau Europas. Meinem Empfinden nach stand er ihm eher mißtrauisch gegenüber. Die anerkannten Europäer beargwöhnte er. Als er am 19. April 1954 nach Brüssel fuhr, zur Debatte über den geplanten Vertrag über die Europäische Verteidigungsgemeinschaft, die Westeuropäische Union, war die Regierung gespalten. Einige Mitglieder, zumeist Gaullisten, waren lebhaft dagegen. Andere, die seit der ersten Stunde hinter Monnet und Schuman standen, forderten die Zustimmung Frankreichs. Jeder drohte zurückzutreten, sollte er nicht gehört werden. Meine Position war nuancierter. Die WEU abzulehnen bedeutete, das Risiko auf sich nehmen und das ohnehin nicht sehr stabile Gerüst des entstehenden Europas niederzureißen. Sie als solche zu akzeptieren war widersinnig. Das Europa der Generäle aufzubauen, bevor auch nur der ernsthafte Keim einer politischen Autorität existierte, hätte – zumal in dieser Periode des kalten Kriegs – den militärischen Stäben allzu freie Hand gelassen, die damit in der Lage gewesen wären, über militärische Zwänge, die allein sie hätten beurteilen können, das Schicksal Europas und der es bildenden Länder zu bestimmen. Und von militärischen Stäben (also im Plural) zu sprechen war überdies noch eine Fiktion, diese Verteidigungsgemeinschaft wäre nichts anderes gewesen als ein zusätzliches Instrument in den Händen des Pentagon. Das heißt, der Amerikaner. Ich hatte nicht vergessen, daß auf Nachfrage von Bidault Foster Dulles sich sogar den Einsatz der Atombombe in Vietnam hatte vorstellen können. Ich sah Europa nicht als derart kolonisiert und fürchtete, daß dabei Körper und Seele dessen vernichtet würden, was mir als das große Streben der Menschen meiner Zeit erschien. Freilich konnte ich mich auch nicht den Gegnern Europas anschließen, und so war ich eingestandenermaßen erleichtert, als Mendès France entschied, daß sich die Regierung aus dieser Debatte herauszuhalten habe. Aber ich wußte über seine wirklichen Ansichten deshalb nicht besser Bescheid. Nahezu alle seine direkten Berater hielten mit ihrem kategorischen Nein zu einem Beitritt nicht hinter dem Berg und trugen, da sie über die Absichten des Ministerpräsidenten genauso wie ich im unklaren waren, eine Katastrophenmiene zur Schau.

Der Abend, den wir vor seiner Abreise zusammen verbrachten, hatte etwas von einem Begräbnisessen an sich. Es war ein Indiz, das sich bewahrheiten sollte. Mendès France traf in Brüssel auf ein eisiges Klima. Die Animosität, auf die er in Paris in den konservativen und christdemokratischen Kreisen stieß, hatte Brüssel erreicht. Von Paul-Henri Spaak wurde er grob empfangen. Mendès France war nicht der Mensch, der solches ertrug. Die Verhandlung scheiterte. Bei der Rückkehr in Paris strahlte die kleine Mannschaft, die ihn begleitet hatte, Glück aus. Ich konnte diesen Jubel nicht teilen, bedauerte aber auch nicht dieses Scheitern, das die Zukunft bewahrte. Die Regierung enthielt sich also der Stimme. Die WEU wurde von der Nationalversammlung zurückgewiesen und begann eine andere Geschichte, die ich hier nicht erzählen möchte. Lassen Sie mich nur festhalten, daß die Europapolitik von Mendès France mir immer ein Schleier blieb, obwohl doch der erste Entwurf einer französisch-deutschen Verständigung während der Unterredungen zwischen Mendès France und Adenauer begonnen hatte. Bei der ersten, in Paris, war ich zugegen. Diese Erklärung, mit dem ich ihm Gerechtigkeit widerfahren lasse, bin ich ihm schuldig, denn – ich weiß nicht, warum – im allgemeinen wird ja de Gaulle dieses Verdienst zugeschrieben. Ich füge hinzu, daß ich ihn anläßlich der Polemiken, die mich zu treffen, wenn nicht zu zerstören suchten, stets an meiner Seite gefunden habe.

Seine Aussage vor der Nationalversammlung zur Indiskretionsaffäre, über die ich Ihnen vorhin des längeren berichtet habe, ist mir noch in lebhafter Erinnerung. Ich glaube nicht, daß ich Gelegenheit hatte, ihm von dem erstaunlichen Vorschlag zu erzählen, den mir Tixier-Vignancourt beim Prozeß gemacht hatte. Wir waren im Justizpalast. Tixier-Vignancourt, der Anwalt von Dides, ging beim Büro des Präsidenten des Militärgerichts Niveau de Villedary ein und aus wie bei sich zu Hause. Zu Beginn einer Sitzungspause bat mich der Präsident, bis zum Wiederbeginn in seinem Büro zu warten. Wir plauderten, als Tixier eintrat, uns mit gönnerhaftbeschützender Geste begrüßte und sich rittlings auf einen Lehnstuhl setzte. Niveau de Villedary hielt dies offensichtlich für ganz natürlich und ließ keine Bemerkung fallen. Tixier wandte sich mir zu und sagte mit seiner tiefen Stimme: »Herr Justizminister, wir haben nichts gegen Sie. Aber sagen Sie ein einziges Wort gegen Mendès, und die Nationalen werden Sie im Triumph tragen.« Ich wunderte mich über das komplizenhafte Schweigen des Gerichtspräsidenten und antwortete dem Anwalt, daß meines Erachtens damit die Unterhaltung beendet sei. Er ging, mit spöttischer Miene, und auch ich verließ den Raum. Für diese Herren, die ständig das Wort »national« im Mund führten, vornehmlich in Friedenszeiten, wenn keine Gefahr bestand, waren Mendès France und ich, vor allem er, gefährliche Zeitgenossen. Seit seiner Ernennung zum Ministerpräsidenten war Mendès France übelsten Attacken ausgesetzt. Er sollte nicht nur gehen, er mußte in seiner Ehre verletzt werden. Bei Essen in der Stadt wurde öffentlich von Verrat geredet: »Sechs Kugeln genügen für diesen Halbverräter.« In dieser Situation wie in vielen anderen konnte ich den erstaunlichen Charakter dieses Ausnahmemenschen nur bewundern. Wie er die Indochina-Verhandlungen geführt und die Pazifizierung Tunesiens erreicht hat, das bleibt vorbildlich. Aber wie viele Schmähungen!

Ich frage mich heute noch, wie wenig Zeit die Geschichte diesem Menschen gewährt hat, der zum Regieren geboren war. Einige Monate mit Blum. Einige Monate mit de Gaulle. Sein Experiment von 1954 unter den bekannten schwierigen Bedingungen. Einige Wochen mit Mollet. Dann nichts als eine lange Wartezeit, die am Ende auch noch enttäuscht wurde. Ich habe mir die Frage selbst gestellt, hätte ich 1981 doch Gelegenheit gehabt, ihn zu rufen. Ich habe es nicht getan. Zu viele Einwände hinderten mich: seine Gegnerschaft gegen die Anwesenheit kommunistischer Minister, gegen das gemeinsame Programm, gegen die Zusammensetzung der Regierung Mauroy. Wegen seiner Kompetenz, des Anklangs, den noch sein geringstes Urteil fand, und wegen der moralischen Schuld, in der ich ihm gegenüber stand, habe ich es bedauert. Es stimmt, er war äußerst erschöpft und sollte bald darauf sterben. Doch die Größe und Einzigartigkeit seines Charakters hinderten ihn, im gewollten Augenblick zu handeln. Zu viele Einwände, Zweifel überfielen ihn, so als sei das Ereignis für ihn nicht das, was es seiner Natur nach ist: ein bockiges Pferd, das sich sein Reiter gefügig machen muß. Mochte Mendès France das Handeln? In Indochina hat er es bewiesen. Aber mochte er es so stark, daß er es zu seiner Lebensdevise machte? Ich bezweifle es. Die riesige Ausstrahlung, die er aufgrund seines Reflexionsvermögens auf mehrere Generationen ausgeübt hat, dürfte nach seinem Geschmack gewesen sein. Kein anderer Politiker besitzt bei den jüngeren Generationen eine solche Verführungskraft.

1959 sind Sie derart isoliert, daß man Sie sogar in der antigaullistischen Linken bekämpft. Es heißt, man habe Ihnen die Mitgliedschaft in der PSA verweigert …

Ich trug das Kastenzeichen: Ich war länger und öfter Minister gewesen, als die Regel war. Das wurde nicht verziehen, vor allem innerhalb des winzigen Parti socialiste autonome, der Autonomen Sozialistischen Partei, die ihre Nachzügler schon nicht mehr zählte. In der Tat, der PSA zeigte kein sehr freundliches Gesicht, und ich insistierte nicht weiter. Ich träumte von Einheit, diese linken Splittergruppen träumten nur von Disput und Ausschluß. Innerhalb des PSA oder in dessen Umkreis gab es eine Menge Leute ohne offizielles Mandat, die aus der SFIO ausgeschlossen worden waren oder die wegen des Anschlusses von Mollet an de Gaulle ab 1958 ausgetreten waren. Dennoch begannen wir uns regelmäßig zu treffen. Wir erarbeiteten Projekte, aber weiter ging das nicht ... Ich habe sie erst wiedergesehen, als die Sozialistische Partei an der Macht oder gerade dabei, sie zu erringen, einige Plätze zu verteilen hatte.

Zeigte de Gaulle in dieser Epoche Ihnen gegenüber eine besondere Animosität?

Ich weiß nicht. Ich unterhielt keine Beziehungen zu ihm. Während der Observatoire-Affäre[3] 1959 allerdings hat er sich als rachsüchtig erwiesen.

Diese Affäre markiert eine Wende in Ihrem politischen Leben. Eine regelrechte Kampagne wird gegen Sie gestartet. Hat sie lange gedauert?

Bis 1965. Ja ... Fünf, sechs Jahre lang konnte ich nirgendwo eintreten, ohne daß sofort gehässige Bemerkungen fielen. Ich glaube sogar, daß 1965, als ich gegen de Gaulle als Präsidentschaftskandidat antrat, das Ermittlungsverfahren gegen mich noch immer im Gange war! De Gaulle hat in dieser Affäre auf fast sadistische Weise reagiert: Sobald die Akte wegen fehlender Beweise geschlossen zu werden drohte, hat er seine Staatsanwälte aufgefordert, das Verfahren wieder aufzunehmen. So hat das Ganze Jahre gedauert.

Erklärt sich diese Verbissenheit nicht auch dadurch, daß Sie als Innen-, dann als Justizminister über Beweise verfügten, wonach der Ministerpräsident Michel Debré in zuweilen blutige, gegen die IV. Republik gerichtete Komplotte verwickelt gewesen war? ...

3 Dabei ging es um Aussagen eines Ultra-Abenteurers (und poujadistischen Ex-Abgeordneten), Pesquet, Mitterrand habe ihn für ein Scheinattentat auf sich selbst angeheuert. [A. d. Ü.]

Während der gesamten IV. Republik stand Debré in vorderster Front. Mit seinem Blatt, *Le Courrier de la colère*, gab er den Ton an – einen äußerst bissigen, giftigen Ton. Ihm kam alles recht. Die nach dem Generalsputsch verurteilten Algerien-Offiziere könnten da einiges mehr als ich erzählen. Ich stelle mir ihre Verblüffung vor, als der sie ins Gefängnis warf, der ihr einstiger Inspirator gewesen war.

1957 war ich Justizminister, nach dem Attentat gegen Salan, das von Dr. Kovacs und anderen Algerien-Ultras angezettelt worden und bei dem der Adjutant Salans, Hauptmann Rodier, umgekommen war. Die Justizkanzlei hatte in Erfahrung gebracht, daß Michel Debré für die festgenommenen Organisatoren dieses terroristischen Akts kein Unbekannter war. Er bekam davon Wind. Durch Vermittlung eines Kollegen vom Staatsrat, meines Kabinettsdirektors Pierre Nicolaÿ, ersuchte er mich um eine Unterredung. Das war ein einzigartiger Moment ... Michel Debré, der glaubte, daß er kurz vor einer gerichtlichen Verfolgung stand, war zugleich bittend und eloquent. Ich begnügte mich mit der Antwort, daß er keinen Willkürakt zu befürchten habe und daß ihm, sofern er unschuldig sei, alle gesetzlichen Mittel zur Verfügung stünden, dies zu beweisen. Einige Jahre später, als die Observatoire-Affäre tobte, war ich, ehrlich gesagt, nicht sehr erstaunt zu hören, daß es Michel Debré war, damals Ministerpräsident, der die Anklage gegen mich führte. Ich habe es ihm heimgezahlt und wenig später im Senat jene Szene von 1957 in allen Einzelheiten erzählt. Da ich mich seiner Person gegenüber aller Höflichkeitspflichten entbunden sah, habe ich ihn mit folgenden Worten angeklagt: »Der Gegner von gestern zögerte nicht, die Garantien des Gesetzes zu fordern – und er erhielt sie, was wäre normaler gewesen! Der Mann, der nervös das Zimmer durchmaß, in dem wir uns befanden, zögerte nicht, den

Schutz der Staatsgewalt zu fordern, als er sein Recht in Gefahr wähnte, und die Staatsgewalt schützte ihn. Dieser Mann ist der Ministerpräsident, ist Michel Debré! Meine Damen und meine Herren, es gibt Dinge, die man nicht tun darf: mit der Ehre eines politischen Gegners spielen oder spielen lassen und versuchen, die Opposition zu disqualifizieren, indem man sie in betrügerischer Absicht mit kriminellen Handlungen in Zusammenhang bringt.«

Tatsächlich hat die Rechte nie aufgehört, Sie zu hassen. Heftig zu hassen. Warum, Ihrer Meinung nach?

Die Rechte verteidigt so mächtige Interessen, daß sie nicht zögert, jene, die ihr den Weg versperren, die den Gang ihrer Geschäfte behindern, zu eliminieren. Das war unter der IV. Republik der Fall, zu Zeiten der Macht der Koloniallobby, dann mit der sich dem Gaullismus anschließenden Bourgeoisie – jener Bourgeoisie, die sich sofort Vichy angeschlossen hatte ... Und der Haß ist um so größer, wenn der Störer auch noch aus ihren eigenen Reihen kommt.

In einer bestimmten Weise reagiert sie auf Gegner, die ihr qua Ursprung gegenüberstehen, nicht so gewalttätig. Natürlich, gegen die Arbeiterführer der Kommunistischen Partei, Thorez oder Marchais zum Beispiel, ist sie vehement feindselig. Natürlich, gegen die Führer der gemäßigten Linken, wie Blum oder Mendès France, reagiert sie mit seltener Heftigkeit; aber doch war sie diesen gegenüber nicht so haßerfüllt wie gegen mich. Für diese rechte Bourgeoisie ist es nahezu normal, daß ein Arbeiter Kommunist ist, ein Angestellter Sozialist; aber wenn einer der ihren sich ihr entzieht, da gibt es kein Pardon.

Ist es derselbe Haß, der auch am Ende Ihrer zweiten Präsidentschaft und ganz besonders nach dem Selbstmord Pierre Bérégovoys auf Sie niederging?

Einige prinzipienlose Journalisten haben versucht, mir die Schuld am Tod des armen Pierre Bérégovoy in die Schuhe zu schieben. In diesem Spiel hatten die Medien, die zweite Linke und die Rechte dasselbe Interesse. Es stand natürlich vor allem völlig außer Frage, daß Bérégovoy womöglich Opfer einer ihrer Kampagnen hätte sein können. In Fällen wie diesen versuchen sie es mit der Einschüchterung. Sie bringen die sogenannte Berufssolidarität ins Spiel. Sie drohen. Sie geben sich entrüstet, wenn man auf andere Pressekampagnen verweist, wie jene, bei der Salengro[4] niedergemacht wurde. Das ist dasselbe. Es ist derselbe Typ von Live-Mord.

Im Grunde hat sich nichts geändert. Die Vernichtung durch Mord, Unfall, Vergiftung, Inhaftierung unterscheidet sich nicht so sehr von bestimmten zeitgenössischen Kampagnen. Im Fall von Salengro oder Bérégovoy und angesichts derartiger Verbissenheit kann man nur von Mord sprechen. Und wenn die Opfer sich nicht selbst das Leben nehmen, werden Mittel gefunden, sie auf andere Art zu vernichten: die nicht physische, aber politische Vernichtung des Gegners wurde erfunden. Die Zerstörung durch eine Affäre, eine organisierte Falle, durch Indiskretionen, durch geschickt lancierte Pressekampagnen. Pierre Bérégovoy konnte nicht mehr, von moralischen Gewissensbissen gequält, wie er war, wegen einer Million Francs, die er sich von Patrice Pelat geliehen hatte. Bedenken Sie, daß zu der Zeit Bérégovoy

4 Roger Salengro (1890-1936): französischer Politiker, Sozialist; war während der Volksfrontregierung Innenminister. Nahm sich das Leben, als die rechte Presse eine Kampagne gegen ihn wegen Fahnenflucht während des Ersten Weltkriegs entfachte. [A. d. Ü.]

gerade aus dem Amt als Finanzminister ausgeschieden war. Er hatte kein Geld, um sich eine Wohnung zu kaufen. Er hatte sich diese Million völlig ordnungsgemäß geliehen, das Darlehen bei seinem Notar eintragen lassen. Und doch konnte er keinen Saal betreten – wir waren im Wahlkampf –, ohne daß er mit Frotzeleien und dem immer wiederkehrenden »die Million, die Million« empfangen wurde. Die nationale Presse übernahm, verstärkte. Jeden Mittwoch begann die Debatte in der Nationalversammlung mit diesem Thema. Er litt fürchterlich darunter. Es war zu einer Obsession geworden. Er sprach nur noch davon. Kein freundschaftliches Wort konnte ihn mehr heiter stimmen. Eines Freitagabends sagte mir Michel Charasse: »Ich fürchte, Pierre Bérégovoy bringt sich um.« Ich habe sofort in Nervers angerufen. Für Montag wurde ein Treffen vereinbart. Und am Samstagabend schoß sich Pierre Bérégovoy eine Kugel in den Kopf. Sicher, Straflosigkeit ist wie in der Vergangenheit nicht mehr garantiert ... Aber es geht immer noch darum, direkt oder indirekt zu töten. Es geht immer noch darum, den Gegner zu töten. Das ist eine Konstante der Geschichte ...

In Ihrem Buch »Le Coup d'État permanent« sprechen Sie von de Gaulle als einem »Diktator« – Sie vergleichen den 13. Mai 1958 mit einem militärischen Pronunziamiento. Würden Sie diese Analyse auch heute noch aufrechterhalten?

Ich denke immer noch, daß dies ein Aufruf zum Militärputsch war; aber zum Zeitpunkt seines Abgangs hat sich de Gaulle auf die Seite der Demokratie geschlagen und damit seine eigene Geschichte korrigiert. Was das Zitat aus dem Buch anbelangt, so sagt es nicht, was ihm unterstellt wird, aber ich gebe zu, daß die Frage die Berufsanbeter doch schockieren mußte. Ich schrieb: »Und wer ist er, de Gaulle? Duce, Führer, Caudillo, Conducator, Guide? Wozu diese Fragen stellen? Die Experten des Verfassungsrechts selbst haben den Boden unter den Füßen verloren und widmen sich nur noch aus Gewohnheit der Spielerei der Definitionen. Ich nenne das gaullistische Regime Diktatur, weil es in letzter Instanz dieser am ähnlichsten ist, weil es unvermeidlich auf eine stete Verstärkung persönlicher Macht zutreibt, weil es nicht mehr von ihm abhängt, das Ruder herumzureißen.«[5] Ich habe dieses Buch 1964 geschrieben, weil ich das Gefühl hatte, alles sei gefälscht, gezinkt. Man sprach von Republik, von verfassungsmäßigen Gewalten; tatsächlich hatte de Gaulle alle Macht an sich gerissen – wie nie zuvor seit Pétain. Es war eine Scheinrepublik. In den ersten Jahren hat de Gaulle diese Verhältnisse sehr intelligent gemanagt.

Dennoch haben Sie den 13. Mai 1958 in dem Sinne gegeißelt, daß Sie ihn mit dem Staatsstreich vom 2. Dezember des späteren Napoleon III. verglichen!

Einen Staatsstreich mit einem anderen Staatsstreich zu vergleichen ist doch nichts Überraschendes! Nur hatten es die Soldaten von de Gaulle nicht nötig, nach Saint-Cloud zu marschieren. Das Spiel war vorab gelaufen. Es brauchte auch keinen Lucien Bonaparte. Le Troquers[6] Schläge mit dem Hämmerchen auf sein Pult genügten. Sie hätten in diesen Tagen die Nationalversammlung sehen sollen! Die Anekdote von jenem Abgeordneten aus dem Lot habe ich ja bereits erzählt: Wie er im Moment der

5 François Mitterrand, *Le Coup d'État permanent,* Paris: Juillard, 1984, S. 84.
6 André Le Troquer war zur Zeit der Machtübernahme de Gaulles 1958 Kammerpräsident. [A. d. Ü.]

Stimmabgabe mich melodramatisch anfleht: »Bleiben wenigstens Sie standhaft« und dabei bereits den weißen Stimmzettel in der Hand hält.

Der 2. Dezember 1851 und der 13. Mai 1958 wären also nicht gleichartig; aber sie stellen doch beide entscheidende Sprünge in der Geschichte der Republik dar. Warum ist die Republik nicht seit 1789, und vor allem seit sie sich am Ende des 19. Jahrhunderts bei allen durchgesetzt hat, eine unbestrittene Regierungsform in Frankreich, ein langer, ruhig dahinfließender Strom?

Nicht die Republik, die Menschheit ist voller Widersprüche und widerstreitender Machtgelüste. Die Zivilisation ist nahe der Barbarei. Eine Kleinigkeit genügt, und sie kippt um. Sicher, die Barbarei ist kein Verhängnis, man kann sich entwickeln, lernen, sich bilden, die Menschen bilden ... Diese Republik, die oft gefährdet war – am 2. Dezember 1851, 1894 zur Zeit der Dreyfus-Affäre, am 5. Januar 1934, 1940, 1958 –, es kann ihr auch in der Zukunft noch so gehen. Aber sie kann auch verstärkt werden. Gefährdet oder verstärkt: beide Thesen sind richtig. Alles wird morgen von der Klugheit und Entschlossenheit derer abhängen, die sie führen. Sie müssen stets auf der Hut sein, denn nichts ist ein für allemal errungen. Nie.

Wie wurde dieses Buch, »Le Coup d'État permanent«, in jener Epoche aufgenommen?

Durch einen *Blackout*. Auch auf der Linken, wo man es gar nicht mochte, daß einer sich den Gaullismus vornahm, und wo man ebensowenig meine Strategie der Vereinigung der Linken mochte.

Was würden Sie heute aus dem Buch herausnehmen, was ergänzen?

Es wurde vor mehr als dreißig Jahren geschrieben, und ich würde keine einzige Zeile daraus streichen. Vielleicht müßten sogar noch einige Kapitel über nachträgliche Fakten hinzugefügt werden. So etwa über die Macht der Richter, über die Macht der Justiz ... Man müßte über diese neue Macht sprechen, diese eigenständige Macht, die das Audiovisuelle geworden ist – und die nicht nur die Macht des Geldes ist. Die antidemokratische Abdrift könnte von da kommen. Nehmen wir einen Präsidenten, der die ihm institutionell zugestandene politische Macht besitzt und dazu die Gunst der Massenmedien. Mir war sie nie vergönnt. Nun – ich kann es mir vorstellen! –, das würde diesem Präsidenten potentiell ungeheure Macht verleihen, und ohne Garantien für die Demokratie.

Sie haben gesagt: »Die Institutionen der V. Republik waren vor mir gefährlich und werden es auch nach mir sein.« Was genau wollten Sie damit sagen?

Innerhalb der Institutionen der V. Republik wird das Parlament an der Leine gehalten. Aber an dem Tag, da es wütend aufbegehrt, wird die Versuchung groß sein, zu den chaotischen Verhältnissen der IV. Republik zurückzukehren.

1971 schrieben Sie über de Gaulle: »Er war bedeutender in dem, was er war, als in dem, was er tat.« Wie ist das zu verstehen?

Wie in jedem summarischen Urteil steckt auch darin ein Moment von Ungerechtigkeit. De Gaulle war auch groß seiner Taten wegen.

In vielerlei Hinsicht war er konservativ, sehr konservativ. Die berühmte Partizipation: eine reine Schimäre! Auf der Ebene der Freiheitsrechte zeichnete sich die gaullistische V. Republik durch Willkür aus: Beschlagnahme von Zeitungen, Zensuraffären, Polizeipressionen. Auf internationaler Ebene hat de Gaulle meiner Meinung nach die Entwicklung der zeitgenössischen Welt und das Interesse Frankreichs nicht erfaßt. Er war gegen Europa, was immer man auch in der Folge gesagt haben mag, um ihn seiner Zeit zu integrieren.

War de Gaulle Antieuropäer oder, genauer, Antiföderalist?

Vergessen wir nie, daß er den europäischen Schwung gebrochen hat: durch den Kompromiß von Luxemburg und den Vorrang der sogenannten nationalen Interessen, so wie sie von den um ihre Kartoffeln oder ihr Getreide besorgten Länder definiert wurden. Er war auf jeden Fall gegen die Konzeption eines vereinigten Europas, egal ob föderalistisch oder nicht, die ich vertrat. Die berühmten Fouchet-Pläne gaben den Nationen ihre traditionelle Rolle zurück. Die neuen Erfahrungen des 19. Jahrhunderts waren nutzlos gewesen. Gewiß, ich gebe zu, ein bestimmtes proeuropäisches Sektierertum hatte die Geschichte unverhältnismäßig herausgefordert und der Verurteilung der Nationen haftete etwas Irreales, Leichtfertiges, Systematisches an.

Proeuropäer oder Antieuropäer: auch hier findet sich noch der alte Gegensatz zwischen innerer Résistance und äußerer Résistance. Denn den Angehörigen der inneren Résistance war die europäische Idee sehr gegenwärtig: sie hat viele Leute – vor allem Christdemokraten – dazu gebracht, nachzudenken, zu träumen. Wie dem auch sei, auch in dieser Hinsicht ähnelte de Gaulle dem, was ich mir als Menschen des 19. Jahrhunderts vorstellte.

Nun, was würden Sie vom Gaullismus bewahren?

Was die Natur der Dinge und das Urteil der Geschichte mich als wertvolle Errungenschaften für Frankreich bewahren lassen. Seine Rolle während des Krieges, dieser Gedanke, daß man nie ganz verloren ist, der 18. Juni und das Folgende: das alles gehört zur Geschichte ... Sein diplomatisches Gespür, seine Vorahnung in bezug auf Militärisches und die Atombombe ... Die Institutionen der V. Republik – ob man sie gutheißt oder nicht – und folglich die Gründung einer neuen Regierungsform. Dies sind zentrale Akte.

Man schlägt dem Gaullismus die Entkolonisierung zu Buche, während sie doch, mit Ausnahme Algeriens, von der IV. Republik vorbereitet und ins Werk gesetzt wurde. Woher rührt Ihrer Meinung nach diese Vernachlässigung der Geschichte?

Weil die IV. Republik außerstande war, etwas zu einem Abschluß zu bringen, und es de Gaulle überläßt, dies an ihrer Stelle zu tun.

Meinen Sie, daß die gaullistische Bewegung eine Überlebenschance hat?

Das ist eine Fiktion. Das ist eine eher verbale als reale Tradition ... Die gaullistische Botschaft gibt es schon lange nicht mehr. Seit Georges Pompidou 1969 zum Präsidenten der Republik gewählt wurde.

Wozu inspiriert Sie diese Formulierung Alain Duhamels: »De Gaulle, das ist Frankreich; und Mitterrand, das ist die Republik«?

Das ist nichts weiter als eine Formulierung. 1940 hat sich de Gaulle mit der Geschichte Frankreichs identifiziert. Ich wäre sehr geehrt, würde man das von mir in bezug auf die Republik sagen.

Beruht Ihre allergische Reaktion auf den Gaullismus nicht auch darauf, daß er sich gleichsam eifersüchtig Frankreich aneignet? Tatsächlich haben Sie ja immer jene bekämpft, die sich – mißbräuchlich – die »Nationalen« nannten. Es gibt auch diese bonapartistische Seite im Gaullismus: »weder rechts noch links« …

Der Gaullismus, das ist klar die Rechte, gewürzt mit einem gewissen volkstümlichen Zungenschlag. Bonapartistisch? Ich würde eher sagen: populistisch. Das Volk erkennt sich in den bedeutenden Stunden seiner Geschichte stets wieder.

Man wirft Ihnen vor, während Ihrer Regierungszeit die Kritiken gegen die Verfassung von 1958 vergessen zu haben, die Sie selbst einst in Ihrem Buch »Le Coup d'État permanent« formuliert hatten …

Das ist ein typischer übelwollender Prozeß. Wenn ich höre, wie einige meine Präsidentschaft mit der von de Gaulle vergleichen, möchte ich Ihnen am liebsten die Lektüre dieses Buches und der Fakten, die darin dargelegt sind, empfehlen. Nicht ich habe politische Gegner, Unzufriedene oder Leiter von Zeitungen inhaftieren lassen, nur weil sie etwas geschrieben haben oder haben schreiben lassen, das mir mißfiel! Nicht ich habe vermehrt Sondergerichte, Spezialgerichtsbarkeiten und andere Staatssicherheitstribunale eingerichtet! Nicht ich habe die Institutionen, die Verfassung in dubioser Weise interpretiert! In allen diesen Punkten hat sich mein

Umgang mit den Institutionen sehr stark von seinem unterschieden.

Die gaullistischen Institutionen haben mich nicht sehr gestört. Anders als Pierre Mendès France war ich überzeugt, daß das wirkliche Problem in ihrer Anwendung lag, denn sie hatten den Vorteil, daß sie flexibel waren. Ich habe die Institutionen entriegelt. Ich habe den Umgang mit ihnen verändert – stärker, als die Konstitutionalisten sagen und die Politiker denken. In Frankreich gibt es eine Art Mythologie der Institutionen, die das kritische Urteil über sie entwertet. In Wirklichkeit ist das – besonders in den angelsächsischen Ländern – so genannte Gewohnheitsrecht sehr viel stärker, als man sich vorstellt, sogar in romanischen Ländern. Aber ich habe zwar den praktischen Umgang mit den Institutionen verändert, nicht aber deren Wortlaut: dazu fehlte mir aufgrund der enormen konservativen Mehrheit im Senat die erforderliche parlamentarische Mehrheit.

Hätte sich der Senat, der historische Feind de Gaulles, wirklich einer grundlegenden Umgestaltung der Institutionen der V. Republik widersetzt?

Ich habe es doch versucht, ohne Erfolg. Juristische Skrupel haben das politische Personal nicht geplagt. Die Verfassung de Gaulles gefiel nicht. Meine Reformprojekte ebensowenig.

1965 präsentieren Sie sich bei der Präsidentenwahl, gehen dabei – gegen den Willen von Mendès France – ein Bündnis mit den Kommunisten ein und zwingen de Gaulle zur Stichwahl. Wie wurden Sie einziger Kandidat der Linken, obwohl doch andere Persönlichkeiten bereitstanden?

1965 wollte niemand auf der Linken so weit gehen, vor allem nicht Mendès France, der doch der legitimste von allen gewesen wäre. An meine Kandidatur glaubte man nicht. Ich selbst konnte es mir nur halb vorstellen. Meinungsumfragen, hätte es welche gegeben, wären für mich pessimistisch ausgefallen. Daß die Linke im zweiten Wahlgang noch dabeisein könnte, das heißt, de Gaulle zur Stichwahl zwingen würde: diese Illusion hatte keiner.

Ich hatte während der Sommerferien in ländlicher Ruhe Zeit, darüber nachzudenken. Anfang September 1965 habe ich meine Entscheidung getroffen. Ich begann eine Besuchstour bei einigen Persönlichkeiten, die nicht zu übergehen waren: die einen aus Höflichkeit, die ich ihnen schuldete, die anderen aus Freundschaft, die dritten schließlich aus Notwendigkeit.

Ich habe Ihnen ja bereits erzählt, wie ich am 2. August Pierre Mendès France aufsuchte und dieser mir versicherte, daß er auf keinen Fall kandidieren werde.

Am 8. September früh morgens begab ich mich zum Wohnsitz von Gaston Defferre – den Jean-Jacques Servan-Schreiber zum rätselhaften »Monsieur X« stilisiert hatte. Er hatte seine Kandidatur zurückziehen müssen, da die Christdemokraten gegen das bloße Wort »Sozialismus« in der allgemeinpolitischen Resolution, die von einem kleinen Komitee von etwa zehn Leuten – darunter Lecanuet, Abelin, Fontanet – vorbereitet worden war, Sturm gelaufen waren. Guy Mollet hatte nur auf diese Nachricht gewartet, um seine Unterstützung zurückzuziehen, was er dann auch tat. Gaston Defferre verkündete mir, daß er mir helfen werde, vorausgesetzt, ich ginge kein Bündnis mit den Kommunisten ein. Meine Antwort: »Ich kann eine solche Zusage nicht machen, da ich versuche, alle Kräfte der Linken, politische wie gewerkschaftliche, zu vereinigen.« Defferre überlegte einige

Augenblicke, um mir dann zu sagen, daß er sich bemühen werde, an meiner Seite zu bleiben.

Mir war nicht entgangen, daß die PSU[7] sich wegen meiner Kandidatur Sorgen zu machen begann und daß sie nachdrücklich Daniel Mayer aufgerufen hatte, sich als Kandidat aufstellen zu lassen. Aber abgesehen davon, daß dieser sich hinsichtlich des Verhaltens von Mollet keine Illusionen machte, dessen alte und wachsame Opposition genügte, ihn jeder Chance zu berauben – er hatte auch einfach keine richtige Lust, dieses Abenteuer zu wagen. Er empfing mich sehr herzlich, präzisierte, daß seine Kandidatur völlig unwahrscheinlich sei (»wenn Sie Kandidat sind, sollen Sie wissen, daß ich keinen Wunsch habe, es zu werden«), und sicherte mir seinen Beistand im Hinblick auf eine einheitliche Kandidatur der Linken zu. Ich kannte ihn seit Ende des Krieges. Soweit ich sehen konnte, hatte er es nie an der Lauterkeit eines starken und aufrechten Charakters fehlen lassen. Ich hatte keinen Grund, an seinem Wort zu zweifeln. Wir gingen in gegenseitigem Vertrauen auseinander. Am folgenden Tag, dem 9. September, sah ich Maurice Faure, wie immer zuverlässig und wohlwollend. Er ließ sich von den Sirenen der SFIO, die nur noch für ihn sangen, nicht betören und verkündete mir mit lachenden Augen, daß er noch am selben Morgen für vierzehn Tage nach Griechenland fahre. »Ich will mich nicht bewerben«, fügte er hinzu. »Hier ist meine Fahrkarte nach Athen. Ich fahre vierzehn Tage in Urlaub. Damit kennen Sie meine Absichten.«

Jetzt mußte ich nur noch Guy Mollet gegenübertreten.

Ich verließ Maurice Faure, um mich noch am selben Tag zum Sitz der SFIO zu begeben, wo mich deren Vor-

7 Parti socialiste unifié: 1960 gegründete linkssozialistische Partei, die sehr aktiv gegen den Algerien-Krieg gekämpft hat; in den sechziger und siebziger Jahren Sammelbecken der linksradikalen Gruppierungen; aus ihr ging Michel Rocard hervor. [A. d. Ü.]

sitzender erwartete. Er saß in seinem Büro, über ihm das Porträt seiner Mutter und Léon Blums. Ich schoß ohne Umschweife aufs Ziel los: »Da es keinen Kandidaten gibt ... habe ich mich entschlossen, meine anzumelden!« Guy Mollet schaute mich an, regelrecht entgeistert: »Gut. Sehr schön ... Alles in allem ließe sich das prüfen, aber Sie müssen mir Zeit lassen, damit ich die Führungsgremien der Partei einberufen kann.« Ich antworte ihm: »Ich denke, das wird etwas schwierig werden, denn ich beabsichtige, meine Kandidatur sehr rasch anzumelden.« Er schien noch verblüffter und entgegnete: »Ach so? Wann denn?« »Noch diesen Nachmittag.« Was mir die Mahnung einbrachte: »Aber das ist doch Wahnsinn! Sie können doch nicht dieses Risiko auf sich nehmen! Die Abmachung mit den Kommunisten ist noch lange nicht perfekt. Und Sie kennen die Vorbehalte der SFIO gegenüber jeder Übereinkunft mit ihnen.«

Ich verließ ihn und ging in einem Restaurant am Montparnasse essen, La Palette, das zu jener Zeit Jean-Paul Sartre frequentierte. Ich glaube, da ist jetzt ein Lokal der Hippopotamus-Kette drin. Dort traf ich mich mit fünf oder sechs Freunden, darunter Georges Beauchamp und Roland Dumas, denen ich meine Entscheidung mitteilte. Ich fügte hinzu, daß ein entsprechendes Kommuniqué während der Pressekonferenz General de Gaulles herausgegeben werden sollte, so daß diese Ankündigung gewissermaßen durch diesen selbst getragen werden würde.

Während des Essens habe ich den Text meiner Erklärung verfaßt, auf dem Papiertischtuch des Restaurants. Ich schrieb quer, habe ausradiert, die Ränder abgerissen und dann Paul Bordier, einen früheren Gouverneur aus Übersee, der wie ich aus der Charente stammte und einer meiner Mitarbeiter in der Rue Oudinot gewesen war, beauftragt, sie zur AFP zu bringen. Einer meiner Gefährten hat das Original dieser Erklärung aufgehoben, in dem ich geschrieben hatte: »Mir geht es wesentlich darum, der Willkür der persönlichen Macht, dem chauvinistischen Nationalismus und dem Sozialkonservativismus die Achtung vor den Gesetzen und den Freiheiten, den Willen, alle Chancen für Europa zu ergreifen, sowie die Dynamik der durch Umsetzung eines demokratischen Plans geregelten wirtschaftlichen Entwicklung entgegenzusetzen.« Ich war somit offizieller Kandidat.

Das Kommuniqué platzte wie vorgesehen mitten in die Pressekonferenz de Gaulles am 9. September 1965. Es hat in den politischen Kreisen einigen Staub aufgewirbelt. Wenig dagegen in der Presse. *Le Monde* hat ihr zwei Spalten in einem kleinen Kästchen gewidmet. Eine Spalte bezog sich auf meine Kandidatur, eine zweite, ebenso lang oder ebenso kurz, wie man will, brachte die Opposition der PSU zum Ausdruck.

Von da an begannen die großen Manöver. Die Kommunisten stellten keinen Kandidaten gegen mich auf. Aber ich wußte auch, daß allein das der SFIO als Vorwand genügte, um sich zurückzuziehen.

Ich beschloß unter diesen Umständen eine Pressekonferenz im Hotel Lutétia für den 21. September und lud dazu Journalisten, die wichtigsten Vorsitzenden der Linken, der Sozialisten und der Radikalen, der Kommunisten, darunter Waldeck-Rochet, ein. Als ich gerade auf der zu diesem Zweck errichteten Bühne – das Ganze ähnelte einem kleinen Theatersaal mit Kulissen – Platz nehmen wollte, ergriff mich Claude Fuzier, stellvertretender Generalsekretär der SFIO am Arm – mit einem Fuß war ich bereits auf der Bühne – und sagte mir: »Ich habe Ihnen eine dringende Nachricht zu übermitteln ... Zum jetzigen Zeitpunkt geht die SFIO nicht mit, denn sie sollen nicht sagen dürfen, daß sie die Einheit mit den Kommunisten wünschen ...« Ich protestierte: »Aber das ist die Grundlage meiner Initiative ...« Er: »Hören Sie, ich warne Sie, Guy Mollet selbst hat mich geschickt …« Ich: »Ich werde tun, wozu ich mich entschlossen habe …« Ich ließ ihn stehen, betrat das Podium, setzte mich an den kleinen Tisch und verlas die von mir vorbereitete Erklärung. Kaum war ich fertig, brachte man mir auch schon eine kleine Notiz von Borker, der – ich weiß nicht wie – über das Manöver in letzter Minute im Bilde war. Er schrieb: »Das haben Sie gut gemacht …« Und damit begann ich meinen Wahlkampf.

Die Reaktion Guy Mollets ließ nicht lange auf sich warten. Einige Tage später befand ich mich in Cannes beim außerordentlichen Kongreß der Europäischen Bewegung, um mich für den Aufbau Europas stark zu machen – was den Kommunisten gar nicht gefiel. Und dort wurde ich am Ausgang des Saals förmlich von einer Welle von Journalisten überschwemmt, die mich fragten, ob ich bereits die letzte Ausgabe von *Paris-Presse* gelesen hätte. Darin fand sich, datiert vom 2. Oktober 1965, ein langes Interview mit Guy Mollet, das Pierre Charpy geführt hatte; es begann auf der ersten und füllte die ganze letzte Seite. Mollet erklärte darin: »Wir werden Mitterrand nicht fallenlassen. Wir haben beschlossen, ihn zu unterstützen. Richtig ist, daß mein Wunschkandidat Monsieur Pinay ist, denn er würde in der Familie der liberalen Demokraten die meisten Stimmen auf sich vereinigen.«

Ich fuhr zurück nach Paris und suchte Guy Mollet auf. Auf seinem Schreibtisch lag ausgebreitet das Interview, an zahlreichen Stellen mit Rotstift unterstrichen. Verlegen erklärte er mir: »So habe ich das nicht gesagt … Sie kennen doch die Journalisten …«

Da ich der Ansicht war, daß ich nichts weiter von Guy Mollet zu erwarten hatte, schlug ich einen anderen Weg ein. Ich bat meinen Bruder Robert, Pinay zum Essen einzuladen; dort im Café stieß ich dann zu ihnen. Ich kannte Antoine Pinay ein wenig; wir hatten beide 1948 der Regierung Queuille angehört. Ich sagte ihm, daß er möglicherweise bereits nach dem ersten Wahlgang ausscheiden würde. »Das könnte Ihrem Ansehen und Ihrer Autorität nur schaden.« »Das meine ich nicht«, gab er mir zur Antwort. »Meine Unterredungen mit Mollet, Abelin, Alduy und anderen sichern mir einen Stimmenanteil, der mir erlauben wird, im zweiten Wahlgang gegen General de Gaulle anzutreten.« »Aber nein, ich werde zweiter, und mit großem Abstand, und ich werde gegen de Gaulle antreten! Sie besitzen keine wirkliche Basis, Sie werden lediglich von Parteispitzen unterstützt ... Natürlich, es steht Ihnen frei, sich zu bewerben, aber ich bewerbe mich ebenfalls, und zu meinem großen Bedauern werde ich Sie weit hinter mir lassen, denn ich werde die Stimmen der Linken haben.« Ich weiß nicht, ob dieses Gespräch ihn aufgeklärt hat, Tatsache ist, daß Pinay wenig später erklärte, daß er sich nicht um das Amt des Präsidenten bewerben werde. Der Wahlkampf hatte begonnen.

Als dieser Wahlkampf beginnt, meinen Sie da wirklich, den zweiten Wahlgang erreichen zu können, allein gegen de Gaulle?

Nein. Ich dachte nicht, daß es zu einer Stichwahl kommen würde, niemand zu der Zeit konnte sich das übrigens vorstellen ... Aber ich dachte, daß, wenn es zu einem zweiten Wahlgang kommen sollte, ich dabei wäre. Bis ich dahin kam, mußte ich allerdings erst einmal eine unglaubliche Zahl von Hürden nehmen, die ein Teil der Linken aufgebaut hatten. Die Hürde Mollet, die Hürde Pinay, die Hürde einer wutentbrannten PSU. Derart wütend, daß Michel Rocard eine eher pittoreske Strategie erfand: die PSU würde aufrufen, mich zu wählen, ihre Mitglieder würden sich aber verpflichten, »am Wahlkampf nicht teilzunehmen«. Aus der Intelligenzija kamen von denen, die schrieben oder schreiben ließen, ausschließlich empörte Artikel. Für sie war alle Welt links, außer mir ... Der *Observateur* beabsichtigte, in der auf meine Ankündigung folgenden Ausgabe einen Kommentar zu meiner Kandidatur zu veröffentlichen. Claude Estier, damals Journalist dieser Zeitschrift, bekam heraus, daß die Überschrift auf der Titelseite lauten sollte: »Mitterrand? Niemals!« Die Idee stammte von Gilles Martinet, der mich nie geschont hat.

Schließlich, nach stundenlanger Diskussion, konnte Claude Estier den Redaktionsstab für den einfacheren Titel gewinnen: » Mitterrand? Warum?« ...

Wie sah dieser erste Präsidentschaftswahlkampf des Jahrhunderts aus?

Wir verfügten lediglich über fünf Büros in einer Wohnung in der Rue du Louvre Nr. 25, und dazu vier Telefone. Etwa fünfzehn Freunde waren dabei; und unser Gesamtbudget betrug keine Million Francs. Wir haben dennoch eine gute Kampagne gemacht.

In den ersten Sälen gab es keinen, der an meiner Seite auf die Rednertribüne getreten wäre. Die Parteien hielten sich zurück. Unter diesen Umständen machte ich alles allein: ich eröffnete die Veranstaltung, stellte mich vor, hielt meine Rede, organisierte die Diskussion, und dann ging ich. Aber nach zehn Tagen drängelten sich plötzlich alle auf der Tribüne.

Zweiundzwanzig Jahre nach Ihrem Treffen in Algier zwangen Sie de Gaulle in der ersten allgemeinen Präsidentenwahl zur Stichwahl. Wissen Sie, was er darüber dachte?

Er hat sich mir nicht anvertraut! Also weiß ich nur das, was einige Journalisten und Schriftsteller darüber gesagt haben. Aus allen diesen Zeugnissen geht hervor, daß er überrascht, wütend und verletzt war. Und sein Unmut stieg noch, als er erfuhr, daß ich im zweiten Wahlgang sein Gegner sein würde. Diese Niederlage stellte für ihn eine Prüfung dar, und augenscheinlich war er in einem Maße entmutigt, daß er daran gedacht hat, sich aus dem politischen Leben zurückzuziehen, so wie 1946. Er soll einige Zeit gezögert haben, ob er die Wahlkonfrontation bis zum Ende mitmacht.

Wie hat Mendès France auf Ihren Erfolg reagiert?

Niemand hatte daran geglaubt und am wenigsten Mendès France, aus den bereits angegebenen Gründen. Nachdem ich einmal in diesen scheinbar aussichtslosen Wahlkampf eingetreten war, habe ich sehr schnell begriffen, vor Ort, daß etwas im Gange war. Nach zehn Tagen Kampagne war ich überzeugt, daß das funktionierte. Ich erinnere mich an meine erste öffentliche Versammlung: mit meinen sechs Begleitern erwartete ich keine fünfhundert Personen. Und es kamen viertausend! Zu jener Zeit gab es sozusagen kein Fernsehen, und wie ich Ihnen bereits sagte, von den Linkszeitungen bekam ich keine Unterstützung. Tatsächlich hat Jean Lecanuet bei der ganzen Angelegenheit eine entscheidende Rolle gespielt. Er hat de Gaulle Stimmen aus dem Zentrum weggenommen. Ich erhielt doppelt so viele Stimme wie der Zentrumskandidat. Dementsprechend groß war die Überraschung über mein Ergebnis und die Tatsache, daß ich de Gaulle zur Stichwahl zwang.

Ich erinnere mich an einen Tag – es muß am Abend des ersten Wahlgangs gewesen sein –, den 5. Dezember, und es war nun klar, daß ich gegen de Gaulle antreten würde.

Wir waren im Republikanischen Club. Es war sicherlich schon spät in der Nacht, und wir überlegten, wie wir die Kampagne für den zweiten Wahlgang in Schwung bringen könnten. In meiner Begleitung war Georges Dayan. Wir beschlossen, die Beratung bei ihm in der Rue de Rivoli fortzusetzen. Mendès France und einige seiner Freunde vom *Observateur*, darunter Jean Daniel, schlossen sich uns an.

Ich schlug Mendès vor, mir bei einigen Veranstaltungen in der Provinz zu helfen, an Ecken, wo er besser als jeder andere etwas in Bewegung setzen konnte. Wir dachten an das Elsaß – konkret Straßburg, glaube ich. Im Prinzip hatte er sich einverstanden erklärt, aber es kam nie dazu, einfach weil er nie Zeit fand! Ich sehe ihn jetzt noch, in einem Sessel sitzend, neben ihm Jean Daniel, wie er aus der Hosentasche sein Notizbuch zückt, darin umblättert und umblättert, sich jeden Tag und jeden Abend der kommenden zwei Wochen näher anschaut, dann vor und nach dem fraglichen Datum, und schließlich bedauernd feststellt: Keine Chance! Er fand keinen einzigen winzigen Augenblick für eine einzige Veranstaltung von da an bis zum zweiten Wahlgang. So war er, Mendès!

1968 verlieren Sie plötzlich den Vorsprung, den Sie seit 1965 gegenüber Mendès France errungen hatten. Sie hätten, so heißt es, die Bedeutung der Mai-Ereignisse nicht begriffen ...

Sie sehen meine Beziehung zu Mendès France immer unter dem Gesichtspunkt der Konkurrenz. Das stimmt so nicht. Wir fanden uns mit denselben Ereignissen konfrontiert. Wir haben häufig auf dieselbe Weise reagiert. Es steht außer Frage, daß Mendès France bei der rebellierenden Jugend des Mai 1968 eine starke Resonanz fand. Er hat an der großen Versammlung im Stadion Charléty teilgenommen. Ich habe mich dem verweigert. Mir paßte nicht der aufgesetzte marxistische Jargon der Studentenführer. Ich frage mich, wie er das aushalten konnte. Unausgegorenes Gequatsche habe ich noch nie gemocht. Diese fanatische Sprache brachte mich auf die Palme. Ich denke, ich habe den Mai 68 mehr als eine moralische Revolte gegen die Gesellschaft, die Eltern, die Lehrer und Vorgesetzten, den Herrenton im öffentlichen Diskurs usw. begriffen denn als eine soziale Revolte.

Wie auch immer, am 23. Mai, während der Aufruhr im Quartier Latin seinen Höhepunkt erreichte, kam Mendès France spät zu mir in die Rue Guynemer. In seiner Begleitung war Charles Hernu. Wir diskutierten, ob es opportun sei, uns den Studenten anzuschließen und ihnen unsere Unterstützung gegenüber der Polizeirepression zu demonstrieren. »Wir müssen da hin«, insistierte Hernu. Mendès blieb abwartend. Er hat lange argumentiert, um uns zu überzeugen, daß diese Geste verfrüht sei, daß unser Platz, der der Politiker, nicht auf der Straße sei, daß die Studenten selbst uns mißverstehen würden. Der Begriff »Vereinnahmung« war tödlich! Am Ende schlossen wir uns seiner Meinung an. Aber welche Überraschung, am nächsten Tag im Radio zu hören, daß Mendès – der sich am Vorabend doch so reserviert gezeigt hatte – sich ins Stadion Charléty begeben hatte.

Haben Sie den Eindruck, daß er Sie damals verraten hat?

Nein. Da war kein Verrat, da von seiner Seite aus kein entsprechendes Engagement bestand. Ich meine aber immer noch, daß er auf diese Weise einen politischen Irrtum beging.

Wie erklären Sie sich die damalige Faszination von Mendès France für die Linksextremen und deren Antipathie für Sie?

Mendès verkörperte die moralische Strenge. Wie er die Indochina-Affäre geregelt hatte erschien als Vorbild für das, was nach so vielen Jahren nicht gehaltener Versprechen und Unentschlossenheit getan werden mußte. Dien Bien Phu war wie ein Donnerschlag wahrgenommen worden, und Frankreich hatte einen Teil seiner Ehre verloren. Die Linksextremen empfanden gegenüber den Kommunisten genausoviel Feindseligkeit wie die gemäßigten Kreise. Natürlich gestanden sie sich das nicht ein. Sie verbargen sich hinter maoistisch oder trotzkistisch gefärbten ideologischen Wandschirmen, hatten aber Klassenreflexe. Mai 68, das war die Revolte junger katholischer Bürgerlicher gegen die Scheinheiligkeit ihrer Eltern. Diese katholisch erzogenen Bürger, die sich marxistisch auszudrücken begannen, fühlten sich nicht sehr wohl in ihrer Haut. Nur ein Glück, daß sie der Ansteckung durch ihre homologen Klans in Italien und Deutschland entgangen sind, die Verbrechen und Befreiung verwechselt haben.

Wohlgemerkt, ich habe nicht übersehen, daß es unter den Aufständischen von '68 ernste, aufrichtige Leute gegeben hat, die den Konformismus, den Stillstand der damaligen Gesellschaft ablehnten, Menschen, deren Hingabe, Opferbereitschaft und Selbstlosigkeit bewundernswert waren. Aber das galt nicht für jene, die in deren Namen den Sinn dieser »falschen Revolution« »theoretisierten«.

Man hat von einem Mißverständnis zwischen letzteren und mir gesprochen. Aber es handelte sich nicht um ein Mißverständnis, aus dem einfachen Grund, weil ich sie nur reden hören mußte, um zu erkennen, woher sie kamen und was sie verkörperten. Letztlich waren das kommende Anwälte. Ich stellte sie mir mit fünfundvierzig Jahren mit Brillen vor. Und sah das Lächerliche daran.

Am Ende wurde jeder nach dem bemessen, was er wirklich wert war ... Die Geschichte ist nicht für die gemacht worden, die glaubten, sie zu schreiben.

Der Name von Pierre Mendès France wird häufig mit der PSU assoziiert. Fühlte er sich in dieser Partei wohl?

Ich glaube nicht. Er hatte dort wirkliche Freunde, wurde aber auch von vielen beargwöhnt. Die Leute der PSU warfen ihm insgeheim vor allem seine gemäßigten Wirtschaftsansichten vor – er selbst hat mir um 1968 herum seine Beunruhigung hinsichtlich des Verhaltens seiner neuen Freunde anvertraut. Das hat die »zweite Linke« nicht gehindert, ihn für sich zu reklamieren und einige Jahre später zum Symbol als angeblich genaues Gegenteil von mir zu stilisieren. Diese Vereinnahmung, die lange vor seinem Tod begann, war zumindest paradox, ging sie doch von Personen aus, die ihn kaum geschont und nichts dafür getan hatten, daß er wieder an die Macht kam.

Wir haben die Fehler von Mendès France 1968 angesprochen. Aber haben nicht auch Sie einen Fehler begangen – der Sie teuer zu stehen kommen sollte –, als Sie sich auf einer Pressekonferenz am 28. Mai 1968 zum Präsidentschaftskandidaten erklärten, obwohl dieses Amt doch noch gar nicht zur Disposition stand?

Diese ganze Geschichte ist verkehrt erzählt worden. Versetzen wir uns noch einmal in die damaligen Verhältnisse. Am 24. Mai 1968 hatte General de Gaulle, der offensichtlich nicht mehr in der Lage war, die Ordnung wiederherzustellen, ein Referendum über die »universitäre, soziale und wirtschaftliche Erneuerung« angekündigt. Er forderte zudem ein massives Ja zu diesem Referendum. Ich sprach im Namen der Opposition. Ich konnte dieses Alles oder Nichts nicht akzeptieren. Den Franzosen mußte gesagt werden, daß die Republik weiterhin funktionieren würde, mit oder ohne de Gaulle. Deshalb habe ich meine Kandidatur angemeldet. Nicht ich hatte den Abgang General de Gaulles verlangt, er selbst hatte ihn in die Waagschale geworfen. Lesen Sie die Zeitungen vom nächsten Tag. Sie werden sehen, daß einige Parteivorsitzende mein Vorgehen billigten: Pinay, Abelin, Lecanuet. Ich war nicht auf ihre Zustimmung aus. Sie hatten so reagiert wie ich selbst: es war eine Frage der Würde. Das Referendum selbst wurde bald zum alten Eisen geworfen. Pompidou, auch er, überzeugte den Staatschef, daß es sinnvoller wäre, es durch Parlamentswahlen zu ersetzen. Sein Glück, sie gingen triumphal aus.

Niemand erinnerte sich mehr an de Gaulles Erklärung fünf Tage zuvor, und mir wurde das Hemd des infamen Vatermörders übergeworfen. Dabei war es der Vater gewesen, der gebieterisch gesagt hatte: »Wenn ihr nicht macht, was ich will, gehe ich.«

Die Gaullisten haben diese Affäre mehrfach gegen Sie benutzt …

Ja. Die Gaullisten kontrollierten den ORTF[8]. Damals wurde behauptet, das Fernsehen hätte meine Pressekonferenz nicht aufnehmen können – was falsch war, denn Ausschnitte konnten sie senden, die derart grob montiert waren, daß ich auf die unsympathischste Art präsentiert

8 Office de la Radiodiffusion et Télévision Française: damalige staatliche französische Rundfunk- und Fernsehgesellschaft. [A. d. Ü.]

wurde: die Arme erhoben, über die Schulter photographiert, in Mussolini-Stil, mit Tagesbart, ich selbst hätte vor mir Angst bekommen.

Hat Pierre Mendès France diese Initiative verurteilt?

Nein, soweit mir scheint. Er selbst hatte nach der Erklärung de Gaulles vom 24. Mai gewettert: »Ein Plebiszit, dagegen muß gekämpft werden.« Ich hatte auf meiner Pressekonferenz erklärt, daß es mein Wunsch sei, mit ihm eine Mannschaft zu bilden. Ich war bereit, hinter ihn zurückzutreten – er genoß mehr als ich die Gunst der Jugend. Und genau auf diese Jugend war zu antworten.

Ein Tandem, bei dem Sie Präsident gewesen wären und er Ministerpräsident, das heißt ihr Helfer …

Ich hatte ihm nichts von meiner Initiative erzählt. Ich hätte es tun sollen. Sie hat ihn unbestritten irritiert. War er mir deshalb im tiefsten Grund böse? Das Jahr darauf hat er von Gaston Defferre die Rolle, die ich ihm zugedacht hatte, angenommen.

Dabei steckte die SFIO in dieser Zeit doch in ernsten Schwierigkeiten …

Ja, die Sozialisten waren damals starken inneren Spaltungsprozessen ausgesetzt. Auf parlamentarischer Ebene fehlten ihnen Redner, die große Wortgefechte hätten austragen können. Kurzum, dies alles schlug sich nieder im (zeitweiligen) Zusammenbruch aller 1965 geweckten Hoffnungen. Als Alain Savary, der gegen Defferre angetreten war, zum Generalsekretär einer Sozialistischen Partei gewählt wurde, die wie ein Bruder der SFIO ähnelte, war es ihm unmöglich, den notwendigen Elan für einen Neuaufschwung auszulösen. Er besaß zwar die entsprechenden Qualitäten, und auch seine Vergangenheit war tadellos, aber es fehlte einfach allenthalben die Begeisterung. Der Tod der SFIO war nichts weiter als ein feuchter Knallfrosch gewesen.

War dieser Parteiapparat Ihnen feindlich gesonnen?

Beim Kongreß von Épinay-sur-Seine, der, wie Sie wissen, entscheidend war, lag die politische und materielle Organisation in den Händen der Anhänger Mollets, die mich nicht sehr schätzen – um es einmal milde auszudrücken. Sie kontrollierten alles. Sie hatten während der Debatten und Wahlgänge den Saal fest im Griff, und sie hätten logischerweise nicht verlieren dürfen. Schließlich wurde ich mit 51% der Mandate gewählt, und zwar dadurch, daß die mächtige Föderation des Nordens sich meiner Kandidatur anschloß.

Die Linkspresse – »Le Monde« und der »Nouvel Observateur« – war stark gegen Sie eingestellt und ist es in gewisser Weise immer noch, hat zugleich aber Mendès France zu ihrem Idol erhoben ...

Was den letztgenannten betrifft, lasse ich Ihnen die Verantwortung für Ihre Äußerung. Fragen Sie sie ... Ich bin vermutlich einfach nicht ihr Schönheitsideal! Ob sie vehement gegen die kommunistische Partei waren oder, wie viele, für das Bündnis mit einem nichtexistierenden Zentrum: mir haben sie vor allem die Vereinigung der Linken nicht verziehen. Das ist alles. Schauen Sie sich die Kontinuität an, ich möchte fast sagen: den absoluten Stillstand der politischen Situationen. Die Krisen, die die sozialistische Partei unabhängig von den konkurrierenden Bestrebungen seit dem Scheitern bei den Parlamentswahlen von 1978 durchgemacht hat, haben alle ihren Ursprung in diesem einen Streitpunkt: Linksbündnis oder Bündnis mit dem Zentrum. Ich habe meine Entscheidung getroffen und ich bleibe dabei: Meiner Ansicht nach führt jede Schwäche der sozialistischen Partei gegenüber dem Zentrum zu ihrem Verderben, wird sie durch diese immer wieder neu erwachende Versuchung geschwächt, sobald der Anschein entsteht, sie müsse obsiegen. Die sozialistische Partei darf niemals vergessen, daß ihr Kampf sich keineswegs auf der politischen Ebene abspielt, sondern daß es vor allem und in erster Linie ein Kampf gegen gesellschaftliche Kräfte ist, die genau die Bedingungen des politischen Kampfes bestimmen.

Kann man sagen, daß die Zeit nach dem Kongreß von Épinay geprägt ist von Ihrem Triumph über die der Union mit den Kommunisten feindlich gegenüberstehenden »zweiten Linken«?

Es handelt sich nicht um Triumph. Jedenfalls habe ich ihn nicht gesucht. Der überwiegende Teil der PSU war hinter Rocard der sozialistischen Partei beigetreten. Das war nur möglich, weil ich damit einverstanden war, und ich habe diesen Beitritt verheißungsvoll und bereichernd gefunden. Gewiß gab es, und Rocard hatte zu Recht auf dem Kongreß von Nantes darauf verwiesen, zwei Kulturen der Linken. Ich glaubte an eine mögliche Synthese, erhoffte sie. Unglücklicherweise mußte ich mich zu der Einsicht durchringen, daß es sich dabei vor allem um einen Machtkampf handelte. Dieser Kampf wurde in strategische Begriffe umformuliert, weil das seriöser erscheint und die Linke das vergöttert. Der Kongreß von Metz, 1979, hat dies hinreichend illustriert. Nur sollte man sich nicht täuschen, alles, was dann folgte, der Sieg von 1981, dann der von 1988, hing von den Entscheidungen ab, die in Metz getroffen worden waren. Hätten damals meine Gegner den Sieg davongetragen, wäre die Vereinigung der Linken zusammengebrochen und die Rechte an der Macht geblieben. In der vorhergehenden Periode lief die nichtkommunistische Linke den Zentristen nach, nur war das Zentrum gar nicht da, wo sie es vermutete. Das Zentrum war mit Poher gegen Pompidou, dann mit Pompidou gegen die Linke. Aus dieser unglücklichen Erfahrung müssen wir diese wesentliche Lehre im Gedächtnis behalten: Es gibt für die Sozialisten keine andere Strategie als diese Verankerung im linken Lager und innerhalb der Vereinigung der Linken. Dies nicht anzuerkennen hieße für sie nicht nur, die eigene Kraft und Identität zu verlieren, sondern auch, unwiderruflich ins Scheitern zu laufen.

Ich glaube für heute wie für gestern an den Sieg der Linken, vorausgesetzt, sie bleibt sie selbst. Vorausgesetzt, sie vergißt nicht, daß ihre Familie die ganze Linke ist. Außerhalb der großen Sammlungsbewegung der populären Kräfte gibt es keine Rettung. Gab es nie eine Dynamik des Sieges und wird es nie eine geben.

Seit 1965 kann der sozialistische Kandidat aufgrund eines schlichten mechanischen Effekts bei Ebbe 20 bis 23% erreichen, im Höchstfall 25%. Das ist sein Sockel, der gleichsam nicht weiter zusammendrückbare Sockel, der ihm ist, seitdem ich ihn dahin geführt habe. Mithin dürfte der Kandidat der Linken im zweiten Wahlgang zur Präsidentschaft ebenso mechanisch 46 bis 48% der Stimmen erreichen. Sogar mehr, wenn etwas Besonderes eintritt, wenn es dem Kandidaten der Linken aufgrund seines Wahlkampfs und seiner persönlichen Dimension gelingt, die noch Unentschlossenen an sich zu ziehen.

Natürlich bleibe ich klar im Kopf. Ich bin mir durchaus der Kräfteverhältnisse bewußt – und ich habe vorzeiten gesagt, daß die Rechte in diesem Land politisch in der Mehrheit ist ... Es gibt in der Tat Augenblicke, Umstände, wo das eigene Fundament durch notwendige Vereinbarungen auf der Ebene von Parteistäben erweitert werden muß. Aber das gelingt nur, wenn zuvor eine Strategie der Linken entworfen, ein dynamischer Impuls vermittelt worden ist. Die Richtung darf also nie geändert werden: die Sammlung aller Linken auf der Linken.